SUPERFOCO

A JORNADA DE 100 DIAS

MÁRIO ANTÔNIO PORTO FONSECA

SUPERFOCO

A JORNADA DE 100 DIAS

Promovendo a **Saúde**
e **Resiliência** de sua
Organização

DISRUPTalks, 2025 – Todos os direitos reservados.

© Mário Antonio Porto Fonseca

Editora Executiva: **Caroline Dias de Freitas**
Revisão: **Larissa Franco**
Diretor de Arte: **César Oliveira**

1ª Edição – Abril/2025

DADOS INTERNACIONAIS DE CATALOGAÇÃO NA PUBLICAÇÃO (CIP)
CÂMARA BRASILEIRA DO LIVRO, SP, BRASIL

Fonseca; Mário Antonio Porto.
    SuperFoco: A Jornada de 100 Dias / Mário Antonio Porto Fonseca. —
1 ed. - São Paulo: Editora Reflexão Business, 2025.

    ISBN: 978-65-5619-198-0
    448 páginas.

    1. Foco 2. Conceitos 3. Jornada 4. Organização I. Título

25-000000   CDD: 920.72

                            Índices para catálogo sistemático:
                  1. Resiliência 2. Organização 3. Título 4. Autor

DISRUPTalks
Rua Almirante Brasil, 685 - CJ 102 - Mooca - São Paulo - SP - 03162-010
Fone: (11) 9.7651.4243
disruptalks@gmail.com – www.disruptalks.com.br

Todos os direitos reservados. Nenhuma parte desta obra pode ser reproduzida ou transmitida por quaisquer meios (eletrônico ou mecânico, incluindo fotocópia e gravação) ou arquivada em qualquer sistema ou banco de dados sem permissão escrita da Editora Reflexão.

Agradecimentos

"A gratidão tem um papel quase terapêutico nas nossas vidas — ela resgata o sentido mais profundo da existência humana: a interdependência. Ao reconhecer os outros, reconhecemos também que não estamos sozinhos, que somos seres em constante construção com e pelos outros. Quando se fala sobre a família como alicerce, e os amigos como luzes no caminho, quero também ressaltar àquelas pessoas que, mesmo não nomeadas, contribuíram para a nossa trajetória. Pequenas ações que reverberam e se tornam grandes. Isso amplia a dimensão da gratidão para além das relações visíveis e nos coloca em um estado de atenção para o cotidiano. Aqui cabe a menção para àqueles que, mesmo sem saber, foram faróis nos meus dias.

Em primeiro lugar, quero expressar minha profunda gratidão à minha família, a célula base da sociedade. Aos meus saudosos Pais, Jayme e Helena. Aos meus queridos irmãos Roberto, Lúcia e Vânia. Aos meus queridos filhos Carolina, Hugo, Juliana, Valentina e Letícia. Aos meus netos João, Arthur e Lis. A minha querida cunhada, Roseane e cunhados, Caio e Luciano. Aos meus sobrinhos, Alexandre, Ana Paula, Bernardo, Luciana, Pedro, Vitor. A minha nora Silvia e ao genro Gregory. Vocês são meu alicerce, sempre presentes, oferecendo amor e apoio incondicional. Sem vocês, nada disso seria possível!

Agradeço também aos meus amigos, que iluminam meus dias com risos e cumplicidade. Aos Álvaro Daniel, Carlos Alberto Pasetti, Luis Antonio Pasetti, Marcio Santoro, Osvaldo Fonseca, Roberto Pinheiro Chagas. Em especial, gostaria de destacar meus saudosos amigos Abrahão Oigam e Paulo Emílio Carneiro. Aos Alexandre Ozelo, Antônio Candido, Jonas Neres, José de Menezes, Larry Lins, Marco Paulo, Murilo Furtado, Nivaldo Tavares, Rafael Oliveira, Renato Trindade, Rogério Brandão, que estiveram "braço a braço" conosco nesta jornada, cuja amizade, incentivo e contribuições foram fundamentais para a realização deste projeto.

Não posso deixar de mencionar a equipe do ALI da Harvard University. Sou imensamente grato pela maravilhosa missão de contribuir para tornar o mundo um lugar melhor para se viver. Essa missão foi a semente da "Jornada de 100 Dias", pois acredito que, ao contribuir para a saúde e resiliência das organizações, estamos, na verdade, ajudando a resolver os problemas sociais que enfrentamos diariamente. Em especial aos colegas de turma ALI-2015.

Não poderia esquecer daqueles líderes com os quais convivi, como Antônio Caran, Frederico Meyer, Jean-Philippe Demael, Jean-Yves Gilet, Wander Jeveaux, Paulo Magalhães. Ao amigo Wilson Brumer que sempre investiu sua atenção a mim, me desafiando, e desde cedo o acompanhava como membro de diversos conselhos de administração.

A todos que de alguma forma participaram desta jornada, minha eterna gratidão. Cada um de vocês deixou uma marca indelével em minha vida e em meu trabalho.

Com gratidão,

Sumário

Apresentação do autor e a motivação para a criação da Jornada de 100 Dias. 15

A importância da saúde e resiliência nas organizações modernas. 15

Objetivos do livro e visão sobre o impacto da Jornada. 15

INTRODUÇÃO 19

Conceitos iniciais sobre transformação organizacional.

Desafios atuais para as organizações e a necessidade de adaptação contínua.

Como o modelo de 100 dias pode criar uma cultura de melhoria contínua.

Agregando neurociência à Jornada de 100 Dias: reprogramação organizacional.

CAPÍTULO 1: A FASE PREPARATÓRIA E AS SETE TRILHAS – UMA VISÃO GERAL 25

Visão geral da fase preparatória e seu papel crucial na Jornada. 25

Introdução às sete trilhas: Identidade, 5S, Caixa, Precificação, Estratégia, Processos e Pessoas. 26

A interdependência das trilhas e o impacto no fortalecimento da organização. 27

Plano de Ação para a Jornada de 100 Dias. 28

CAPÍTULO 2: A FASE DE PREPARAÇÃO 33

Objetivos da fase preparatória. 33

Definição de metas e construção de um plano de ação para os 100 dias. 33

Diagnóstico organizacional e avaliação de recursos iniciais. Onde estamos em termos de Alinhamento, Efetividade e Cultura? Onde estamos em relação aos quatro indicadores da Saúde e Resiliência: Geração de Caixa, Remuneração do Capital Empregado, Crescimento e Fidelização dos Clientes? Revisitando cinco pontos fundamentais para os líderes dos três níveis da organização: Visão Sistêmica, Comunicação, Rituais (Reuniões), Presença e Liderança Situacional. Teste para avaliação do nível de compreensão do conhecimento da fase de preparação. 36

Resumo e Mapa Mental. 115

CAPÍTULO 3: AS SETE TRILHAS DA JORNADA DE 100 DIAS ... 119

Introdução às Sete Trilhas ... 119

Os quatro desafios (Levantamento das dores, Prescrição dos Medicamentos, Fabricação dos Medicamentos e Aplicação dos Medicamentos / Acompanhamento dos Resultados). A corrida de "Passagem do Bastão". Para cada trilha, o capítulo segue uma estrutura detalhada para garantir a compreensão e aplicação prática dos conceitos. Abaixo, a estrutura de cada trilha. ... 119

CAPÍTULO 4: A PRIMEIRA TRILHA – IDENTIDADE ... 125

1. Contexto: A identidade define a missão, a visão e os valores da organização. É a fundação da cultura organizacional. ... 126

2. Metáfora: As raízes de uma árvore que sustentam e alimentam toda a estrutura. ... 126

3. Analogia: Assim como uma bússola orienta o caminho, a identidade orienta as ações da organização. ... 127

4. O que é? A identidade organizacional é, portanto, a base sobre a qual a organização constrói sua estratégia, estabelece sua cultura e interage com o mundo externo. Ela influencia a forma como os colaboradores se veem dentro da organização, como os clientes percebem a marca e como a comunidade em geral se relaciona com a organização. Assim, a identidade é essencial para a coesão interna e para a reputação externa da organização. ... 127

5. Por que é Importante? Ela orienta decisões e fortalece o compromisso dos colaboradores com os objetivos comuns. ... 127

6. Levantamento das dores pela Ausência da Identidade: Sem identidade, a organização perde sua razão de existir e direção, afetando o engajamento e a coesão das equipes. ... 127

7. Prescrição do Remédio: Desenvolver e consolidar uma identidade organizacional. ... 130

8. Como Fabricar o Remédio: Reuniões de alinhamento, workshops e feedback dos colaboradores para construção da identidade. Tutorial. ... 132

9. Como Aplicar e Acompanhar: Comunicar constantemente a missão, o objetivo maior (a Visão) e os valores, avaliar o alinhamento e medir a adesão cultural. Tutorial ... 144

10. Saídas da Trilha e Plano de Ação. ... 148

11. Resumo da Trilha: A identidade é a base de uma cultura organizacional forte e alinhada. ... 154

12. Teste de Conhecimento: Identidade, sua importância, seus componentes e fatores críticos de sucesso para a implementação da identidade. ... 156

13. Resumo e Mapa Mental da Trilha: Visão gráfica da identidade, incluindo as declarações da missão, visão e valores. 159

14. Refletindo sobre as Inconsciências na Ausência da Identidade Organizacional. 160

CAPÍTULO 5: A SEGUNDA TRILHA – 5S 163

1. Contexto: O 5S organiza o ambiente de trabalho, eliminando desperdícios e aumentando a eficiência. 164

2. Metáfora: Uma casa organizada onde tudo tem seu lugar e função. 164

3. Analogia: Assim como um chef organiza os ingredientes antes de cozinhar, o 5S organiza os recursos para um trabalho eficiente. 164

4. O que é? Sistema de organização que inclui 5 Sensos: Utilização, Organização, Limpeza, Padronização e Disciplina. 164

5. Por que é Importante? Facilita o fluxo de trabalho, melhora a qualidade e reduz desperdícios. 165

6. Levantamento das Dores pela Ausência do 5S: Ambiente desorganizado, aumento de erros e baixa produtividade. Maior risco de acidentes. 166

7. Prescrição do Remédio: Aplicar os princípios do 5S em cada área de trabalho. 169

8. Como Fabricar o Remédio: Treinamentos e ações práticas de organização, limpeza, padronização e disciplina. Tutorial. 172

9. Como Aplicar e Acompanhar: Auditorias regulares de 5S, feedback e melhorias contínuas. 180

10. Saídas da Trilha e Plano de Ação. 183

11. Resumo da Trilha: O 5S cria um ambiente organizado e eficiente, e seguro. 187

12. Teste de Conhecimento: Perguntas sobre os conceitos e práticas do 5S. 189

13. Mapa Mental da Trilha: Esquema visual dos cinco elementos do 5S. 191

14. Refletindo sobre as Inconsciências na Ausência do 5S. 191

CAPÍTULO 6: A TERCEIRA TRILHA – CAIXA 195

1. Contexto: O controle de caixa é vital para a saúde financeira e a sustentabilidade da organização. 195

2. Metáfora: A reserva de combustível de um carro, essencial para continuar a jornada. 195

3. Analogia: Como um orçamento pessoal, o caixa deve ser controlado para evitar dívidas e assegurar o crescimento. 195

4. O que é? Gestão do fluxo de caixa, que envolve controle de receitas e despesas. 195

5. Por que é Importante? Garante liquidez e capacidade de investimento para o crescimento. 196

6. Levantamento das Dores pela Ausência da Gestão do Caixa: Dificuldades financeiras, falta de liquidez e endividamento excessivo. 197

7. Prescrição do Remédio: Implantar práticas de controle financeiro rigorosas. 200

8. Como Fabricar o Remédio: Ferramentas de controle financeiro e definição de metas de liquidez. 204

9. Como Aplicar e Acompanhar: Revisões financeiras regulares e análise de fluxo de caixa. . 210

10. Saídas da Trilha e Plano de Ação. 214

11. Resumo da Trilha: O controle de caixa assegura a sustentabilidade financeira. 215

12. Teste de Conhecimento: Perguntas sobre fluxo de caixa e planejamento financeiro. ... 216

13. Mapa Mental da Trilha: Visão gráfica dos componentes do fluxo de caixa e indicadores financeiros. 218

14. Refletindo sobre as Inconsciências na Ausência do Caixa. 221

CAPÍTULO 7: A QUARTA TRILHA – PRECIFICAÇÃO 223

1. Contexto: Precificar adequadamente é essencial para garantir a rentabilidade. 223

2. Metáfora: A balança que encontra o ponto de equilíbrio entre valor e custo. 223

3. Analogia: Como precificar um serviço justo, que seja competitivo e rentável. 223

4. O que é? Estratégia de definição de preços com base em valor e custos. 223

5. Por que é Importante? Afeta diretamente a lucratividade e competitividade. 224

6. Levantamento das Dores pela Ausência do Processo de Precificação: Margens de lucro baixas e dificuldades em sustentar operações. 226

7. Prescrição do Remédio: Implementar uma análise de valor e custos para precificação. ... 228

8. Como Fabricar o Remédio: Pesquisas de mercado e análise de valor agregado. 232

9. Como Aplicar e Acompanhar: Monitoramento de margem de lucro e ajustes conforme o mercado. 239

10. Saídas da Trilha e Plano de Ação. 242

11. Resumo da Trilha: A precificação garante rentabilidade e competitividade. 244

12. Teste de Conhecimento: Perguntas sobre estratégias e métodos de precificação. 247

13. Mapa Mental da Trilha: Estrutura gráfica da precificação baseada em custo e valor. . . . 249

14. Refletindo sobre as Inconsciências na Ausência da Precificação.. 250

CAPÍTULO 8: A QUINTA TRILHA – ESTRATÉGIA 253

1. Contexto: Definir a estratégia é alinhar a organização com o mercado e as oportunidades. 253

2. Metáfora: Um mapa que guia o caminho para o sucesso. 253

3. Analogia: Como planejar uma viagem, considerando o destino e os obstáculos no caminho. 253

4. O que é? Conjunto de ações e metas que guiam a organização ao longo do tempo. 253

5. Por que é Importante? Direciona as decisões e assegura a sustentabilidade. 254

6. Levantamento das Dores pela Ausência de uma Estratégia: Falta de direção, desperdício de recursos e oportunidades perdidas. 255

7. Prescrição do Remédio: Definir e alinhar metas estratégicas.. 257

8. Como Fabricar o Remédio: Sessões de planejamento e análise de mercado.. 260

9. Como Aplicar e Acompanhar: Revisão contínua e ajustes conforme o mercado. 284

10. Saídas da Trilha e Plano de Ação. . . . .

11. Resumo da Trilha: A estratégia direciona a organização ao longo do tempo. 287

12. Teste de Conhecimento: Perguntas sobre desenvolvimento e execução de estratégia. . . 292

13. Mapa Mental da Trilha: Representação visual das etapas de definição e execução da estratégia.. 294

14. Refletindo sobre as Inconsciências na Ausência da Estratégia. 296

CAPÍTULO 9: A SEXTA TRILHA – PROCESSOS 301

1. Contexto: Processos bem definidos e implementados são fundamentais para a criação de uma organização, mais eficiente, eficaz e resiliente, capaz de se adaptar às dinâmicas do mercado e atender as expectativas de todos os interessados e maneira eficaz. ....

2. Metáfora: Uma linha de montagem bem sincronizada. 301

3. Analogia: Como uma receita, onde cada passo é essencial para o resultado. 301

4. O que é? Conjunto de ações, etapas, ou atividades inter-relacionadas que são realizadas de forma sequencial e sistemática para alcançar um resultado específico. 301

5. Por que é Importante? Promove eficiência operacional, consistência e qualidade, melhoria contínua, clareza e transparência, agilidade e flexibilidade, satisfação do cliente, gestão de riscos, cultura organizacional, medição e avaliação. 305

6. Levantamento das Dores pela Ausência de Processos Lubrificados: Gargalos, retrabalho e ineficiências. 305

7. Prescrição do Remédio: Mapeamento e otimização dos processos. 308

8. Como Fabricar o Remédio: Ferramentas de análise de processos, mapeamento e revisão. 310

9. Como Aplicar e Acompanhar: Auditorias e indicadores de desempenho. 326

10. Saídas da Trilha e Plano de Ação. 333

11. Resumo da Trilha: Processos eficientes garantem a consistência. 335

12. Teste de Conhecimento: Perguntas sobre otimização e monitoramento de processos... 336

13. Mapa Mental da Trilha: Mapa dos principais processos e pontos de otimização. 339

14. Refletindo sobre as Inconsciências na Ausência dos Processos. 340

CAPÍTULO 10: A SÉTIMA TRILHA – PESSOAS 343

1. Contexto: Pessoas motivadas e capacitadas são o coração da organização. 343

2. Metáfora: O motor que dá movimento à organização. 343

3. Analogia: Como uma equipe esportiva, onde cada membro é fundamental para o sucesso. 343

4. O que é? Gestão e desenvolvimento de talentos dentro da organização. 343

5. Por que é Importante? Garante engajamento, retenção e alto desempenho. 343

6. Levantamento das Dores pela Ausência de uma Competente Gestão de Pessoas: Alta rotatividade, baixo engajamento e desempenho inconsistente, conflitos e problemas de comunicação. 344

7. Prescrição do Remédio: Investir em recrutamento, treinamento e desenvolvimento. 348

8. Como Fabricar o Remédio: Programas de treinamento e desenvolvimento contínuo. 352

9. Como Aplicar e Acompanhar: Avaliações de desempenho e satisfação. 365

10. Saídas da Trilha e Plano de Ação. 368

11. Resumo da Trilha: As pessoas são a base do sucesso organizacional. 370

12. Teste de Conhecimento: Perguntas sobre motivação e desenvolvimento de equipes. . . . 371

13. Mapa Mental da Trilha: Visão gráfica dos elementos de gestão de pessoas. 374

14. Refletindo sobre as Inconsciências na Ausência das Pessoas. 374

      CAPÍTULO 11: OS ÚLTIMOS 20 DIAS. 379

Epílogo: Refletindo sobre a Jornada de 100 Dias. 385

      ANEXOS

Anexo 1: Complexidade & Complicação 389

Anexo 2: Dores Organizacionais 407

Anexo 3: Conceitos-Chave 411

Anexo 4: Conceitos Básicos de Finanças para Gestão do Caixa 419

Anexo 5: Conceitos Básicos de Finanças para Precificação 425

Anexo 6: Regras Mínimas de Governança Organizacional 429

Anexo 7: O Papel do Guardião 435

      BIBLIOGRAFIA 442

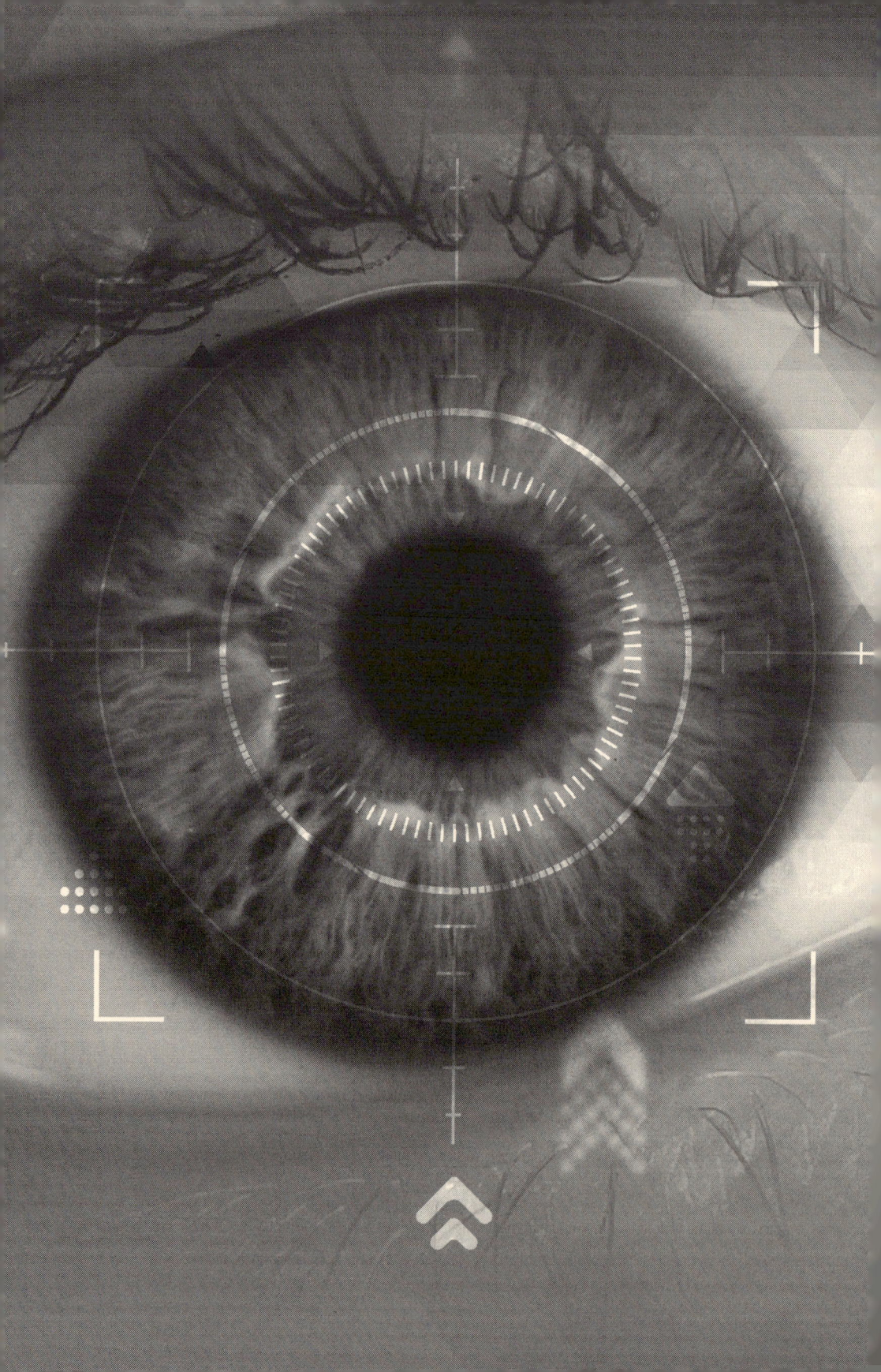

PREFÁCIO DO AUTOR

Nos caminhos da vida corporativa, frequentemente nos deparamos com desafios que testam não apenas a capacidade técnica das organizações, mas também sua resiliência e saúde estrutural. Este livro nasce da união de uma experiência profissional multifacetada, que abrange áreas tão distintas quanto a engenharia e a liderança estratégica, e uma paixão pela promoção de efetividade e crescimento sustentável.

A minha vida como executivo sênior e líder estratégico permitiu-me adquirir experiência em transformação organizacional e gestão de negócios, construída ao longo de uma carreira multifacetada em setores como siderurgia e agronegócio. Que foi suportada por uma sólida formação acadêmica em engenharia e gestão, com mestrados e especializações em instituições de renome internacional, como a Universidade Federal de Minas Gerais, Ohio State University, Columbia Business School, FDC & INSEAD, e Harvard University (ALI).

Liderei grandes organizações, incluindo a presidência de empresas e a participação ativa em Conselhos de Administração, com presidência em um deles. Como empreendedor, possuí um histórico comprovado de sucesso, tendo sido proprietário de uma fazenda de produção de leite reconhecida nacionalmente pela excelência (Primeira Fazenda Ouro do Brasil, título outorgado pela Nestlé) e pela sustentabilidade (Top 5 Brasil - Globo Rural).

Nestas oportunidades adquiri uma compreensão do impacto da liderança focada e da estratégia bem definida na longevidade e sucesso das organizações. Contei ainda com vivência internacional significativa, incluindo um período de residência no Japão durante o auge da Qualidade Total. Este livro, **"SuperFoco - Jornada de 100 Dias para a Saúde e Resiliência Organizacional"**, reflete uma convicção profunda: a de que o verdadeiro progresso não é construído em passos isolados, mas em jornadas planejadas, colaborativas e fundamentadas em pilares sólidos. *A Jornada de 100 Dias que aqui apresento é mais do que um método; é um convite à* *transformação, à promoção do alinhamento, da efetividade e da cultura como pilares da Saúde e Resiliência Organizacional.*

Em um mundo em constante mudança, a saúde e resiliência organizacional se tornam um ativo estratégico. Não se trata apenas de eficiência operacional, mas de cultivar resiliência – a capacidade de se adaptar, superar desafios e emergir mais forte. Este livro foi criado com o objetivo de fornecer um mapa detalhado para organizações de todos os tamanhos, permitindo-lhes trilhar um caminho seguro rumo ao crescimento sustentável.

A Jornada de 100 Dias é estruturada para abordar as principais "dores" que as organizações enfrentam, proporcionando ferramentas práticas e insights valiosos para líderes e equipes. Com sete trilhas essenciais – Identidade, 5S, Caixa, Precificação, Estratégia, Processos e Pessoas – ofereço um guia completo para criar e sustentar uma cultura de melhoria contínua.

Espero que as páginas deste livro inspirem você a liderar com coragem, a pensar de forma estratégica e a implementar mudanças significativas que transformarão sua organização. Afinal, a saúde e a resiliência não são apenas metas; são as bases para um futuro próspero e sustentável.

Boa leitura e boa jornada!

[AUTOR]

PREFÁCIO

O SUPERFOCO, no mundo corporativo atual, em empresas de pequeno, médio e grande porte, é uma aplicação didática, pragmática, sistemática e completa para transformar uma empresa e prepará-la para o sucesso e a resiliência.

A implementação disciplinada do SUPERFOCO é o caminho para transformar efetivamente uma organização e melhorar continuamente os processos, visando atingir os resultados e indicadores-chave de desempenho esperados.

A transformação da empresa com o SUPERFOCO é uma experiência única e enriquecedora para todos os funcionários envolvidos.

O SUPPERFOCO mudará positivamente sua vida, criando um ambiente interessante, lucrativo e extremamente satisfatório em todos os aspectos, ao longo dos 100 dias e além.

HANS JÖHR

Former Corporate Head of Agriculture at Nestlé.

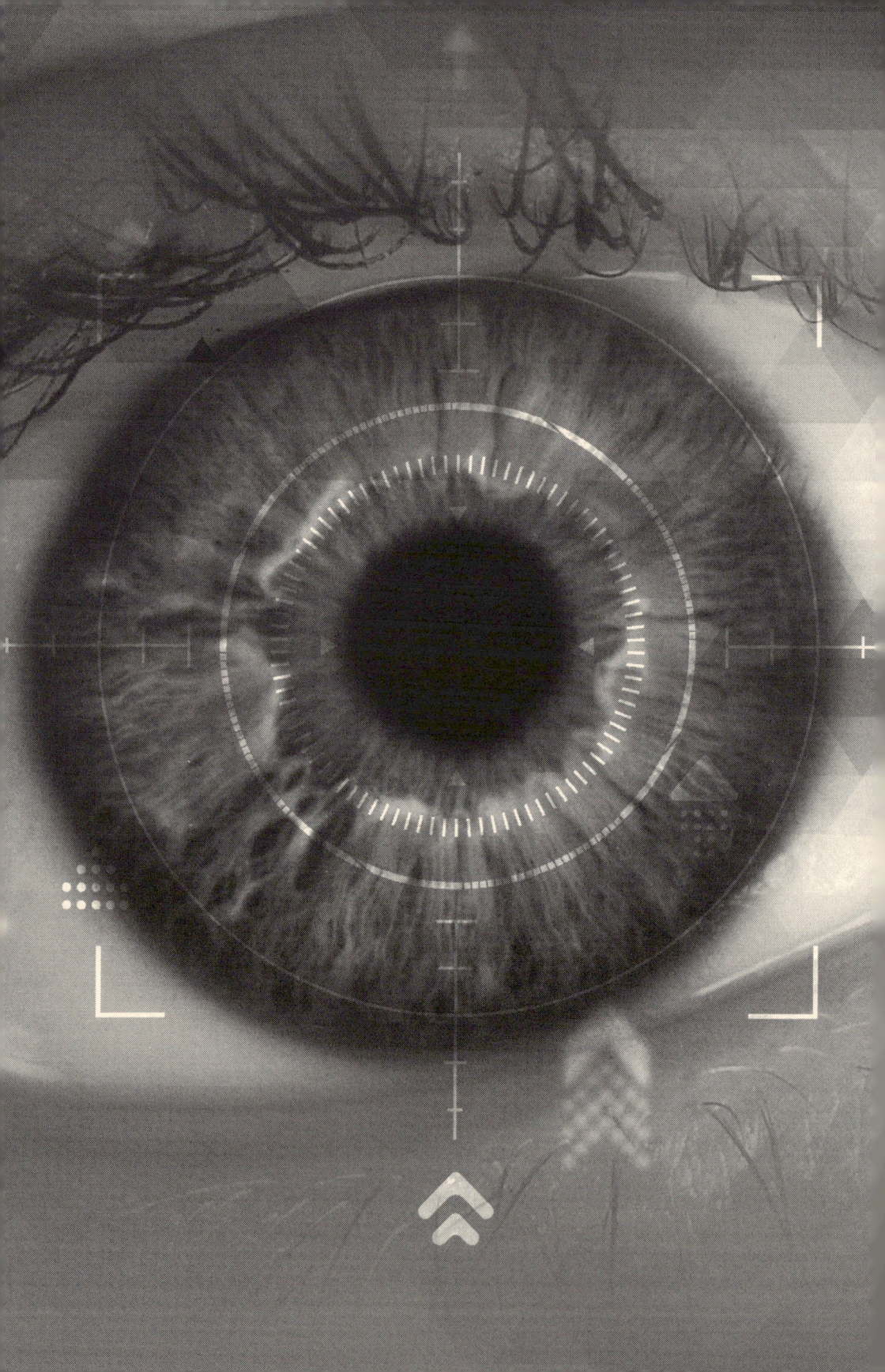

INTRODUÇÃO

A transformação organizacional deixou de ser uma escolha para se tornar uma necessidade imperativa no cenário contemporâneo. Vivemos em uma era caracterizada por mudanças rápidas e imprevisíveis, impulsionadas por avanços tecnológicos, mercados globais dinâmicos e expectativas crescentes de clientes e stakeholders (os interessados na organização). Nesse contexto, organizações de todos os portes enfrentam o desafio de se manterem relevantes, competitivas e resilientes.

Transformação organizacional não é apenas uma adaptação às circunstâncias externas; é uma mudança profunda que abrange estruturas, processos, cultura e mentalidade. Ela exige que as organizações desafiem o status quo, questionem práticas estabelecidas e adotem novas abordagens para alcançar resultados excepcionais. No entanto, transformar uma organização não é uma tarefa simples. *É um processo complexo que requer liderança clara, engajamento das equipes e uma estratégia estruturada.*

Os desafios atuais são múltiplos e variados. As organizações precisam lidar com a pressão por inovação constante, a volatilidade econômica, a digitalização acelerada e, ao mesmo tempo, manter o foco em saúde financeira e engajamento humano. Esse equilíbrio é crucial, mas muitas vezes difícil de alcançar. Além disso, a necessidade de adaptação contínua significa que os modelos tradicionais de gestão, com ciclos longos e inflexíveis, já não são mais eficazes.

É nesse cenário que a **Jornada de 100 Dias** apresentada neste livro se torna uma ferramenta transformadora. Inspirado por princípios de melhoria contínua e por práticas comprovadas de gestão, o modelo oferece uma abordagem prática e estruturada para que organizações de qualquer setor possam iniciar ou acelerar sua jornada de transformação. Dividida em sete trilhas essenciais – Identidade, 5S, Caixa, Precificação, Estratégia, Processos e Pessoas -, oferece um guia para transformar a organização de maneira efetiva.

A Jornada de 100 Dias visa não apenas resolver problemas imediatos, mas também estabelecer uma cultura de aprimoramento constante.

O diferencial deste modelo está em sua simplicidade e eficácia. Ele permite que líderes e equipes trabalhem de maneira colaborativa e focada, dividindo a transformação em etapas claras e atingíveis. Cada uma das trilhas é projetada para abordar aspectos críticos da organização, desde a definição de missão e valores até a gestão de processos e pessoas. Juntas, essas trilhas criam uma base sólida para a construção de organizações saudáveis e resilientes, prontas para prosperar em ambientes de constante mudança.

Este livro não é apenas um guia técnico; é um chamado à ação. Convida líderes, gestores e equipes a repensarem suas práticas, questionarem suas limitações e embarcarem em uma Jornada de 100 Dias que pode transformar não apenas suas organizações, mas também a maneira como percebem e enfrentam desafios.

Prepare-se para uma jornada de aprendizado, reflexão e ação. Os próximos capítulos fornecerão as ferramentas, insights e inspirações necessários para que sua organização alcance novos patamares de saúde, resiliência e sucesso sustentável.

✓ Agregando Neurociência à Jornada de 100 Dias: Reprogramação Organizacional

A neurociência nos ensina que grande parte do que fazemos – tanto como indivíduos quanto em organizações – está enraizada em **programas subconscientes***. Apenas* **5% do nosso tempo** *atuamos de forma consciente, enquanto* **95%** *são dominados por* **hábitos automáticos***, muitas vezes contraproducentes. Esses hábitos podem estar prejudicando a saúde organizacional e colocando sua sobrevivência em risco.*

✓ Organizações e o Subconsciente Coletivo

Assim como os indivíduos, organizações operam em grande parte por **inércia cultural e processual**, com líderes nos três níveis (estratégico, tático e operacional) reproduzindo **comportamentos memorizados, decisões automáticas** e **reações emocionais inconscientes**. Isso pode levar a problemas como:

- **Resistência à Mudança:** Líderes e equipes continuam em zonas de conforto, mesmo quando as circunstâncias exigem transformação.
- **Decisões Reativas:** Baseadas em padrões antigos, sem considerar os desafios e oportunidades atuais.
- **Falta de Consciência Sistêmica:** Ignorância sobre como ações individuais afetam a organização como um todo.

✓ **O Papel da Jornada de 100 Dias: Reprogramação para Conscientização**

*O método **SuperFoco** é projetado para fazer os **5% conscientes** desafiar e reprogramar os **95% inconscientes**, criando novas rotinas e hábitos organizacionais mais saudáveis e produtivos. Isso é realizado por meio das **Sete Trilhas** e seus **quatro desafios**, que trabalham diretamente nas "dores" organizacionais e ajudam a transformar padrões arraigados.*

✓ **Como os Desafios Promovem Reprogramação?**

1. **Levantamento das Dores:** Tornam conscientes os problemas e os hábitos automáticos prejudiciais.
2. **Prescrição dos Medicamentos:** Estabelece novos comportamentos e práticas que substituem os padrões antigos.
3. **Fabricação dos Medicamentos:** Desenvolve ferramentas e sistemas para sustentar os novos hábitos.
4. **Aplicação e Acompanhamento:** Garante que os novos comportamentos sejam incorporados e repetidos até se tornarem automáticos.

✓ **Tornando os Líderes Conscientes**

1. **Reconhecendo a Inconsciência:**
   Líderes precisam entender que **hábitos e programas automáticos** governam a maioria de suas decisões e comportamentos. Exemplos:

- **Estratégico:** Persistência em estratégias obsoletas por hábito.
- **Tático:** Manter processos ineficientes por falta de questionamento.
- **Operacional:** Reagir de forma emocional a problemas diários sem análise racional.

2. **Ações para Aumentar a Consciência:**
   - **Autorreconhecimento:** Workshops para líderes identificarem seus padrões inconscientes.
   - **Feedback Regular:** Criação de ciclos de feedback para expor comportamentos automáticos.
   - **Rituais de Reflexão:** Estabelecer reuniões de revisão que incentivem a análise crítica de decisões e processos.

3. **Técnicas Neurocientíficas Aplicadas:**
   - **Repetição:** Práticas consistentes e direcionadas para reforçar novos padrões.
   - **Visualização:** Líderes imaginam cenários ideais baseados nos valores e objetivos da organização.
   - **Atenção Plena (Mindfulness):** Treinamento para líderes estarem conscientes de suas ações e decisões no momento presente.

✓ **Como as Trilhas Reprogramam a Organização**

1. **Identidade:**
   Transforma a inconsciência sobre a cultura organizacional em uma compreensão clara e inspiradora da missão, visão e valores.

2. **5S:**
   Cria hábitos organizacionais de organização e eliminação de desperdícios, desafiando práticas automáticas que geram ineficiência.

3. **Caixa:**
   Promove uma consciência financeira que substitui hábitos de gastos ou controle ineficazes por práticas de gestão de caixa saudáveis.

4. Precificação:
Estabelece um entendimento consciente de como precificar de forma estratégica, combatendo decisões automáticas baseadas apenas em instinto ou competição.

5. Estratégia:
Desafia a tendência de "reagir" aos problemas com a criação de planos conscientes e bem alinhados.

6. Processos:
Torna visíveis os gargalos e redundâncias, substituindo práticas ineficientes por fluxos de trabalho otimizados.

7. Pessoas:
Ajuda a reconhecer e superar preconceitos e reações emocionais automáticas, promovendo uma liderança mais empática e eficaz.

✓ Impacto nos Pilares: Alinhamento, Efetividade e Cultura

1. Alinhamento:
- Novos hábitos ajudam líderes e equipes a se conectarem com a identidade organizacional.
- Decisões conscientes substituem ações automáticas desalinhadas.

2. Efetividade:
- Processos e práticas baseados em consciência reduzem retrabalho, desperdícios e ineficiências.
- Liderança consciente prioriza atividades que geram maior impacto.

3. Cultura:
- A consciência coletiva cria uma cultura de aprendizado contínuo, adaptabilidade e inovação.
- Hábitos positivos enraizados promovem resiliência organizacional.

Hábitos Inconscientes que Precisam Ser Desafiados

Hábito Inconsciente	Impacto Negativo	Novo Comportamento Consciente
Reagir com base em emoções	Decisões impulsivas prejudicam a organização	Analisar dados antes de tomar decisões
Procrastinação de tarefas difíceis	Atrasos em projetos	Priorizar tarefas com métodos de gestão de tempo
Evitar feedback ou confronto	Problemas não resolvidos se acumulam	Criar uma cultura de feedback aberto e regular
Manter processos obsoletos	Ineficiência e desperdício de recursos	Revisar processos regularmente
Culpar terceiros por problemas	Diminuição da colaboração e moral	Assumir responsabilidade e buscar soluções coletivas

Conclusão

A **Jornada de 100 Dias** do método do **SuperFoco** vai além de técnicas tradicionais de gestão. Ela desafia os **hábitos inconscientes organizacionais**, trazendo à tona um novo nível de consciência coletiva. Ao reprogramar líderes e equipes para agir conscientemente, a organização se torna mais **alinhada, efetiva e culturalmente resiliente**, garantindo saúde e sustentabilidade a longo prazo.

CAPÍTULO 1

A FASE PREPARATÓRIA E AS SETE TRILHAS – UMA VISÃO GERAL

1-1) A FASE PREPARATÓRIA: O ALICERCE PARA A TRANSFORMAÇÃO

Toda jornada bem-sucedida começa com uma preparação cuidadosa. Na Jornada de 100 Dias, a fase preparatória desempenha um papel crucial: é o momento em que a organização reflete sobre seu estado atual, define seus objetivos e constrói as bases para a transformação. Essa etapa inicial não é apenas uma formalidade; é o que garante que os passos seguintes sejam dados com segurança, clareza e propósito.

A fase preparatória envolve diagnósticos do alinhamento, efetividade, cultura bem como dos quatro indicadores da Saúde e Resiliência Organizacional, geração de caixa, remuneração do capital empregado, crescimento e fidelização dos clientes. É aqui que líderes e equipes avaliam "onde estamos" e "onde queremos chegar". Essa análise permite que a organização identifique suas "dores" – os desafios e lacunas que precisam ser superados – e comece a fabricar os "remédios" que serão aplicados ao longo das trilhas. Além disso, a fase preparatória reconhece a natureza sistêmica das organizações. Tudo está interligado, e cada decisão ou ação afeta o sistema como um todo. Essa visão integrada é essencial para que a organização compreenda seus desafios e oportunidades de maneira holística.

1-2) A LIDERANÇA NOS TRÊS NÍVEIS: ESTRATÉGICO, TÁTICO E OPERACIONAL

O método compreende que a liderança em todos os níveis – estratégico, tático e operacional – é a força motriz para a saúde e resiliência organizacional. A liderança não é apenas um elemento isolado, mas o fio condutor que une e alinha as partes do sistema organizacional.

- **Nível estratégico:** Os líderes estratégicos são responsáveis por definir a visão, os valores e a direção geral da organização. Eles garantem que as trilhas abordadas na Jornada de 100 Dias estejam alinhadas aos objetivos de longo prazo e criem um impacto significativo.
- **Nível tático:** Os líderes táticos traduzem as diretrizes estratégicas em planos concretos. Eles conectam a visão ampla aos processos operacionais, garantindo que as decisões estratégicas sejam implementadas com eficiência.
- **Nível operacional:** Os líderes operacionais, por sua vez, são os que transformam planos em ação. Eles trabalham diretamente com as equipes, garantindo que os processos fluam de maneira eficaz e que os colaboradores estejam engajados e motivados.

A liderança em todos esses níveis é essencial para criar um ambiente de confiança, colaboração e adaptação. São os líderes que promovem uma cultura de melhoria contínua, inspirando suas equipes e assegurando que a organização permaneça resiliente mesmo em tempos de adversidade.

1-3) AS SETE TRILHAS: CONSTRUINDO O CAMINHO PARA A SAÚDE E RESILIÊNCIA

A Jornada de 100 Dias é organizada em sete trilhas interdependentes, cada uma abordando aspectos fundamentais da organização. Juntas, elas formam um modelo integrado que promove a saúde e resiliência organizacional.

1. **Identidade:**

   A identidade é o alicerce de qualquer organização. Ela define sua missão, visão, e os valores fornecendo orientação para todas as decisões e ações. Uma identidade clara cria coesão interna e fortalece a reputação externa.

2. **5S:**

   O 5S é a metodologia de organização que estabelece disciplina, eficiência e padronização. Aplicar o 5S significa criar um ambiente funcional onde as pessoas podem trabalhar de forma produtiva e segura.

3. Caixa:

A gestão de caixa é o coração financeiro da organização. Essa trilha foca em práticas que garantem liquidez, controle financeiro e a capacidade de investir no crescimento.

4. Precificação:

A precificação estratégica é essencial para alcançar rentabilidade. Essa trilha ajuda a determinar o equilíbrio ideal entre custo, valor e mercado, assegurando sustentabilidade financeira.

5. Estratégia:

A trilha da estratégia é o guia que direciona a organização para o atingimento dos seus objetivos de longo prazo. Com um plano estratégico sólido, é possível alinhar recursos, identificar oportunidades e mitigar riscos.

6. Processos:

Processos bem definidos são a espinha dorsal da eficiência organizacional. Essa trilha foca na otimização de atividades, eliminação de desperdícios e melhoria contínua.

7. Pessoas:

As pessoas são o ativo mais valioso de qualquer organização. Essa trilha enfatiza a importância de engajar, desenvolver e motivar os colaboradores para alcançar alto desempenho.

1-4) A INTERDEPENDÊNCIA DAS TRILHAS: O TODO É MAIOR QUE A SOMA DAS PARTES

Embora cada trilha tenha seu foco específico, elas estão profundamente interligadas. Uma organização com uma identidade forte, por exemplo, pode alinhar melhor suas estratégias e engajar suas pessoas. Da mesma forma, processos otimizados e finanças bem geridas criam as condições necessárias para implementar mudanças significativas e duradouras.

Essa interdependência reflete a realidade das organizações modernas, onde nenhum aspecto opera isoladamente. Ao abordar todas as trilhas em conjunto, a Jornada de 100 Dias cria uma cultura de melhoria contínua e promove sinergia entre os diferentes elementos organizacionais.

1-5) PLANO DE AÇÃO PARA A JORNADA DE 100 DIAS

VISÃO GERAL DO PLANO

A Jornada de 100 Dias está dividida em quatro etapas principais: **Introdução (2 dias), Fase de Preparação (8 dias), Sete Trilhas (70 dias),** e **Consolidação dos Resultados e Impactos Futuros (20 dias).** O plano detalha as responsabilidades, prazos, métodos e recursos necessários para cada etapa.

1. Introdução (Dias 1 a 2)

Objetivos: Apresentar a jornada aos colaboradores.

- Alinhar expectativas e engajar todos os níveis organizacionais.
- Explicar o modelo das sete trilhas e sua importância.

Responsáveis:

- **Diretor Executivo:** Comunicação da visão geral e objetivos estratégicos.
- **Líderes de Nível Estratégico:** Garantir engajamento inicial de seus colaboradores prestando todo apoio necessário.

Atividades:

1. **Apresentação Geral:**
   - **Quem:** Diretor Executivo.
   - **Como:** Reunião geral (presencial ou online).
   - **Recursos:** Apresentação de slides, vídeos explicativos.
2. **Distribuição de Materiais:**
   - **Quem:** Equipe de Comunicação.
   - **Como:** Envio de guias e cronogramas por e-mail ou plataformas internas.

2. Fase de Preparação (Dias 3 a 10)

Objetivos:

- Diagnosticar o estado atual da organização.
- Definir metas e um plano de ação inicial.
- Identificar áreas prioritárias para cada trilha.

Responsáveis:

- **Líderes Estratégicos:** Supervisão do diagnóstico e definição das metas.

- **Líderes Táticos:** Coleta de dados e alinhamento das áreas.
- **Líderes Operacionais:** Feedback e identificação de desafios locais.

Atividades e Cronograma:

Dias	Atividade	Quem	Recursos
3–4	Diagnóstico de Alinhamento, Efetividade e Cultua	Líderes Táticos e Operacionais	Questionários e entrevistas
5–6	Análise de Indicadres de Saúde	Equipe Financeira e Controladoria	Dados financeiros e relatórios
7–10	Revisão dos Resultados Diagnósticos	Workshop	Sala equiuadro, branco
8–10	Definicão de Metas SMART	Reuniões	Material de planejamento estratégico

3. As Sete Trilhas (Dias 11 a 80)

Objetivos:

- Apresentar os 7 pacotes de conhecimento cuja compreensão é necessária para tornar a organização alinhada, efetiva e com uma cultura forte e adaptativa.

Cada trilha terá **10 dias** para ser concluída. Os líderes das trilhas devem conduzir as atividades relacionadas aos **quatro desafios (dores, prescrição, fabricação e aplicação dos medicamentos).**

Responsáveis e Recursos

Trilha	Responsável Principal	Recursos Necessários
Identidade	Líder de Cultura Organizacional	Guias de workshops, feedbacks
5S	Líder de Operações	Materiais de organização, templates
Caixa	Líder Financeiro	Relatórios financeiros, planilhas
Precificação	Líder de Vendas/Marketing	Dados de mercado, ferramentas de CRM
Estratégia	Líder de Planejamento	Ferramentas de planejamento estratégico
Processos	Líder de Processos	Mapas de processos, fluxogramas
Pessoas	Líder de RH	Programas de treinamento, feedbacks

Cronograma de Atividades por Trilha

Dias	Atividade	Como
1–3 (de cada trilha)	Levantamento das Dores	Reuniões e questionários
4–5	Prescrição dos Medicamentos	Workshops
6–8	Fabricação dos Medicamentos	Prototipagem e testes
9–10	Aplicação e Acompanhamento	Implementação e revisão

4. CONSOLIDAÇÃO DOS RESULTADOS E IMPACTOS FUTUROS (DIAS 81 A 100)

Objetivos:

- Revisar resultados obtidos em cada trilha.
- Identificar lições aprendidas e oportunidades de melhoria.
- Planejar a sustentabilidade dos ganhos no longo prazo.

Responsáveis:

- **Diretor Executivo:** Apresentação de resultados gerais.
- **Líderes das Trilhas:** Relatórios detalhados de cada trilha.
- **Equipe Estratégica:** Planejamento para impactos futuros.

Atividades e Cronograma

Dias	Atividade	Quem	Como	Recursos
81-85	Revisão de Resultados de Trilhas	Líderes das Trilhas	Reuniões	Relatórios
86-90	Workshops de Lições Aprendidas	Todos os níveis	Cooperação	Guias de aprendizado
91-95	Planejamento de Sustentabilidade	Equipe Estratégica e Líderes	Sessões de brainstorming	Ferramentas de planejamento
96-100	Apresentação e Celebração dos Resultados	Diretoria	Evento final	Material de apresentação

Monitoramento e Controle

- **Indicadores-Chave:** Alinhamento, efetividade e cultura.
- **Revisões Semanais:** Reuniões para monitorar progresso e ajustar estratégias.
- **Plataforma de Gerenciamento:** Ferramenta digital para acompanhamento do cronograma e responsabilidades.
- Este plano organiza a **Jornada de 100 Dias** de forma prática e detalhada, garantindo clareza sobre quem deve fazer o que, quando e com quais recursos, promovendo resultados transformadores.

CONCLUSÃO

A fase preparatória e as sete trilhas são os pilares que sustentam a Jornada de 100 Dias. Elas reconhecem que tudo é um sistema, como líderes e colaboradores, somos parte dele. A liderança nos três níveis da organização desempenha um papel indispensável, orientando, inspirando e garantindo que a transformação ocorra de forma integrada e sustentável.

Este capítulo é um convite para embarcar nessa jornada com foco, determinação e a certeza de que o esforço valerá a pena. Sob uma liderança forte e com uma visão sistêmica, sua organização estará pronta para alcançar saúde, resiliência e sucesso duradouro.

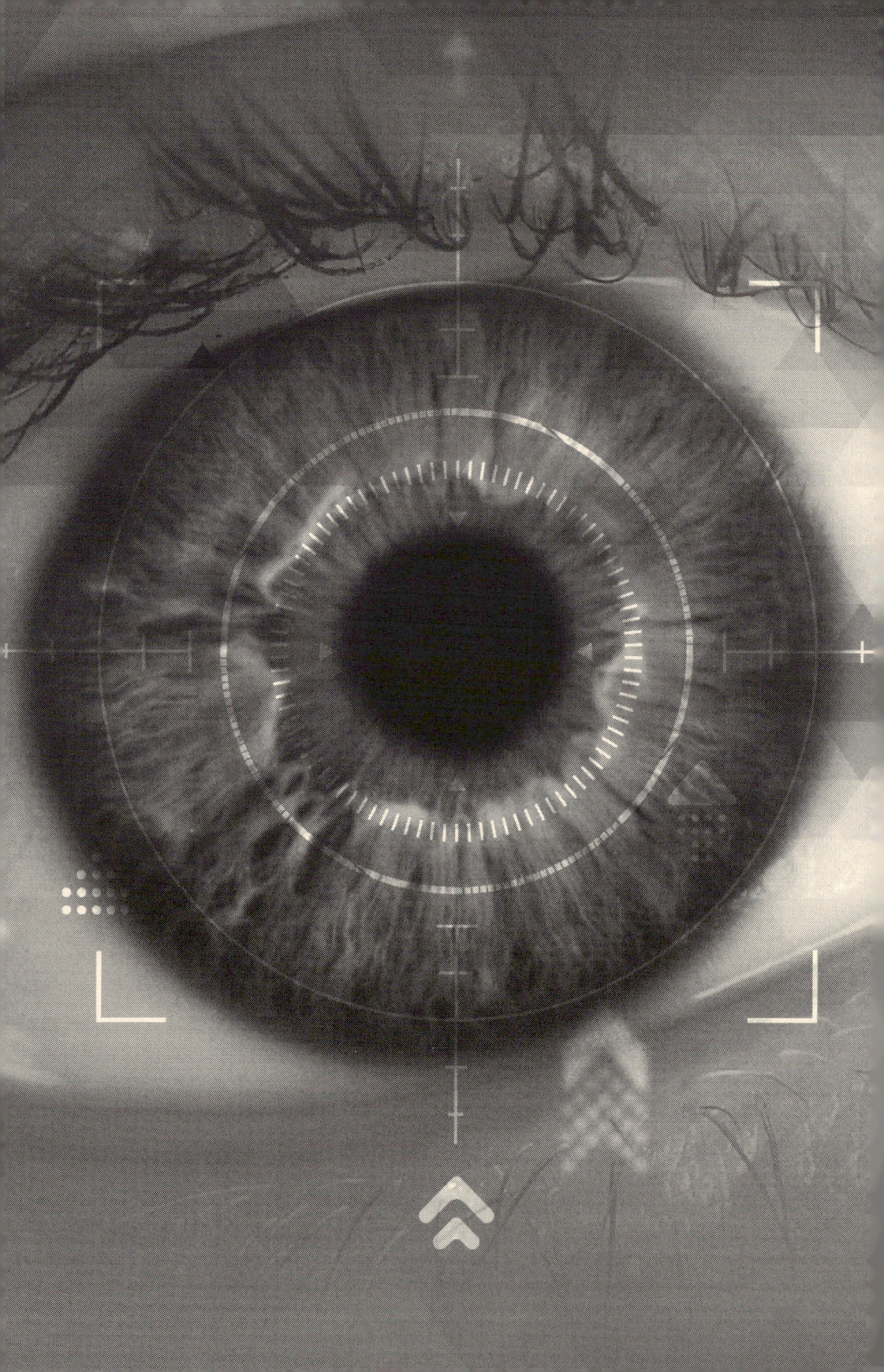

CAPÍTULO 2

A FASE DE PREPARAÇÃO

2-1) OS OBJETIVOS DA FASE PREPARATÓRIA

A fase de preparação é o primeiro passo na Jornada de 100 Dias. Seu principal objetivo é estabelecer as bases para a transformação organizacional, promovendo alinhamento, clareza e engajamento. Essa etapa inicial é o momento de diagnosticar o estado atual da organização, definir metas claras e construir um plano de ação estruturado.

A preparação tem como objetivos:

- Criar uma visão compartilhada entre líderes e equipes.
- Identificar as lacunas e "dores" organizacionais.
- Mobilizar recursos e definir prioridades.
- Garantir que todos os envolvidos compreendam seu papel no processo de transformação.

Ao estabelecer um plano bem fundamentado, a fase de preparação aumenta significativamente as chances de sucesso da jornada.

2-2) DEFINIÇÃO DE METAS E CONSTRUÇÃO DE UM PLANO DE AÇÃO PARA OS 100 DIAS

O sucesso da Jornada de 100 Dias depende de metas claras e mensuráveis, alinhadas aos objetivos estratégicos da organização. Essas metas devem ser desafiadoras, mas atingíveis e incluir prazos para atingi-las.

A construção do plano de ação segue as seguintes etapas:

1. **Identificação das prioridades**: Determinar as áreas críticas que precisam de atenção imediata.
2. **Definição de metas SMART (Específicas, Mensuráveis, Atingíveis, Relevantes e Temporais).**

AS METAS SMART

As metas SMART são um modelo amplamente utilizado para ajudar a definir e alcançar objetivos de maneira eficaz. O acrônimo "SMART" representa cinco critérios que as metas devem atender para serem consideradas bem formuladas. Vamos detalhar cada um desses critérios:

1. Específica (Specific)

A meta deve ser clara e específica, de modo que todos os envolvidos compreendam exatamente o que se pretende alcançar. Isso ajuda a focar os esforços e a evitar ambiguidade.

Exemplo: Em vez de dizer "quero perder peso", uma meta específica seria "quero perder 5 kg nos próximos três meses".

2. Mensurável (Measurable)

A meta deve ser mensurável para que você possa acompanhar o progresso e saber quando a meta foi alcançada. Isso envolve definir critérios que permitam a avaliação do sucesso.

Exemplo: "Quero economizar R$ 1.000 em seis meses" é mensurável. Você pode acompanhar quanto foi economizado a cada mês.

3. Atingível (Achievable)

A meta deve ser realista e alcançável, levando em consideração as limitações e recursos disponíveis. Isso não significa que a meta não possa ser desafiadora, mas deve ser viável.

Exemplo: Se você nunca correu antes, uma meta de correr uma maratona em um mês pode não ser atingível. Um objetivo mais realista seria "correr 5 km em três meses".

4. Relevante (Relevant)

A meta deve ser relevante, ou seja, deve ter significado e importância para a pessoa ou organização que a estabelece. Isso ajuda a garantir que os esforços estejam alinhados com os objetivos maiores.

Exemplo: Se você está buscando uma promoção no trabalho, uma meta relevante poderia ser "completar um curso de liderança que melhore minhas habilidades gerenciais".

5. Temporal (Time-bound)

A meta deve ter um prazo definido para ser alcançada. Um limite de tempo cria um senso de urgência e ajuda a manter o foco.

Exemplo: "Quero ler 12 livros em um ano" é uma meta temporal, pois define um período claro para a realização do objetivo.

EXEMPLO DE UMA META SMART

Meta: "Quero perder 5 kg nos próximos três meses, seguindo uma dieta balanceada e fazendo exercícios 3 vezes por semana."

- Específica: Perder 5 kg.
- Mensurável: Pode ser medido pelo peso.
- Atingível: É uma meta realista considerando a dedicação.
- Relevante: Está alinhada com objetivos de saúde pessoal.
- Temporal: Tem um prazo de três meses.

IMPORTÂNCIA DAS METAS SMART

As metas SMART são importantes porque:

- Clareza: Ajudam a evitar ambiguidades e a tornar os objetivos mais claros.
- Motivação: Ao ter metas específicas e mensuráveis, é mais fácil manter a motivação e acompanhar o progresso.
- Planejamento: Fornecem uma estrutura para o planejamento e a execução de ações necessárias para alcançar os objetivos.

CONCLUSÃO

As metas SMART são uma ferramenta eficaz para ajudar indivíduos e organizações a estabelecer objetivos claros, alcançáveis e significativos. Ao seguir os critérios SMART, é possível aumentar as chances de sucesso e garantir que o caminho para alcançar as metas seja bem definido e motivador.

2-3) DIAGNÓSTICO ORGANIZACIONAL E AVALIAÇÃO DE RECURSOS INICIAIS

Antes de avançar, é essencial realizar um diagnóstico detalhado para responder a duas perguntas-chave: **Onde estamos agora? Onde queremos chegar?** Aqui levantaremos a percepção dos líderes dos três níveis quanto ao Alinhamento, Efetividade e Cultura, bem como mediremos a Geração de Caixa, a Remuneração do Capital Empregado, o Crescimento e a Fidelização dos Clientes.

O diagnóstico inclui:

1. ALINHAMENTO, EFETIVIDADE E CULTURA:
- **Alinhamento**: A organização está unida em torno de uma visão e missão claras? As equipes compreendem como seu trabalho contribui para os objetivos gerais?
- **Efetividade**: Os processos e recursos atuais estão sendo utilizados de forma otimizada?
- **Cultura**: Há um ambiente que promove inovação, cooperação e melhoria contínua?

ALINHAMENTO

Quadro 1: O que é o alinhamento?

Aspecto	Descrição
Definição	Alinhamento é o estado em que todos os níveis da organização – estratégico, tático e operacional – compartilham uma visão, missão e objetivos comuns.
Exemplos	- Uma equipe de marketing desenvolve campanhas alinhadas à estratégia de crescimento da empresa. - Departamentos diferentes colaboram para atingir a mesma meta financeira anual.
Analogias	- Orquestra Sinfônica: Cada músico toca seu instrumento individualmente, mas todos seguem a mesma partitura e maestro para criar uma harmonia perfeita. - Bússola: Uma organização alinhada tem um norte claro que guia todas as decisões e ações, assim como uma bússola aponta para a direção certa.

Quadro2: Características de uma Organização Alinhada

Características	Descrição
Clareza de Propósito	Todos os colaboradores compreendem a visão, missão e valores da organização.
Objetivos Compartilhados	Os objetivos estratégicos são traduzidos em metas claras para cada departamento e equipe.
Cooperação entre departamentos	As equipes trabalham juntas, evitando silos e promovendo sinergia.
Consistência da Comunicação	Informações importantes são compartilhadas regularmente e de forma acessível.
Tomada de Decisão Baseada na Estratégia	Decisões em todos os níveis são avaliados quanto à sua contribuição para os objetivos organizacionais.
Engajamento dos Aptos (Corpo) Colaboradores	As pessoas se sentem conectadas à organização e motivadas a contribuir para o sucesso coletivo.

Quadro 3: Elementos Críticos e Questões-Chave para Avaliar o Alinhamento

Aspectos críticos para o Sucesso	Descrição
Liderança Forte e Visão Clara	Os líderes devem articular e comunicar claramente a Visão e os objetivos da organização.
Processos de Planejamento Eficazes	O planejamento estratégico deve traduzir a Visão em ações específicas e monitoráveis.
Comunicação Transparente e Regular	A informação precisa fluir de forma consistente entre os níveis estratégico, tático e operacional.
Métricas De Desempenho Alinhadas	Indicadores de sucesso devem estar conectados diretamente aos objetivos organizacionais.
Cultura de Feedback e Melhoria Contínua	Um ambiente que promove a escuta ativa e o aprendizado contínuo fortalece o alinhamento.
Questões-Chaves para Avaliar o Grau de Alinhamento	Descrição
Os colaboradores conhecem a Missão e Visão?	Verificar se todos os membros da organização compreendem e podem articular o propósito da organização.
As metas individuais refletem os objetivos gerais?	Garantir se as metas de equipes e indivíduos estejam diretamente conectadas à estratégia organizacional.
Há cooperação entre departamentos?	Avaliar se as áreas estão trabalhando juntas de forma eficaz para atingir metas comuns.
As decisões refletem a estratégia?	Examinar se as escolhas diárias em todos os níveis estão alinhadas com os objetivos organizacionais.
Há clareza na comunicação organizacional?	Analisar se os líderes comunicam informações importantes de forma clara e acessível para todos.

Esses quadros ajudam a definir o conceito de alinhamento, suas características e o que é necessário para alcançá-lo, além de oferecer critérios claros para avaliar o grau de alinhamento em uma organização.

ONDE ESTAMOS EM TERMOS DE ALINHAMENTO ORGANIZACIONAL?

QUESTIONÁRIO DE ALINHAMENTO ORGANIZACIONAL

Instruções

Para cada questão, escolha a alternativa que mais se aproxima da realidade da sua organização. Todas as alternativas estão corretas, mas algumas refletem maior maturidade no alinhamento organizacional. Suas respostas serão utilizadas para avaliar o grau de alinhamento da organização.

1. **Como os objetivos estratégicos da organização são comunicados aos colaboradores?**
   - (A) Apenas no início do ano fiscal e revisados apenas quando há mudanças significativas no planejamento estratégico.
   - (B) São apresentados durante reuniões periódicas com gestores, mas nem sempre chegam a todos os níveis.
   - (C) São comunicados de forma clara, consistente e reforçados regularmente em todos os níveis organizacionais.

2. **Qual é o nível de compreensão dos colaboradores sobre como suas funções contribuem para os objetivos gerais?**
   - (A) A maioria dos colaboradores conhece os objetivos gerais, mas poucos conseguem associar isso às suas funções diárias.
   - (B) Os colaboradores têm alguma ideia de como suas funções contribuem, mas não têm clareza total sobre seu impacto.
   - (C) Os colaboradores compreendem claramente como seu trabalho individual e de equipe contribui para os objetivos organizacionais.

3. **Como ocorre a colaboração entre departamentos na sua organização?**
   - (A) A colaboração ocorre apenas quando absolutamente necessária, e cada departamento geralmente prioriza seus próprios objetivos.

- (B) Há alguma colaboração entre departamentos, mas ainda existem silos que dificultam o alinhamento pleno.
- (C) Os departamentos trabalham de forma integrada e cooperativa, alinhando esforços para alcançar objetivos comuns.

4. **Qual é a frequência e a eficácia da comunicação organizacional?**
   - (A) As comunicações formais ocorrem esporadicamente, com foco apenas em decisões importantes e mudanças críticas.
   - (B) Há comunicações regulares, mas nem sempre a mensagem chega a todos os níveis de forma clara e compreensível.
   - (C) A comunicação é frequente, clara e acessível a todos, promovendo entendimento e alinhamento em todos os níveis.

5. **Como a organização mede e monitora o alinhamento de suas ações com os objetivos estratégicos?**
   - (A) A organização não possui indicadores formais para medir o alinhamento de suas ações com os objetivos estratégicos.
   - (B) Há algumas métricas, mas nem sempre são claras ou utilizadas para corrigir desvios.
   - (C) A organização possui métricas claras e bem definidas, e os resultados são revisados regularmente para garantir o alinhamento estratégico.

CRITÉRIOS DE AVALIAÇÃO

Pontuação

- Respostas (A): 1 ponto cada
- Respostas (B): 2 pontos cada
- Respostas (C): 3 pontos cada

Interpretação dos Resultados

- **0–7 pontos (Vermelho):** Baixo Alinhamento
  Requer ações imediatas para alinhar objetivos, comunicação e colaboração em todos os níveis da organização.
- **8–12 pontos (Amarelo):** Alinhamento Mediano

Indica progresso, mas é necessário dedicar atenção aos pontos críticos para fortalecer o alinhamento.

- **13–15 pontos (Verde):** Alinhamento Adequado

A organização está bem alinhada, mas deve manter esforços contínuos para sustentar esse nível.

Este questionário pode ser aplicado periodicamente para monitorar a evolução do grau de alinhamento e orientar planos de ação específicos.

🕒 EFETIVIDADE

Quadro 1: O que é Efetividade?

Aspecto	Descrição
Definição	Efetividade é a capacidade da organização de atingir seus objetivos utilizando processos e recursos de forma eficiente e eficaz.
Exemplos	- Um processo de recrutamento que encontra o candidato ideal em um prazo curto e com baixo custo. - Uma linha de produção que entrega produtos com qualidade com desperdício mínimo de materiais.
Analogias	- Máquina bem lubrificada: Uma organização efetiva funciona de maneira suave, sem gargalos ou desperdícios, entregando resultados consistentes. - Atleta de alta performance: Assim como um atleta otimiza sua energia para atingir o melhor desempenho, uma organização efetiva maximiza seus recursos.

Quadro 2: Características de uma Organização Efetiva

Características	Descrição
Clareza nos Processos	Processos são bem definidos, documentados e compreendidos por todos os envolvidos.
Uso Ótimo de Recursos	Recursos financeiros, humanos e tecnológicos são alocados de forma estratégica para evitar desperdícios.
Foco nos Resultados	A organização está orientada para alcançar metas e objetivos de forma mensurável.
Cultura de Melhoria Contínua	Busca constante por inovação, eficiência e melhores práticas.
Baixo Retrabalho e Erros	Processos eficientes resultam em menor necessidade de correções e ajustes.
Capacidade de Adaptação	A organização é ágil e ajusta seus processos rapidamente às mudanças internas e externas.

Quadro 3: Elementos Críticos e Questões-Chave para Avaliar o Alinhamento

Aspectos Críticos para o Sucesso

Aspecto Crítico para o Sucesso	Descrição
Liderança Forte e Visão Clara	Os líderes devem articular e comunicar claramente a visão e os objetivos da organização.
Processos de Planejamento Eficazes	O planejamento estratégico deve traduzir a visão em ações específicas e monitoráveis.
Comunicação Transparente e Regular	A informação precisa fluir de forma consistente entre os níveis estratégico, tático e operacional.
Métricas de Desempenho Alinhadas	Indicadores de sucesso devem estar conectados diretamente aos objetivos organizacionais.
Cultura de Feedback e Melhoria Contínua	Um ambiente que promove a escuta ativa e o aprendizado contínuo fortalece o alinhamento.

Questões-Chave para Avaliar o Grau de Alinhamento

Questões-Chave	Descrição
Os colaboradores conhecem a missão e visão?	Verificar se todos os membros da organização compreendem e podem articular o propósito da empresa.
As metas individuais refletem os objetivos gerais?	Garantir que as metas de equipes e indivíduos estejam diretamente conectadas à estratégia organizacional.
Há colaboração entre departamentos?	Avaliar se as áreas estão trabalhando juntas de forma eficaz para atingir metas comuns.
As decisões refletem a estratégia?	Examinar se as escolhas diárias em todos os níveis estão alinhadas com os objetivos organizacionais.
Há clareza na comunicação organizacional?	Analisar se os líderes comunicam informações importantes de forma clara e acessível para todos.

Com esses quadros, a organização pode compreender melhor o conceito de efetividade, as características de uma organização efetiva e os critérios essenciais para avaliação e melhoria.

ONDE ESTAMOS EM TERMOS DE EFETIVIDADE ORGANIZACIONAL?

QUESTIONÁRIO DE EFETIVIDADE ORGANIZACIONAL

Instruções

Para cada questão, escolha a alternativa que mais se aproxima da realidade da sua organização. Todas as alternativas estão corretas, mas algumas refletem maior maturidade em termos de efetividade organizacional. O resultado permitirá avaliar o nível de efetividade, classificando-o como:

- Vermelho: Baixa efetividade – Ação imediata necessária.
- Amarelo: Efetividade mediana – Requer atenção para melhorias.
- Verde: Efetividade adequada – Sustentar e aprimorar continuamente.

1. **Como os processos são documentados e compreendidos na sua organização?**
   - (A) Os processos são informalmente compreendidos pela equipe, mas não estão documentados formalmente.
   - (B) A maioria dos processos críticos está documentada, mas nem sempre é comunicada de forma acessível a todos os envolvidos.
   - (C) Os processos são bem documentados, revisados regularmente e compreendidos por todos os envolvidos.

2. **Qual é o nível de utilização de recursos (humanos, financeiros e tecnológicos)?**
   - (A) Os recursos estão disponíveis, mas há desperdícios ocasionais ou subutilização.
   - (B) Os recursos são utilizados de forma eficiente na maior parte do tempo, mas algumas áreas ainda enfrentam desafios.
   - (C) Os recursos são alocados estrategicamente, maximizando resultados e minimizando desperdícios em toda a organização.

3. **Como sua organização monitora e revisa a eficiência de seus processos?**
   - (A) A revisão da eficiência ocorre apenas em situações de crise ou problemas operacionais.
   - (B) Os processos são revisados regularmente, mas nem sempre as ações de melhoria são implementadas de forma consistente.
   - (C) A revisão dos processos é sistemática, com ações de melhoria implementadas e monitoradas continuamente.

4. **Qual é o nível de retrabalho e erros nos processos?**
   - (A) Retrabalhos e erros ocorrem com frequência moderada, mas são tratados caso a caso sem análises profundas.
   - (B) Retrabalhos e erros são identificados, mas ainda há espaço para análises mais proativas de suas causas.

- (C) Os retrabalhos e erros são mínimos, e as causas raiz são tratadas por meio de análises sistemáticas e preventivas.

5. **A organização promove uma cultura de melhoria contínua?**
   - (A) Há iniciativas ocasionais de melhoria, geralmente lideradas por áreas específicas ou em momentos de necessidade.
   - (B) A melhoria contínua é promovida em algumas áreas, mas ainda não está plenamente integrada à cultura organizacional.
   - (C) A melhoria contínua é um valor organizacional, com iniciativas frequentes e engajamento de todos os colaboradores.

CRITÉRIOS DE AVALIAÇÃO

Pontuação

- Respostas (A): 1 ponto cada
- Respostas (B): 2 pontos cada
- Respostas (C): 3 pontos cada

Interpretação dos Resultados

- **0–7 pontos (Vermelho):** Baixa Efetividade
  - Processos e recursos exigem uma revisão imediata para alcançar maior eficiência e eficácia.
- **8–12 pontos (Amarelo):** Efetividade Mediana
  - A organização tem progresso, mas precisa focar em eliminar lacunas críticas e promover maior eficiência.
- **13–15 pontos (Verde):** Efetividade Adequada
  - A organização é efetiva, mas deve manter uma abordagem de melhoria contínua para sustentar os resultados.

Este questionário ajuda a identificar pontos fortes e áreas de oportunidade na efetividade organizacional, orientando ações específicas de melhoria.

CULTURA

Quadro 1: O que é Cultura Organizacional?

Aspecto	Descrição
Definição	Cultura organizacional é o conjunto de valores, crenças, práticas e comportamentos que definem como as pessoas trabalham e interagem dentro de uma organização.
Exemplos	- Uma organização que valoriza a inovação incentiva colaboradores a propor novas ideias sem medo de errar. - Empresas com forte cultura de colaboração promovem trabalhos em equipe e soluções conjuntas para desafios.
Analogias	- Raízes de uma árvore: A cultura organiza a estrutura e sustenta o crescimento da organização, mesmo que não seja sempre visível. - DNA Organizacional: Assim como o DNA define as características de um ser vivo, a cultura molda o comportamento e a identidade de uma organização.

Quadro 2: Características de uma Organização com Cultura Forte

Características	Descrição
Clareza de Valores e Princípios	A organização possui valores claramente definidos e compartilhados por todos.
Alinhamento com a Missão e Visão	A cultura reflete diretamente a missão e visão da organização.
Comportamentos Consistentes	Os colaboradores demonstram, de forma prática, os valores organizacionais em suas ações diárias.
Foco no Desenvolvimento Humano	A organização valoriza o crescimento pessoal e profissional de seus colaboradores.
Ambiente de Cooperação e Confiança	Relações de trabalho são baseadas em respeito mútuo, cooperação e apoio.
Adaptação e Inovação	A cultura incentiva a mudança e a busca por novas ideias para melhorar processos e produtos.

Quadro 3: Elementos Críticos e Questões-Chave para Avaliar a Cultura

Aspecto Crítico para o Sucesso	Descrição
Definição e Comunicação de Valores	Valores organizacionais precisam ser claramente definidos e comunicados regularmente para todos os níveis.
Coerência entre Discurso e Prática	A liderança deve demonstrar, por meio de suas ações, o compromisso com os valores da organização.
Engajamento dos Colaboradores	Os colaboradores devem se sentir valorizados e envolvidos nos processos decisórios e na cultura da empresa.
Cultura de Feedback e Reconhecimento	O feedback construtivo e o reconhecimento regular de conquistas ajudam a reforçar os comportamentos desejados.
Incentivo à Diversidade e Inclusão	Uma cultura forte valoriza diferentes perspectivas e cria um ambiente acolhedor e respeitoso.
Questões-Chave para Avaliar a Cultura	Descrição
Os valores organizacionais são claros para todos?	Verificar se os colaboradores conhecem e conseguem identificar os valores na prática.
O ambiente promove colaboração e confiança?	Avaliar o nível de cooperação entre equipes e o nível de confiança entre liderança e colaboradores.
Os colaboradores se sentem valorizados?	Examinar se os esforços e contribuições dos colaboradores são reconhecidos e recompensados.
Há incentivo à inovação e adaptação?	Identificar se a cultura estimula a busca de soluções criativas e a flexibilidade diante de mudanças.
A liderança é coerente com os valores da organização?	Avaliar se as ações e decisões dos líderes estão alinhadas aos valores e princípios declarados.

Esses quadros ajudam a definir o conceito de cultura organizacional, destacam suas características principais e fornecem critérios e questões-chave para avaliá-la.

ONDE ESTAMOS EM TERMOS DE CULTURA ORGANIZACIONAL?

QUESTIONÁRIO DE CULTURA ORGANIZACIONAL

Instruções

Para cada questão, escolha a alternativa que mais reflete a realidade da sua organização. Todas as alternativas estão corretas, mas algumas refletem maior maturidade cultural. O resultado permitirá avaliar o nível de maturidade da cultura organizacional, classificado como:

- Vermelho: Cultura fraca – Ação imediata necessária.
- Amarelo: Cultura em desenvolvimento – Requer atenção e melhorias.
- Verde: Cultura forte – Sustentar e aprimorar continuamente.

1. Como os valores organizacionais são percebidos pelos colaboradores?
- (A) Os valores estão definidos, mas são pouco conhecidos pelos colaboradores.
- (B) Os valores são comunicados esporadicamente e conhecidos por parte da organização.
- (C) Os valores são amplamente conhecidos e praticados por todos os colaboradores.

2. O ambiente de trabalho promove colaboração e confiança entre equipes?
- (A) A colaboração ocorre de forma ocasional, e a confiança entre equipes ainda precisa ser desenvolvida.
- (B) Há um nível moderado de colaboração e confiança, mas algumas áreas ainda operam de forma isolada.
- (C) O ambiente é altamente colaborativo, e a confiança entre equipes é um valor central na organização.

3. Os colaboradores sentem que suas contribuições são valorizadas?
- (A) Reconhecimentos e feedback são raros e pouco estruturados.
- (B) Há algum reconhecimento, mas nem sempre é consistente ou abrangente.

- (C) Os colaboradores são regularmente valorizados por suas contribuições por meio de feedback e reconhecimento.

4. **A organização promove diversidade e inclusão?**
   - (A) A diversidade e inclusão são consideradas, mas sem políticas ou práticas claras.
   - (B) Existem algumas iniciativas de diversidade e inclusão, mas ainda não são plenamente integradas à cultura.
   - (C) Diversidade e inclusão são valores fundamentais, com políticas claras e práticas consistentes em toda a organização.

5. **Como a organização lida com inovação e mudanças?**
   - (A) A inovação é incentivada ocasionalmente, mas mudanças são vistas como desafios difíceis.
   - (B) Há algum incentivo à inovação, mas nem todos os colaboradores se sentem confortáveis com mudanças.
   - (C) A organização incentiva constantemente a inovação e se adapta rapidamente às mudanças, envolvendo os colaboradores nesse processo.

CRITÉRIOS DE AVALIAÇÃO

Pontuação
- Respostas (A): 1 ponto cada
- Respostas (B): 2 pontos cada
- Respostas (C): 3 pontos cada

Interpretação dos Resultados
- **0–7 pontos (Vermelho):** Cultura Fraca
  - A organização precisa de ações imediatas para reforçar valores, promover colaboração e criar um ambiente mais inclusivo e inovador.
- **8–12 pontos (Amarelo):** Cultura em Desenvolvimento
  - Existem bases culturais, mas é necessário investir em comunicação, reconhecimento e práticas que fortaleçam a cultura organizacional.

- **13–15 pontos (Verde):** Cultura Forte
    - A cultura organizacional é bem estabelecida, mas a manutenção contínua é essencial para sustentar os resultados.

Este questionário ajuda a identificar o estado atual da cultura organizacional e oferece insights sobre onde concentrar esforços para promover um ambiente mais forte e positivo.

INDICADORES DE SAÚDE E RESILIÊNCIA:

- **Geração de Caixa**: A organização está gerando caixa suficiente para sustentar suas operações?
- **Remuneração do Capital Empregado**: O retorno sobre os investimentos está alinhado às expectativas?
- **Crescimento**: A organização está expandindo de forma sustentável?
- **Fidelização dos Clientes**: Existe um nível alto de retenção e engajamento de clientes?

Esses indicadores fornecem uma visão clara das forças e fraquezas da organização, servindo como base para as ações subsequentes.

EXEMPLO PRÁTICO DE LEVANTAMENTO DA PERCEPÇÃO DOS COLABORADORES

Vamos simular as respostas dos **colaboradores dos três níveis organizacionais (estratégico, tático e operacional)** aos questionários de **alinhamento, efetividade,** e **cultura organizacional**. Com base nas respostas, calcularemos a pontuação total, classificaremos a organização (verde, amarela ou vermelha) e faremos uma avaliação final.

Simulação das Respostas:

1. Questionário de Alinhamento Organizacional

Questão	Resposta do Nível Estratégico	Resposta do Nível Tático	Resposta do Nível Operacional
1. Comunicação de objetivos estratégicos	C (3 pontos)	B (2 pontos)	B (2 pontos)
2. Clareza sobre contribuição individual	C (3 pontos)	C (3 pontos)	B (2 pontos)
3. Colaboração entre departamentos	B (2 pontos)	B (2 pontos)	A (1 ponto)
4. Comunicação interna eficaz	C (3 pontos)	B (2 pontos)	A (1 ponto)
5. Decisões alinhadas à estratégia	B (2 pontos)	B (2 pontos)	B (2 pontos)

Pontuação Total:

- Estratégico: 13 pontos (Verde – Alinhamento adequado).
- Tático: 11 pontos (Amarelo – Alinhamento mediano).
- Operacional: 8 pontos (Amarelo – Alinhamento mediano).

2. Questionário de Efetividade Organizacional

Questão	Resposta do Nível Estratégico	Resposta do Nível Tático	Resposta do Nível Operacional
1. Documentação dos processos	B (2 pontos)	B (2 pontos)	A (1 ponto)
2. Utilização eficiente de recursos	B (2 pontos)	A (1 ponto)	A (1 ponto)
3. Revisão de eficiência	B (2 pontos)	B (2 pontos)	B (2 pontos)
4. Nível de retrabalho e erros	B (2 pontos)	B (2 pontos)	A (1 ponto)
5. Cultura de melhoria contínua	B (2 pontos)	A (1 ponto)	A (1 ponto)

Pontuação Total:

- Estratégico: 10 pontos (Amarelo – Efetividade mediana).
- Tático: 8 pontos (Amarelo – Efetividade mediana).
- Operacional: 6 pontos (Vermelho – Baixa efetividade).

3. Questionário de Cultura Organizacional

Questão	Resposta do Nível estratégico	Resposta do Nível Tático	Resposta do Nível Operacional
1.Clareza de valores	C (3 pontos)	B (2 pontos)	B (2 pontos)
2.Ambiente de cooperação e confiança	C (3pontos)	B (2 pontos)	A (1pontos)
3.Valorização das contribuições	B (2 pontos)	B (2 pontos)	A (1pontos)
4.Diversidade e inclusão	B (2 pontos)	B (2 pontos)	A (1pontos)
5.Incentivo à inovação e mudanças	C (3 pontos)	B (2 pontos)	B (2 pontos)

Avaliação Final

Dimensão	Nível Estratégico	Nível Tático	Nível Operacional	Média Geral	Classificação Final
Alinhamento	Verde (13 pontos)	Amarelo (11 pontos)	Amarelo (8 pontos)	10,7	Amarelo
Efetividade	Amarelo (10 pontos)	Amarelo (8 pontos)	Vermelho (6 pontos)	8	Amarelo
Cultura	Verde (13 pontos)	Amarelo (10 pontos)	Vermelho (7 pontos)	10	Amarelo

Situação Final:

A organização apresenta nível amarelo nas três dimensões – alinhamento, efetividade, e cultura organizacional. Isso indica que há progressos, mas ainda existem áreas que exigem atenção, especialmente no nível operacional, onde os resultados são mais críticos.

Recomendações

1. Alinhamento:
- Melhorar a comunicação entre departamentos e com o nível operacional.
- Promover maior integração das equipes no alinhamento estratégico.

2. Efetividade:
- Investir na padronização de processos no nível operacional.
- Focar na redução de retrabalhos e no uso eficiente de recursos.

3. Cultura:
- Trabalhar a valorização dos colaboradores no nível operacional.
- Promover iniciativas mais visíveis de diversidade e inovação para toda a organização.

Essa avaliação destaca pontos fortes e áreas de melhoria, ajudando a priorizar ações de desenvolvimento organizacional.

ONDE ESTAMOS EM TERMOS DOS QUATRO INDICADORES DA SAÚDE E RESILIÊNCIA: GERAÇÃO DE CAIXA, REMUNERAÇÃO DO CAPITAL EMPREGADO, CRESCIMENTO E FIDELIZAÇÃO DOS CLIENTES.

1. Geração de Caixa

O que é?

Aspecto	Descrição
Definição	Representa a capacidade da organização de gerar liquidez suficiente para sustentar suas operações, investir em crescimento e cumprir obrigações financeiras.
Importância	Indicador essencial para avaliar a sustentabilidade financeira no curto e médio prazo.

Características	Descrição
Liquidez Operacional	A organização mantém fluxo positivo de caixa, cobrindo despesas e investimentos.
Controle de Receitas e Despesas	Processos eficientes para acompanhar entradas e saídas financeiras.
Baixa Dependência de Financiamentos Externos	A organização consegue gerar caixa suficiente para evitar endividamentos excessivos.

Como Medir?

Métrica	Fórmula	Fontes de Informação
Fluxo de Caixa Operacional	Entradas de Caixa — Saídas de Caixa	- Demonstração de Fluxo de Caixa (DFC), registros financeiros.
Cobertura de Juros	Lucro Operacional/Despesas com Juros	- Demonstração de Resultados, balanços financeiros.

2. Remuneração do Capital Empregado (ROCE - Return on Capital Employed)

O que é?

Aspecto	Descrição
Definição	Mede a eficiência da organização em gerar retornos a partir do capital total investido, incluindo dívida e patrimônio líquido.
Importância	Avalia a rentabilidade operacional e a capacidade de criar valor para acionistas e credores.

Características

Características	Descrição
Alta Rentabilidade	A organização gera retorno significativo em relação ao capital empregado.
Gestão de Ativos Eficiente	Utilização ótima de ativos para maximizar o retorno.

Como Medir?

Métrica	Fórmula	Fontes de Informação
ROCE	Lucro Operacional/(Capital Próprio + Dívida Líquida)	- Demonstração de Resultados, balanço patrimonial.
Margem Operacional	Lucro Operacional/Receita Líquida	- Demonstração de Resultados.

3. Crescimento

O que é?

Aspecto	Descrição
Definição	Refere-se ao aumento sustentável em receitas, lucros e participação de mercado da organização ao longo do tempo.
Importância	Reflete a capacidade de adaptação e inovação em mercados competitivos.

Características

Características	Descrição
Crescimento Sustentável	O crescimento é consistente e não compromete a saúde financeira ou cultural da organização.
Diversificação de Receitas	Expansão em novos mercados ou produtos aumenta a estabilidade do crescimento.

Como Medir?

Métrica	Fórmula	Fontes de Informação
Taxa de Crescimento de Receita	(Receita Atual − Receita Anterior)/Receita Anterior × 100	- Demonstração de Resultados, relatórios de vendas.
CAGR (Crescimento Anual Composto)	$[(\text{Receita Final}/\text{Receita Inicial})^{(1/n)}] - 1$	- Análises de relatórios financeiros.

A fórmula do CAGR permite calcular a taxa de crescimento anual que levaria de um valor inicial a um valor final ao longo de um período específico, assumindo que o crescimento ocorre de forma composta. Aqui, n = número de anos.

A escolha entre usar o CAGR (Crescimento Anual Composto) ou a taxa de crescimento simples depende do contexto da análise e do que você deseja comunicar. Aqui estão diretrizes sobre quando usar cada um:

QUANDO USAR O CAGR

1. **Análise de Investimentos:**
   Utilize o CAGR quando quiser avaliar o desempenho de um investimento ao longo de um período prolongado. Isso é útil para investidores que buscam entender o retorno médio anual de um investimento considerando a composição.

2. **Comparação Entre Períodos:**
   O CAGR é ideal para comparar o crescimento de diferentes ativos, empresas ou setores ao longo do mesmo período. Ele permite uma comparação direta, eliminando a volatilidade que pode ocorrer de um ano para o outro.

3. **Projeções de Longo Prazo:**
   Quando você precisa fazer projeções de crescimento para o futuro, o CAGR pode ajudar a criar uma expectativa mais realista, pois leva em conta o efeito dos retornos compostos.

4. **Estratégias de Crescimento:**
   Se você está analisando a estratégia de crescimento de uma empresa, o CAGR pode ajudar a identificar tendências de crescimento sustentadas ao longo dos anos.

QUANDO USAR TAXA DE CRESCIMENTO SIMPLES

1. **Análise de Curto Prazo:**

- Use a taxa de crescimento simples se você estiver analisando as mudanças em um curto período de tempo, como um trimestre ou um ano. É uma medida mais imediata e direta.

2. **Mudanças Anuais ou Trimestrais:**
   - Funcionam bem para avaliar o desempenho de uma empresa em um período específico, como comparações de vendas de um ano para outro.

3. **Resultados Financeiros:**
   - Ao reportar resultados financeiros trimestrais ou anuais, as empresas frequentemente usam a taxa de crescimento simples para mostrar variações em relação ao ano anterior.

4. **Análises Diretas:**
   - Quando você está interessado apenas em como um valor específico mudou ao longo de um único período (sem uma preocupação com a composição ou a média ao longo do tempo), a taxa de crescimento simples é suficiente.

POR QUE A ESCOLHA IMPORTA

Perspectiva clara: O uso do CAGR proporciona uma visão mais clara e completa do desempenho ao longo do tempo, enquanto a taxa de crescimento simples pode destacar flutuações mais imediatas. Isso pode ser especialmente importante em relatórios financeiros e decisões estratégicas.

Expectativas realistas: O CAGR ajuda a definir expectativas mais realistas ao avaliar o desempenho a longo prazo, enquanto a taxa de crescimento simples pode dar uma impressão exagerada de crescimento em um único período sem considerar a volatilidade.

Em resumo, escolha o CAGR para análises de longo prazo e comparações, e utilize a taxa de crescimento simples para medições mais imediatas e diretas.

4. Fidelização dos Clientes

O que é?

Aspecto	Descrição
Definição	Mede a capacidade da organização de reter clientes ao longo do tempo e aumentar o valor gerado por eles.
Importância	Clientes fiéis geram receitas consistentes e reduzem custos de aquisição de novos clientes.

Características

Características	Descrição
Alta Retenção de Clientes	Clientes continuam comprando produtos ou serviços regularmente.
Satisfação e Lealdade	Relacionamento positivo e confiança na marca.

Como Medir?

Métrica	Fórmula	Fontes de Informação
Taxa de Retenção de Clientes	(Clientes Finais – Novos Clientes)/Clientes Iniciais × 100	- Dados de CRM, sistemas de gestão de relacionamento com clientes.
NPS (Net Promoter Score)	%Promotores — %Detratores	- Pesquisas de satisfação, feedbacks diretos.

Esses quadros fornecem uma visão clara do que cada indicador representa, suas características principais, como medi-los e de onde coletar os dados para suas fórmulas.

EXEMPLO PRÁTICO: EMPRESA DE BEBEDOUROS INDUSTRIAIS COM 30 COLABORADORES

Abaixo está um exemplo prático e didático para uma empresa fictícia chamada **AquaT**, que produz bebedouros industriais e busca medir os 4 indicadores da Saúde e Resiliência Organizacional: **Geração de Caixa**, **Remuneração do Capital Empregado**, **Crescimento** e **Fidelização dos Clientes**.

1. Geração de Caixa

Objetivo: Identificar se a empresa está gerando liquidez suficiente para cobrir despesas e investir no crescimento.

Etapas para Obtenção dos Dados:

1.1. Coletar Dados do Fluxo de Caixa:
- Entradas: Total de vendas realizadas no período.
- Saídas: Custos de materiais, salários, despesas fixas (aluguel, energia, etc.).

1.2. Cálculo:
Fórmula:

Fluxo de Caixa Operacional = Entradas de Caixa − Saídas de Caixa

Exemplo:
- Entradas: R$ 150.000,00 (vendas de bebedouros no mês).
- Saídas: R$ 120.000,00 (custos fixos e variáveis).
- Fluxo de Caixa Operacional = R$ 150.000,00 - R$ 120.000,00 = **R$ 30.000,00** (positivo).

Interpretação:
- Fluxo positivo = Boa geração de caixa.
- Fluxo negativo = Necessidade de ajustes para melhorar liquidez.

2. Remuneração do Capital Empregado (ROCE)
Objetivo: Avaliar a eficiência no uso do capital para gerar retorno.

Etapas para Obtenção dos Dados:

2.1. Coletar Dados Financeiros:
- Lucro Operacional: R$ 50.000,00.
- Capital Empregado: Total do patrimônio líquido + dívidas líquidas (ex.: R$ 500.000,00).

2.2. Cálculo:
Fórmula:

ROCE = (Lucro Operacional / Capital Empregado) × 100

Exemplo:
- ROCE = (R$ 50.000,00 / R$ 500.000,00) × 100 = **10%**.

Interpretação:
- ROCE acima de 10% = Boa eficiência.

- ROCE abaixo de 10% = Revisar uso do capital e processos operacionais.

3. Crescimento

Objetivo: Medir o aumento nas receitas da empresa em relação ao período anterior.

Etapas para Obtenção dos Dados:

3.1. Coletar Receitas dos Últimos Dois Períodos:
- Receita do Período Atual: R$ 200.000,00.
- Receita do Período Anterior: R$ 180.000,00.

3.2. Cálculo

Fórmula:

Taxa de Crescimento = ((Receita Atual – Receita Anterior) / Receita Anterior) × 100

Exemplo:
- Crescimento = (R$ 200.000,00 - R$ 180.000,00) / R$ 180.000,00 × 100 = **11,11%**.

Interpretação:
- Crescimento positivo = A empresa está se expandindo.
- Crescimento nulo ou negativo = Necessário analisar estratégias de vendas e mercado.

4. Fidelização dos Clientes

Objetivo: Avaliar a retenção e satisfação dos clientes.

Etapas para Obtenção dos Dados:

4.1. Coletar Dados de Clientes:
- Clientes no início do período: 50.
- Clientes novos: 10.
- Clientes finais: 55.

4.2. Cálculo

Fórmula:

Taxa de Retenção de Clientes = ((Clientes Finais − Novos Clientes) / Clientes Iniciais) × 100

Exemplo:

- Retenção = (55 - 10) / 50 × 100 = **90%**.

Interpretação:

- Retenção acima de 85% = Boa fidelização.
- Retenção abaixo de 70% = Necessário rever estratégias de atendimento e relacionamento

Resumo e Insights

Indicador	Resultado Obtido	Avaliação
Geração de Caixa	R$ 30.000,00	Positiva – Boa liquidez.
ROCE	10%	Adequado – Uso eficiente do capital.
Crescimento	11,11%	Positivo – Expansão sustentável.
Fidelização de Clientes	90%	Alta fidelização – Estratégias eficazes.

Essa abordagem didática combina fórmulas simples e exemplos práticos que podem ser adaptados para outras empresas. Os dados devem ser coletados diretamente do sistema de gestão financeira e de clientes (ERP - Planejamento de Recursos Empresariais, CRM - Gerenciamento do Relacionamento com os Clientes), relatórios internos.

2-4) REVISITANDO OS CINCO PONTOS FUNDAMENTAIS PARA A LIDERANÇA

A liderança eficaz é essencial para transformar a fase de preparação em ações concretas e bem-sucedidas. Durante esta fase, os líderes devem focar em quatro áreas críticas:

1. Visão Sistêmica:
A organização é um sistema interconectado. Líderes devem compreender como cada decisão afeta o todo e agir de forma integrada.

2. Comunicação:
A comunicação clara e frequente é fundamental para alinhar equipes e manter todos informados sobre os objetivos e progresso da jornada.

3. Rituais (Reuniões):
Reuniões bem estruturadas são o alicerce do acompanhamento e dos ajustes do plano de ação. Os rituais devem incluir:
- Revisões semanais para avaliar o progresso.
- Sessões de brainstorming para resolver problemas.
- Celebrações de pequenas vitórias para manter o moral elevado.

4. Presença
Estar presente não é apenas físico, mas também mental e emocional.
- Preparação: Conhecer a área, as pessoas e os processos.
- Observação: Analisar o ambiente sob diferentes perspectivas (comportamento, processo e informação).
- Perguntas: Fazer perguntas-chave para obter diferentes pontos de vista.
- Escuta: Ouvir atentamente as respostas, com empatia e mente aberta.
- Comunicação: Compartilhar percepções de forma clara, respeitosa e inspiradora.
- Acompanhamento: Dar feedback e acompanhar o progresso das ações.

5. Liderança Situacional:
Cada equipe e situação exige uma abordagem diferente. Líderes devem adaptar seu estilo de liderança às necessidades específicas, sejam elas de orientação, suporte ou delegação.

2-4-1) VISÃO SISTÊMICA

1. O que é Visão Sistêmica?
A visão sistêmica é a habilidade de enxergar a organização como um sistema interconectado, onde cada área, processo e decisão está interligado e

influencia os demais. Essa perspectiva permite aos líderes compreenderem o impacto de suas decisões em todas as funções da empresa, prevenindo efeitos colaterais indesejados e promovendo uma operação harmoniosa.

Exemplo prático:

Uma decisão no setor de suprimentos para reduzir custos, como a escolha de um fornecedor mais barato, pode impactar negativamente a qualidade do produto final e, consequentemente, as vendas e a percepção dos clientes.

2. Por que a Visão Sistêmica é Importante?

- **Integração Organizacional:** Ajuda líderes a coordenar esforços entre diferentes áreas, evitando conflitos e duplicação de tarefas.
- **Tomada de Decisão Informada:** Permite considerar o impacto de uma decisão em todos os departamentos antes de implementá-la.
- **Prevenção de Problemas:** Antecipar desafios e impactos negativos ao longo da cadeia organizacional.
- **Alinhamento Estratégico:** Garante que todas as áreas estejam focadas nos mesmos objetivos, aumentando a eficiência e os resultados.

3. Como a Visão Sistêmica Afeta a Organização no Dia a Dia?

Funções-fim e Funções-meio:

Vamos considerar como decisões específicas podem impactar diferentes funções na organização:

1. Suprimentos/Operações/Vendas-MKT (Funções-fim):

- Suprimentos: A escolha de um fornecedor que atrase entregas impacta a produção (operações), causando atrasos na entrega ao cliente e gerando reclamações nas vendas-MKT.
- Operações: Uma mudança no método de produção para reduzir custos pode levar a um produto de menor qualidade, afetando negativamente a imagem da marca no marketing e a fidelização dos clientes.
- Vendas-MKT: Uma promoção de vendas pode resultar em pedidos maiores do que a capacidade de produção, criando gargalos nas operações e aumentando a pressão sobre os suprimentos.

2. **Administrativa/RH/Financeira/Controladoria (Funções-meio):**
   - Financeira: A redução no orçamento de marketing pode diminuir a capacidade de atrair novos clientes, afetando diretamente as metas de vendas.
   - RH: Uma política de contratação que atrasa a reposição de posições críticas afeta a produtividade de operações e a capacidade de entrega para vendas.
   - Controladoria: A priorização de indicadores financeiros sem considerar o impacto operacional pode levar a cortes em áreas estratégicas, como inovação e marketing.

EXERCÍCIO PRÁTICO: CONEXÕES SISTÊMICAS

Cenário:

O diretor de suprimentos decide trocar de fornecedor para reduzir custos em 10%.

- Impacto esperado em Suprimentos: Redução imediata nos custos, mas possível atraso no recebimento ou redução na qualidade dos materiais.
- Impacto em Operações: Atrasos ou materiais de baixa qualidade afetam a eficiência da produção.
- Impacto em Vendas/MKT: Produtos com defeito ou atrasos na entrega prejudicam a satisfação do cliente e a imagem da marca.
- Impacto nas Funções-Meio: O RH precisa lidar com a pressão da equipe de operações, a controladoria revisa os custos relacionados a retrabalho, e o financeiro pode observar aumento nos custos indiretos.

Reflexão:

A troca de fornecedor, embora aparentemente vantajosa no curto prazo, pode causar prejuízos financeiros, operacionais e reputacionais no longo prazo.

CONCLUSÃO: INTEGRAÇÃO E COOPERAÇÃO

A visão sistêmica é essencial para líderes em todos os níveis. Ela assegura que as decisões sejam tomadas considerando seus impactos em todo o sistema organizacional. Incentive líderes a perguntar: *"Como minha decisão afetará outras áreas e a organização como um todo?"*

Essa mentalidade fortalece a cooperação, melhora os resultados e cria uma organização resiliente e sustentável.

PERGUNTAS-CHAVE PARA TOMADA DE DECISÃO COM VISÃO SISTÊMICA

Antes de tomar uma decisão, líderes em todos os níveis (estratégico, tático e operacional) devem se questionar para avaliar as possíveis consequências de suas ações no sistema organizacional. Essas perguntas ajudam a garantir que as decisões sejam integradas, alinhadas com os objetivos organizacionais e minimizem impactos negativos.

1. Líder Estratégico

Perguntas-Chave:

1. Como esta decisão está alinhada à visão, missão e objetivos de longo prazo da organização?
2. Quais áreas da empresa serão diretamente ou indiretamente impactadas por essa decisão?
3. Quais são os benefícios e riscos no curto e longo prazo?
4. Essa decisão apoia a sustentabilidade financeira e a saúde organizacional?
5. Estou considerando os pontos de vista das áreas-fim (Suprimentos, Operações, Vendas-MKT) e das áreas-meio (RH, Financeira, Controladoria)?

Exemplo de Decisão:

Cenário: O líder decide reduzir o orçamento de marketing para redirecionar recursos para pesquisa e desenvolvimento (P&D).

- Impactos Avaliados:
    - Vendas-MKT: Diminuição do alcance de campanhas pode reduzir a geração de leads.
    - P&D: Investimento pode resultar em novos produtos ou melhorias que impulsionem vendas no médio prazo.

- Financeira: Custos de P&D devem ser acompanhados para evitar sobrecarga no fluxo de caixa.
- Controladoria: Necessidade de monitorar o retorno sobre o investimento em inovação.

2. Líder Tático
Perguntas-Chave:

1. Essa decisão está alinhada com as metas definidas pela liderança estratégica?
2. Os recursos e capacidades da minha equipe são suficientes para implementar essa decisão?
3. Quais áreas precisarão ser envolvidas ou consultadas para garantir o sucesso dessa decisão?
4. Como essa decisão afetará a eficiência e o fluxo de trabalho das equipes?
5. Estou considerando as restrições financeiras, operacionais e humanas da organização?

Exemplo de Decisão:

Cenário: O gerente de operações decide implementar um novo cronograma para otimizar a produção.

- Impactos Avaliados:
  - Suprimentos: Mudanças no cronograma podem exigir ajustes no fluxo de fornecimento de materiais.
  - RH: Alterações podem impactar os horários e a disponibilidade da equipe, gerando necessidade de negociações.
  - Vendas-MKT: Garantir que os prazos de entrega sejam mantidos para evitar impactos no relacionamento com clientes.

3. Líder Operacional
Perguntas-Chave:

1. Essa decisão está de acordo com os procedimentos e políticas estabelecidas?
2. Minha equipe tem os recursos necessários para implementar essa decisão?
3. Como essa decisão afetará diretamente o dia a dia dos colaboradores e a produtividade?

4. Haverá impacto nos prazos ou na qualidade das entregas?
5. Essa decisão está considerando as expectativas e necessidades das outras áreas envolvidas?

Exemplo de Decisão:

Cenário: O supervisor decide priorizar uma entrega urgente, alterando a ordem de produção.

- Impactos Avaliados:
    - Operações: Alteração pode criar atrasos para outros pedidos já programados.
    - Suprimentos: Demanda inesperada pode exigir ajustes no estoque ou na reposição de insumos.
    - Vendas-MKT: Prioridade atendida pode reforçar o relacionamento com o cliente, mas atrasos em outros pedidos podem gerar insatisfação.

CONCLUSÃO: REFLEXÃO E COOPERAÇÃO

Essas perguntas permitem que líderes de diferentes níveis avaliem as consequências de suas decisões no contexto do sistema organizacional. Além disso, incentivam a cooperação entre áreas e garantem que as ações sejam tomadas de forma integrada e alinhada com os objetivos estratégicos.

A chave para decisões eficazes está em antecipar impactos, alinhar interesses e comunicar intenções de forma clara a todas as partes envolvidas.

QUESTIONÁRIO DE COMPREENSÃO SOBRE VISÃO SISTÊMICA

Instruções:

Responda às questões escolhendo a alternativa que você considera mais correta. Após cada questão, a justificativa correta será apresentada para auxiliar no aprendizado.

Objetivo do Questionário:

Este questionário avalia a compreensão sobre o conceito, importância e aplicação da visão sistêmica nas organizações. As justificativas reforçam o aprendizado, destacando as melhores práticas e erros comuns que devem ser evitados.

1. **O que melhor define o conceito de visão sistêmica?**
   - (A) A capacidade de focar exclusivamente nos processos da minha área para otimizar resultados.
   - (B) A habilidade de analisar os impactos de uma decisão em toda a organização e suas interconexões.
   - (C) A prática de delegar decisões para áreas especializadas e não interferir nos resultados.
   - (D) A análise dos processos internos de cada área sem considerar os fatores externos.

Resposta correta: (B)

Justificativa: A visão sistêmica é a capacidade de entender a organização como um sistema integrado, onde cada decisão impacta diferentes áreas e processos. Isso permite uma análise holística que considera interdependências e consequências.

2. **Qual das opções melhor exemplifica a aplicação da visão sistêmica em uma empresa?**
   - (A) O setor de vendas decide lançar uma promoção sem consultar o setor de operações sobre a capacidade de produção.
   - (B) A equipe de operações implementa um novo método de produção sem considerar o impacto na qualidade final do produto.
   - (C) O setor financeiro propõe um corte de custos e consulta todas as áreas para avaliar os impactos antes de implementá-lo.
   - (D) O setor de RH decide reduzir o quadro de funcionários com base apenas em análises internas.

Resposta correta: (C)

Justificativa: A visão sistêmica é demonstrada quando decisões importantes, como cortes de custos, consideram os impactos em todas as áreas, promovendo alinhamento e minimizando efeitos negativos.

3. Quais áreas são mais impactadas por decisões baseadas na visão sistêmica?
- (A) Apenas as áreas-fim, como vendas e operações, pois são as responsáveis pelos resultados diretos.
- (B) Apenas as áreas-meio, como RH e financeira, pois dão suporte às áreas-fim.
- (C) Todas as áreas, pois as decisões organizacionais afetam direta ou indiretamente o sistema como um todo.
- (D) Nenhuma área, pois as decisões geralmente são específicas para problemas isolados.

Resposta correta: (C)

Justificativa: A visão sistêmica reconhece que todas as áreas, sejam elas-fim ou meio, estão interconectadas e podem ser impactadas por decisões tomadas em qualquer setor.

4. Qual das perguntas abaixo reflete uma abordagem de visão sistêmica?
- (A) "Como essa decisão pode impactar diretamente os resultados financeiros da empresa?"
- (B) "Como essa mudança no processo de produção pode afetar os prazos de entrega e a experiência do cliente?"
- (C) "Essa ação é suficiente para melhorar os resultados do meu departamento?"
- (D) "Quem será responsável por essa mudança no meu setor?"

Resposta correta: (B)

Justificativa: A pergunta (B) reflete a visão sistêmica ao considerar o impacto de uma decisão em várias dimensões da organização, incluindo clientes e outros departamentos.

5. Qual seria uma decisão inadequada sob a perspectiva da visão sistêmica?
- (A) Reduzir o orçamento de marketing sem avaliar o impacto nas vendas e na atração de novos clientes.
- (B) Reavaliar o cronograma de produção para atender às demandas sazonais dos clientes.

- (C) Consultar as áreas de vendas e operações antes de renegociar contratos com fornecedores.
- (D) Investir em automação para melhorar a eficiência em várias etapas do processo produtivo.

Resposta correta: (A)

Justificativa: Reduzir o orçamento de marketing sem considerar os impactos em vendas é uma decisão isolada que ignora as interconexões organizacionais. A visão sistêmica exige análise abrangente antes de ações desse tipo.

2-4-2) COMUNICAÇÃO

1. O que é Comunicação Organizacional?

A comunicação organizacional é o processo pelo qual informações, ideias e mensagens fluem dentro de uma organização, conectando líderes, equipes e departamentos. Ela pode ser formal (reuniões, relatórios, e-mails, etc.) ou informal (conversas casuais, mensagens instantâneas) e é essencial para alinhar objetivos, promover engajamento e tomar decisões eficazes.

2. Características de uma Comunicação de Qualidade

- **Clareza**: As mensagens são diretas, compreensíveis e objetivas.
- **Consistência**: A comunicação é alinhada com os valores e objetivos organizacionais.
- **Acessibilidade**: Informações importantes estão disponíveis para todos os colaboradores.
- **Bidirecionalidade**: Envolve diálogo, permitindo tanto a transmissão quanto a recepção de mensagens.
- **Regularidade**: Mensagens são compartilhadas com frequência suficiente para manter todos atualizados.
- **Empatia**: Considera as necessidades e percepções dos diferentes públicos.

3. Dores Causadas pela Falta de Comunicação de Qualidade

- Nível Estratégico:

- - Decisões mal compreendidas resultam em desalinhamento organizacional.
  - Perda de confiança dos líderes táticos e operacionais.
- Nível Tático:
  - Falta de instruções claras causa falhas na execução.
  - Colaboradores perdem motivação por não entenderem o propósito de suas atividades.
- Nível Operacional:
  - Colaboradores se sentem isolados e desvalorizados.
  - Aumento de erros devido à falta de informações adequadas.

4. Por que a Comunicação Organizacional é Importante?
- **Engajamento**: Conecta colaboradores ao propósito da organização.
- **Eficiência**: Minimiza retrabalhos e erros ao transmitir informações corretas.
- **Tomada de Decisão**: Proporciona dados confiáveis para decisões informadas.
- **Confiança**: Fortalece relações internas e externas.
- **Adaptação**: Permite uma resposta ágil a mudanças e crises.

5. Como se dá a Comunicação na Organização?
A comunicação ocorre em diferentes níveis:
- **Vertical**: Entre os níveis hierárquicos, como líderes estratégicos comunicando metas aos níveis tático e operacional.
- **Horizontal**: Entre departamentos e equipes, promovendo colaboração.
- **Diagonal**: Interações cruzadas entre diferentes níveis e áreas, como feedback de um colaborador para um líder estratégico.

6. Habilidades Críticas de Comunicação para Líderes
- **Clareza e Objetividade**: Transmitir mensagens simples e compreensíveis.
- **Empatia**: Entender e considerar as perspectivas dos outros.
- **Escuta Ativa**: Ouvir atentamente antes de responder.
- **Consistência**: Manter alinhamento com os objetivos organizacionais.
- **Feedback Eficaz**: Oferecer retorno construtivo de forma contínua.

Exemplos de Aplicação por Nível:

- **Estratégico:** Apresentar metas claras em reuniões com gestores táticos.
- **Tático:** Traduzir as metas estratégicas em planos práticos para equipes operacionais.
- **Operacional:** Promover diálogos constantes com colaboradores para resolver problemas e identificar melhorias.

7. **Fatores Críticos de Sucesso (FCS) para Comunicação de Qualidade**
   - **Cultura de Transparência:** Promover honestidade e abertura em todas as interações.
   - **Ferramentas Eficientes:** Utilizar plataformas adequadas para diferentes tipos de comunicação.
   - **Treinamento em Comunicação:** Capacitar líderes e equipes para se comunicarem melhor.
   - **Regularidade:** Estabelecer rotinas para compartilhar informações relevantes.
   - **Clareza de Objetivos:** Garantir que todos entendam o "porquê" por trás das mensagens.

Mais Importante:

Cultura de Transparência. Sem transparência, todas as outras iniciativas de comunicação perdem credibilidade, comprometendo o alinhamento e a confiança.

8. **Comunicação Organizacional na Era Digital**

Uso do WhatsApp pelos Líderes:

- Benefícios:
  - Agilidade na transmissão de mensagens.
  - Comunicação direta e personalizada.
- Recomendações:
  - Definir horários para evitar interrupções constantes.
  - Utilizar grupos para atualizações, mas evitar excesso de mensagens.
  - Sempre manter o tom profissional.

QUESTIONÁRIO DE COMUNICAÇÃO ORGANIZACIONAL

Instruções: Responda às perguntas escolhendo a alternativa que mais reflete a realidade da organização.

1. **Como você avalia a clareza das informações transmitidas pela liderança?**
    - (A) Sempre clara e compreensível.
    - (B) Geralmente clara, mas ocasionalmente ambígua.
    - (C) Frequentemente confusa e mal explicada.

2. **A comunicação na organização é regular e frequente?**
    - (A) Sim, há rotinas bem definidas.
    - (B) Ocorre de forma intermitente, sem uma rotina fixa.
    - (C) É esporádica e imprevisível.

3. **Você sente que suas opiniões são ouvidas pela liderança?**
    - (A) Sim, frequentemente.
    - (B) Ocasionalmente, mas não sempre.
    - (C) Raramente ou nunca.

4. **Os canais de comunicação utilizados são acessíveis e eficazes?**
    - (A) Sim, os canais são fáceis de usar e confiáveis.
    - (B) Algumas vezes os canais falham ou são confusos.
    - (C) Muitas vezes são inadequados ou ineficazes.

5. **A comunicação entre departamentos é fluida?**
    - (A) Sim, há colaboração constante.
    - (B) Funciona bem, mas há falhas ocasionais.
    - (C) Frequentemente há barreiras entre departamentos.

CRITÉRIO DE AVALIAÇÃO PARA DIAGNÓSTICO DE COMUNICAÇÃO ORGANIZACIONAL

Classificação por Níveis:

- Verde (Adequado): Comunicação está funcionando de maneira eficaz, com poucas ou nenhuma falha identificada. Apenas ajustes mínimos são necessários.

- Amarelo (Atenção): Comunicação apresenta falhas ou inconsistências que podem afetar os resultados organizacionais. É necessário monitorar e corrigir os pontos fracos.
- Vermelho (Ação Imediata): Comunicação está seriamente comprometida, causando impactos significativos na clareza, acessibilidade e alinhamento organizacional. É imprescindível agir imediatamente para corrigir as deficiências.

Pontuação

Cada pergunta possui três opções que refletem o nível de adequação da comunicação:

- (A) 3 pontos: Indica uma comunicação adequada.
- (B) 2 pontos: Indica comunicação com falhas ocasionais.
- (C) 1 ponto: Indica comunicação com problemas graves.

Após responder às perguntas, some a pontuação total e avalie conforme o critério abaixo:

- Verde (Adequado): Pontuação total entre 13 e 15.
- Amarelo (Atenção): Pontuação total entre 9 e 12.
- Vermelho (Ação Imediata): Pontuação total entre 5 e 8.

Exemplo de Aplicação

1. **Como você avalia a clareza das informações transmitidas pela liderança?**
    - Resposta: (B) Geralmente clara, mas ocasionalmente ambígua. → 2 pontos
2. **A comunicação na organização é regular e frequente?**
    - Resposta: (A) Sim, há rotinas bem definidas. → 3 pontos
3. **Você sente que suas opiniões são ouvidas pela liderança?**
    - Resposta: (C) Raramente ou nunca. → 1 ponto
4. **Os canais de comunicação utilizados são acessíveis e eficazes?**
    - Resposta: (B) Algumas vezes os canais falham ou são confusos. → 2 pontos

5. A comunicação entre departamentos é fluida?
>Resposta: (C) Frequentemente há barreiras entre departamentos. → 1 ponto

Pontuação total: 9 pontos → **Amarelo (Atenção)**

Diagnóstico: Comunicação organizacional requer melhorias para prevenir impactos futuros.

CONCLUSÃO

A comunicação organizacional é a espinha dorsal de uma organização eficaz. Líderes que promovem clareza, empatia e consistência na comunicação criam ambientes mais engajados, produtivos e resilientes. Na era digital, ferramentas como o WhatsApp podem complementar essa comunicação, mas a transparência e o alinhamento continuam sendo os pilares fundamentais.

QUESTIONÁRIO DE COMPREENSÃO SOBRE COMUNICAÇÃO ORGANIZACIONAL

Instruções:

Leia as perguntas e escolha a alternativa que você considera mais correta. Cada questão possui apenas uma resposta correta, acompanhada de uma justificativa para auxiliar no aprendizado.

Objetivo do Questionário

Este questionário avalia o grau de compreensão sobre os fundamentos, características e práticas de comunicação organizacional. A justificativa para cada resposta reforça o aprendizado e promove a aplicação prática dos conceitos.

1. Qual é o principal objetivo da comunicação organizacional?
- (A) Transmitir informações para resolver problemas pontuais.
- (B) Criar e manter alinhamento entre colaboradores e objetivos organizacionais.
- (C) Compartilhar instruções operacionais para as equipes.
- (D) Estabelecer uma rotina de reuniões formais.

Resposta correta: (B)

Justificativa: O objetivo principal da comunicação organizacional é alinhar colaboradores aos objetivos estratégicos da empresa, garantindo que todos compreendam seu papel e contribuam para os resultados coletivos.

2. **Qual das características abaixo é mais importante em uma comunicação organizacional eficaz?**
   - (A) Frequência de mensagens para evitar esquecimentos.
   - (B) Clareza e objetividade para evitar mal-entendidos.
   - (C) Formalidade para manter o profissionalismo.
   - (D) Utilização de tecnologias avançadas de comunicação.

Resposta correta: (B)

Justificativa: Clareza e objetividade são essenciais para garantir que a mensagem seja compreendida corretamente, reduzindo erros e mal-entendidos. Frequência, formalidade e tecnologia são importantes, mas a clareza é fundamental.

3. **Qual é o principal impacto da falta de comunicação clara na organização?**
   - (A) Aumento da frequência de reuniões.
   - (B) Dificuldade na definição de metas individuais.
   - (C) Retrabalho e desalinhamento entre as equipes.
   - (D) A necessidade de criar novos canais de comunicação.

Resposta correta: (C)

Justificativa: A falta de clareza na comunicação leva a erros, retrabalho e desalinhamento, afetando a produtividade e o alcance dos objetivos organizacionais.

4. **Qual das ações demonstra uma boa prática de comunicação organizacional por parte dos líderes?**
   - (A) Enviar relatórios detalhados regularmente, sem abrir espaço para discussões.
   - (B) Escutar ativamente os colaboradores e oferecer feedback construtivo.

- (C) Utilizar exclusivamente canais formais para comunicar decisões.
- (D) Fazer reuniões para compartilhar informações apenas quando há problemas.

Resposta correta: (B)

Justificativa: Escuta ativa e feedback são elementos críticos de uma comunicação eficaz, pois promovem diálogo, engajamento e melhoria contínua. Comunicação não deve ser unilateral ou limitada a momentos de crise.

5. **Qual é o papel da comunicação organizacional na era digital?**
   - (A) Substituir interações presenciais por ferramentas digitais.
   - (B) Tornar os processos mais rápidos, mantendo clareza e acessibilidade das mensagens.
   - (C) Usar aplicativos de mensagens para eliminar reuniões presenciais.
   - (D) Divulgar informações em massa para toda a empresa sem distinções.

Resposta correta: (B)

Justificativa: A comunicação na era digital deve acelerar processos sem comprometer a clareza e a acessibilidade, permitindo uma troca eficiente de informações em diferentes contextos.

2-4-3) REUNIÕES

1. **Contexto: Perdas e Custos de Reuniões conduzidas inadequadamente.** Reuniões ineficazes geram desperdício de tempo, energia e recursos. Elas contribuem para atrasos nas decisões, desmotivação dos participantes e até mesmo prejuízos financeiros significativos. Segundo estimativas, as organizações podem perder horas produtivas semanais por falta de preparação e condução adequada de reuniões.

Exemplo de Custo Oculto:

Uma reunião de 1 hora com 10 colaboradores seniores, onde cada um ganha R$ 100/h, custa R$ 1.000. Se essa reunião não for produtiva, o custo é totalmente perdido.

2. O que é uma Reunião?

Uma reunião é um encontro estruturado entre dois ou mais participantes com o objetivo de trocar informações, resolver problemas, tomar decisões ou alinhar objetivos. Ela pode ser presencial ou virtual e deve sempre ter um propósito claro.

3. Para que Servem as Reuniões?

- Tomar Decisões: Discutir e escolher ações estratégicas ou táticas.
- Compartilhar Informações: Garantir que todos tenham acesso a dados importantes.
- Alinhar Equipes: Sincronizar objetivos e atividades entre departamentos.
- Resolver Problemas: Promover brainstorming para encontrar soluções.
- Promover Engajamento: Oferecer espaço para troca de ideias e feedback.

4. Características de uma Reunião de Qualidade

- Objetivo Claro: Todos os participantes sabem o propósito e os resultados esperados.
- Participação Necessária: Apenas as pessoas diretamente envolvidas no tema estão presentes.
- Agenda Estruturada: A reunião segue uma pauta previamente definida.
- Tempo Bem Gerido: A reunião começa e termina pontualmente.
- Decisões Documentadas: Conclusões e próximos passos são registrados e compartilhados (de forma a permitir que se elabore um plano de ação para garantir o alcance dos objetivos pretendidos).
- Ambiente Respeitoso: Os participantes têm liberdade para contribuir de forma colaborativa.

5. Como Avaliar a Qualidade de uma Reunião?

Objetivo Alcançado: O propósito inicial foi cumprido?

Tempo Bem Utilizado: A reunião terminou dentro do prazo e sem desvios desnecessários?

Engajamento: Todos os participantes relevantes contribuíram?

Resultados Documentados: As decisões foram registradas e comunicadas?

Seguimento: As ações definidas estão sendo acompanhadas?

6. Perguntas a Responder Antes de Agendar uma Reunião

Qual é o objetivo da reunião?

É necessário realizar uma reunião ou outro meio (e-mail, WhatsApp) seria mais eficiente?

Quem realmente precisa participar?

Quais informações ou dados são necessários para a reunião?

Qual será a duração e a pauta da reunião?

7. Tutorial para Garantir Reuniões Eficazes

1. Planejamento:

Defina o objetivo

- Convide apenas os participantes necessários.
- Envie materiais de leitura prévia, se necessário.

Execução:

- Comece e termine no horário.
- Siga a pauta, evitando dispersões.
- Estimule a participação e o foco no objetivo.
- Registre as decisões e atribua responsabilidades.

Seguimento:

- Compartilhe a ata da reunião com os participantes.
- Monitore a execução das ações definidas.

8. Diferenças nas Reuniões por Nível Organizacional

Nível	Objetivo das Reuniões	Características
Estratégico	Decidir direções de longo prazo, investimentos e metas organizacionais.	Discussões de alto nível, foco em estratégia e análises macroeconômicas. Documentação detalhada é essencial para ações futuras.
Tático	Planejar e monitorar a execução de estratégias e alinhamento entre áreas.	Reuniões mais operacionais com foco em execução. Ações são traduzidas em planos claros para os níveis operacionais.
Operacional	Resolver problemas específicos, monitorar tarefas e atividades diárias.	Curtas e diretas, focadas em tarefas imediatas. Comunicação rápida e documentação mínima, mas clara.

CONCLUSÃO

Reuniões eficazes são um pilar para o sucesso organizacional. Planejamento, condução e seguimento adequados garantem que elas agreguem valor e evitem desperdícios. Cada nível organizacional deve adaptar as reuniões às suas necessidades e objetivos, sempre com foco em eficiência e resultados.

QUESTIONÁRIO DE EFICÁCIA DAS REUNIÕES NA ORGANIZAÇÃO

Instruções:

Para cada questão, escolha a alternativa que mais reflete a realidade das reuniões na sua organização. Todas as alternativas estão corretas, mas algumas indicam maior eficácia. As respostas serão classificadas em três níveis:

- Vermelho: Requer ações imediatas.
- Amarelo: Requer atenção e melhorias.
- Verde: Nível adequado.

1. Qual é o nível de clareza do objetivo das reuniões?
- (A) O objetivo da reunião é raramente definido com antecedência.
- (B) O objetivo é geralmente comunicado no início da reunião.
- (C) O objetivo é claro e comunicado previamente, permitindo a preparação dos participantes.

2. Quem participa das reuniões?
- (A) Frequentemente participam pessoas que não contribuem diretamente com o tema da reunião.
- (B) A maioria dos participantes tem alguma relevância, mas ainda há excessos ocasionais.
- (C) Apenas os participantes necessários e diretamente envolvidos são convocados.

3. Como as reuniões seguem a agenda ou pauta estabelecida?
- (A) Raramente há uma pauta clara, e as discussões costumam se desviar.

- (B) A pauta geralmente é definida, mas nem sempre é seguida rigorosamente.
- (C) Há uma pauta clara, e os assuntos são tratados de forma organizada e focada.

4. **Qual é o impacto das reuniões no uso do tempo?**
   - (A) As reuniões frequentemente ultrapassam o tempo previsto, com discussões desnecessárias.
   - (B) As reuniões ocasionalmente se estendem, mas, na maioria das vezes, respeitam o tempo previsto.
   - (C) As reuniões começam e terminam pontualmente, respeitando a agenda e o tempo dos participantes.

5. **Como as decisões e ações das reuniões são documentadas e acompanhadas?**
   - (A) As decisões raramente são documentadas, e ações muitas vezes não têm acompanhamento.
   - (B) Algumas decisões são documentadas e acompanhadas, mas não de forma consistente.
   - (C) Todas as decisões e ações são registradas e acompanhadas até a conclusão.

Pontuação:

- (A): 1 ponto (Vermelho)
- (B): 2 pontos (Amarelo)
- (C): 3 pontos (Verde)

Cálculo dos Resultados

Soma Total de Pontos:

- 5–7 pontos: Vermelho – Requer ações imediatas para melhorar a eficácia das reuniões.
- 8–12 pontos: Amarelo – Há progresso, mas ajustes são necessários para otimizar as reuniões.
- 13–15 pontos: Verde – As reuniões estão em nível adequado, mas devem ser continuamente monitoradas e aprimoradas.

QUESTIONÁRIO DE COMPREENSÃO SOBRE REUNIÕES ORGANIZACIONAIS

Instruções:

Leia cada questão atentamente e escolha a alternativa que você considera mais correta. Apenas uma resposta está correta, e cada resposta correta será acompanhada de uma justificativa para reforçar o aprendizado.

1. Qual é o principal objetivo de uma reunião organizacional?
- (A) Reunir todos os colaboradores para discutir vários tópicos gerais.
- (B) Resolver problemas e tomar decisões relacionadas ao objetivo específico da reunião.
- (C) Compartilhar informações de forma informal, sem uma pauta definida.
- (D) Garantir que todos estejam ocupados e engajados durante o dia.

Resposta correta: (B)

Justificativa: O principal objetivo de uma reunião é tratar de assuntos específicos, tomar decisões e resolver problemas de maneira estruturada. Reuniões sem foco ou pauta acabam desperdiçando tempo e recursos.

2. O que caracteriza uma reunião eficaz?
- (A) A presença de todos os colaboradores, independentemente de sua relação com o tema.
- (B) Uma pauta clara, participantes relevantes e um resultado prático, como decisões ou ações definidas.
- (C) Reuniões frequentes para garantir que os colaboradores estejam sempre atualizados.
- (D) A ausência de um tempo limite para permitir discussões aprofundadas.

Resposta correta: (B)

Justificativa: Reuniões eficazes são aquelas que seguem uma pauta clara, incluem apenas participantes relevantes e resultam em decisões ou planos de ação que impulsionam a organização.

3. **Qual é a melhor prática antes de agendar uma reunião?**
   - (A) Confirmar a disponibilidade de todos os colaboradores para garantir alta participação.
   - (B) Certificar-se de que a reunião é necessária e que o objetivo não pode ser alcançado por outro meio, como um e-mail.
   - (C) Enviar convites com apenas uma descrição breve do tema a ser tratado.
   - (D) Agendar reuniões semanais, independentemente de novos tópicos.

Resposta correta: (B)

Justificativa: Antes de agendar uma reunião, é essencial avaliar se ela é realmente necessária. Muitas questões podem ser resolvidas por outros meios mais rápidos e econômicos, como um e-mail ou mensagem.

4. **Qual é o impacto da falta de documentação de decisões tomadas em uma reunião?**
   - (A) Os participantes terão dificuldade em lembrar os próximos passos, mas isso pode ser resolvido em reuniões futuras.
   - (B) Pode levar a falhas de execução, retrabalho e falta de responsabilidade.
   - (C) Não há impacto significativo, pois os participantes geralmente se lembram das discussões.
   - (D) Facilita a flexibilidade para mudar decisões mais tarde.

Resposta correta: (B)

Justificativa: A falta de documentação resulta em falta de clareza sobre as decisões e responsabilidades, causando falhas na execução e retrabalho, além de prejudicar a responsabilidade.

5. **Como as reuniões diferem entre os níveis estratégico, tático e operacional?**
   - (A) No nível estratégico, as reuniões são mais frequentes do que nos outros níveis.
   - (B) No nível tático, as reuniões focam em alinhar equipes, enquanto no nível operacional, elas tratam de tarefas diárias.

- (C) Todas as reuniões são conduzidas de forma semelhante, independentemente do nível.
- (D) Reuniões no nível operacional são menos importantes do que nos outros níveis.

Resposta correta: (B)

Justificativa: No nível estratégico, as reuniões tratam de decisões de longo prazo. No nível tático, o foco está no alinhamento de equipes e execução de estratégias, enquanto no nível operacional as reuniões abordam tarefas e problemas específicos do dia a dia.

2-4-4) PRESENÇA

PRESENÇA - A CHAVE PARA O ALINHAMENTO, EFETIVIDADE E CULTURA ORGANIZACIONAL

O que é Presença?

- **Definição:**
  - Estar presente não é apenas físico, mas também mental e emocional.
  - É a soma de nossas ações e comportamentos, que influenciam a forma como somos percebidos.
  - É a capacidade de inspirar e engajar os outros por meio de nossas interações.

- **Analogia:**
  - Um maestro que rege uma orquestra: sua presença (física e de espírito) garante que todos os instrumentos toquem em harmonia, resultando em uma bela sinfonia.

Por que a Presença é Importante?

- **Impacto:**
  - Alinhamento de intenções e percepções.
  - Criação de conexões profundas e confiança.
  - Influência positiva no ambiente.

- **Benefícios:**
  - Melhora a qualidade das decisões.
  - Fortalece a comunicação e o feedback.
  - Promove o aprendizado e o crescimento.
  - Aumenta o engajamento e a motivação.

- **Analogia:**
  - Um farol que guia os navegantes: sua presença constante e confiável garante que os barcos cheguem a seu destino em segurança.

Ritual de Presença Efetivo

- **Passo a passo:**
  - Preparação: Conhecer a área, as pessoas e os processos.
  - Observação: Analisar o ambiente sob diferentes perspectivas (comportamento, processo e informação).
  - Perguntas: Fazer perguntas-chave para obter diferentes pontos de vista.
  - Escuta: Ouvir atentamente as respostas, com empatia e mente aberta.
  - Comunicação: Compartilhar percepções de forma clara, respeitosa e inspiradora.
  - Acompanhamento: Dar feedback e acompanhar o progresso das ações.

- **Analogia:**
  - Um jardineiro que cuida de seu jardim: sua presença constante e atenta garante que as plantas cresçam saudáveis e floresçam.

Presença nos Três Níveis de Liderança

- **Diferenças:**
  - Líderes de nível operacional: Foco na execução e no acompanhamento das tarefas.
  - Líderes de nível tático: Foco no planejamento e na coordenação das atividades.
  - Líderes de nível estratégico: Foco na visão, nos valores e na cultura da organização.

- **Complementaridade:**
    - A presença de líderes em todos os níveis garante que a mensagem da organização seja consistente e coerente.
- **Analogia:**
    - Uma equipe de construção: cada membro tem um papel específico, mas a presença e a coordenação do líder garantem que o projeto seja concluído com sucesso.

Contribuições da Presença

- **Alinhamento:** Garante que todos estejam na mesma página em relação aos objetivos, valores e prioridades.
- **Efetividade:** Melhora a qualidade das decisões, a comunicação e o feedback, resultando em ações mais assertivas.
- **Cultura:** Fortalece a confiança, o respeito, a cooperação e o aprendizado, criando um ambiente de trabalho positivo e engajador.
- **Analogia:**
    - Uma família unida: a presença e o diálogo entre os membros fortalecem os laços, a confiança e o senso de pertencimento.

Avaliação da Efetividade do Ritual de Presença

- **Indicadores:**
    - Nível de engajamento e motivação dos colaboradores.
    - Qualidade da comunicação e do feedback.
    - Número de sugestões de melhoria implementadas.
    - Resultados alcançados em relação aos objetivos.
- **Feedback:**
    - Coleta de feedback dos colaboradores sobre a presença dos líderes.
- **Analogia:**
    - Um médico que acompanha a evolução de um paciente: a análise dos indicadores e o feedback do paciente permitem avaliar a efetividade do tratamento.

CONCLUSÃO

- A presença é um elemento-chave para o sucesso de qualquer organização.
- Líderes presentes e engajados inspiram, motivam e empoderam seus colaboradores.
- Um ritual de presença efetivo contribui para o alinhamento, a efetividade e a cultura organizacional.
- Avaliar a efetividade do ritual de presença permite aprimorar continuamente a prática da liderança.

Avaliando o grau de Presença dos Líderes da Organização

Considere que estamos em uma sala com os líderes dos 3 níveis de uma organização. A seguir, apresentamos um teste para avaliar o grau de presença deles (qualitativo e quantitativo). A partir das respostas, criaremos uma avaliação com três cores: **vermelho**: requer ação imediata, **amarelo**, atenção e **verde**: mantenha assim.

TESTE DE PRESENÇA PARA LÍDERES

Prezados líderes,

Este teste tem como objetivo avaliar o grau de presença de cada um, visando identificar oportunidades de melhoria e fortalecer a cultura de liderança em nossa organização.

Instruções

- Responda às perguntas com sinceridade, considerando suas ações e comportamentos no dia a dia.
- Ao final do teste, você receberá um diagnóstico com base em suas respostas.
- Este diagnóstico é confidencial e será utilizado apenas para fins de esenvolvimento individual e da equipe.

Perguntas

1. **Com que frequência você visita as áreas onde as tarefas críticas são realizadas?**
    - (A) Raramente
    - (B) Algumas vezes por ano
    - (C) Trimestralmente
    - (D) Mensalmente
    - (E) Semanalmente

2. **Durante suas visitas, você se limita a observar ou interage com os colaboradores?**
    - (A) Apenas observo
    - (B) Interajo superficialmente
    - (C) Faço perguntas e escuto as respostas
    - (D) Busco entender os desafios e as necessidades dos colaboradores
    - (E) Ofereço apoio e orientação

3. **Com que frequência você faz perguntas-chave para obter diferentes perspectivas sobre os processos e os desafios?**
    - (A) Raramente
    - (B) Algumas vezes por ano
    - (C) Trimestralmente
    - (D) Mensalmente
    - (E) Semanalmente

4. **Ao ouvir as respostas, você se mantém aberto a diferentes opiniões ou tende a defender seu ponto de vista?**
    - (A) Defendo meu ponto de vista
    - (B) Tento entender o outro lado, mas mantenho minha opinião
    - (C) Escuto com atenção e busco pontos em comum
    - (D) Valorizo as diferentes perspectivas e aprendo com elas
    - (E) Incentivo a diversidade de opiniões

5. **Com que clareza você comunica suas percepções e expectativas aos colaboradores?**
    - (A) Minha comunicação é confusa e inconsistente
    - (B) Comunico o básico, mas não me aprofundo
    - (C) Minha comunicação é clara, mas pouco inspiradora
    - (D) Comunico com clareza e busco inspirar os colaboradores
    - (E) Minha comunicação é personalizada e adaptada a cada situação

6. **Com que frequência você oferece feedback aos colaboradores sobre seu desempenho?**
    - (A) Raramente
    - (B) Algumas vezes por ano
    - (C) Trimestralmente
    - (D) Mensalmente
    - (E) Semanalmente

7. **Seus feedbacks são construtivos e focados no desenvolvimento dos colaboradores?**
    - (A) Meus feedbacks são genéricos e pouco úteis
    - (B) Aponto os erros, mas não ofereço soluções
    - (C) Meus feedbacks são construtivos, mas pouco frequentes
    - (D) Ofereço feedback positivo e oportunidades de melhoria
    - (E) Meus feedbacks são personalizados e focados no crescimento individual

8. **Com que frequência você acompanha o progresso das ações e oferece apoio aos colaboradores?**
    - (A) Raramente
    - (B) Algumas vezes por ano
    - (C) Trimestralmente
    - (D) Mensalmente
    - (E) Semanalmente

Diagnóstico

Vermelho: Requer ação imediata. Sua presença precisa ser fortalecida para evitar perdas como:

- Desmotivação e baixa produtividade dos colaboradores
- Falhas na comunicação e nos processos
- Perda de oportunidades de melhoria e inovação
- Clima organizacional negativo e conflitos
- Dificuldade em alcançar os objetivos e metas

- **Amarelo**: Atenção. Sua presença precisa ser aprimorada para garantir o engajamento e o bom desempenho da equipe.
- **Verde**: Mantenha assim. Sua presença é forte e contribui para o sucesso da equipe e da organização.

Próximos Passos

- Com base no seu diagnóstico, você poderá traçar um plano de ação para fortalecer sua presença.
- Busque oportunidades de interagir mais com os colaboradores, fazer perguntas relevantes, escutar com atenção e comunicar suas percepções de forma clara e inspiradora.
- Lembre-se que a presença é um processo contínuo de aprendizado e desenvolvimento.

Benefícios do Sinal Verde

- Equipes motivadas, engajadas e de alta performance.
- Comunicação clara, transparente e eficaz.
- Processos eficientes, inovadores e focados no cliente.
- Clima organizacional positivo, colaborativo e de confiança.
- Resultados consistentes e alinhados aos objetivos da organização.

Observações

- Este teste é uma ferramenta de autoavaliação e não substitui o feedback de seus superiores e pares.

- Utilize este diagnóstico como um ponto de partida para seu desenvolvimento como líder.
- *A presença é fundamental para o sucesso de qualquer líder e de qualquer organização.*

Detalhamento de como chegar às cores no Teste de Presença

A avaliação do Teste de Presença é qualitativa e quantitativa, combinando as respostas objetivas com a análise do contexto e do perfil de cada líder.

1. Pontuação das Respostas
- Cada resposta possui uma pontuação de 1 a 5, sendo 1 a opção mais fraca e 5 a mais forte em termos de presença.
- As perguntas são agrupadas em dimensões-chave da presença, como "Interação com a equipe", "Comunicação", "Feedback" e "Acompanhamento".
- A pontuação total do líder é a soma dos pontos em todas as perguntas.

2. Análise Qualitativa
- Além da pontuação, é importante analisar as respostas individualmente, buscando nuances e padrões.
- Por exemplo, um líder pode ter uma pontuação alta em "Comunicação", mas suas respostas podem indicar que ele se concentra mais em transmitir informações do que em escutar e interagir com a equipe.
- O contexto também é importante. Um líder que trabalha em uma área com alta rotatividade de pessoal pode ter mais dificuldade em se fazer presente do que um líder em uma área estável.

3. Definição das Cores

Com base na pontuação e na análise qualitativa, o líder é classificado em uma das três cores:

- **Vermelho**: Líderes com pontuação baixa e/ou respostas que indicam falta de presença em áreas importantes.
- **Amarelo**: Líderes com pontuação intermediária e/ou respostas que indicam presença parcial, com oportunidades de melhoria.

- **Verde**: Líderes com pontuação alta e/ou respostas que indicam presença forte e efetiva.

Exemplo Prático

Líder 1

- Pontuação total: 25 pontos
- Análise qualitativa: Respostas indicam dificuldade em interagir com a equipe, comunicar-se de forma clara e oferecer feedback construtivo.
- Resultado: Vermelho

Líder 2

- Pontuação total: 38 pontos
- Análise qualitativa: Respostas indicam boa comunicação e acompanhamento da equipe, mas com oportunidades de melhoria na interação e no feedback.
- Resultado: Amarelo

Líder 3

- Pontuação total: 45 pontos
- Análise qualitativa: Respostas indicam forte presença em todas as dimensões, com interação efetiva, comunicação clara e feedback construtivo.
- Resultado: Verde

Observações

- A definição das cores é um processo que envolve tanto a pontuação objetiva quanto a análise subjetiva do contexto e do perfil de cada líder.
- O objetivo do teste não é rotular os líderes, mas sim identificar oportunidades de desenvolvimento e fortalecer a cultura de liderança na organização.

Lembre-se que este é apenas um exemplo prático. A forma como você irá definir as cores pode variar dependendo do contexto da sua organização e dos critérios que você considera mais importantes.

DETALHAMENTO DAS QUATRO DIMENSÕES-CHAVE DA PRESENÇA

1. Interação com a Equipe

- **O que é:** A capacidade do líder de se conectar com os membros da equipe em um nível pessoal, demonstrando interesse genuíno por suas opiniões, ideias e desafios.
- **Perguntas relacionadas:**
  - Com que frequência você tem conversas individuais com os membros da sua equipe sobre seus objetivos, desafios e progressos?
  - Você se sente à vontade para compartilhar suas próprias dificuldades e pedir ajuda à sua equipe?
  - Você dedica tempo para conhecer os membros da sua equipe fora do ambiente de trabalho?
- **Exemplo:** Um líder que se destaca nessa dimensão realiza reuniões individuais semanais com cada membro da equipe, participa de atividades sociais com o grupo e está sempre disponível para ouvir e oferecer apoio.

2. Comunicação

- **O que é:** A habilidade do líder de transmitir informações de forma clara, concisa e inspiradora, além de escutar ativamente e incentivar o diálogo aberto.
- **Perguntas relacionadas:**
  - Suas mensagens são claras e fáceis de entender?
  - Você utiliza diferentes canais de comunicação para se conectar com sua equipe?
  - Você se certifica de que sua equipe entendeu suas mensagens e tem a oportunidade de fazer perguntas?
- **Exemplo:** Um líder que se destaca nessa dimensão realiza reuniões semanais com a equipe, envia e-mails informativos sobre os progressos do projeto e está sempre disponível para responder perguntas e tirar dúvidas.

3. Feedback
- **O que é:** A prática do líder de oferecer feedback construtivo e regularmente, tanto positivo quanto áreas de melhoria, com o objetivo de ajudar os membros da equipe a crescerem e se desenvolverem.
- **Perguntas relacionadas:**
    - Com que frequência você oferece feedback aos membros da sua equipe?
    - Seus feedbacks são específicos e focados em comportamentos e resultados?
    - Você incentiva sua equipe a dar feedback para você também?
- **Exemplo:** Um líder que se destaca nessa dimensão realiza avaliações de desempenho trimestrais com cada membro da equipe, oferece feedback informal regularmente e está sempre aberto a receber feedback sobre sua própria atuação.

4. Acompanhamento
- **O que é:** A capacidade do líder de acompanhar o progresso das tarefas e projetos, oferecendo apoio e orientação quando necessário, e garantindo que a equipe tenha os recursos e as ferramentas necessárias para ter sucesso.
- **Perguntas relacionadas:**
    - Você acompanha de perto o progresso das tarefas e projetos da sua equipe?
    - Você oferece apoio e orientação quando necessário?
    - Você se certifica de que sua equipe tem os recursos e as ferramentas necessárias para ter sucesso?
- **Exemplo:** Um líder que se destaca nessa dimensão realiza reuniões semanais de acompanhamento com a equipe, verifica o progresso das tarefas em um sistema online e está sempre disponível para ajudar a resolver problemas e remover obstáculos.

INTERCONEXÃO E INFLUÊNCIA

As quatro dimensões da presença estão interligadas e se influenciam mutuamente. Por exemplo:

- Um líder que se comunica de forma clara e eficaz (Comunicação) terá mais facilidade em interagir com sua equipe (Interação) e oferecer feedback construtivo (Feedback).
- Um líder que acompanha de perto o progresso das tarefas (Acompanhamento) poderá identificar oportunidades para oferecer feedback (Feedback) e ajustar a comunicação (Comunicação) para garantir que a equipe esteja alinhada e motivada.

Ao fortalecer cada uma das quatro dimensões, o líder cria um ambiente de trabalho positivo, engajador e de alto desempenho, onde os membros da equipe se sentem valorizados, apoiados e motivados a dar o seu melhor.

Lembre-se que este é apenas um exemplo de como as dimensões podem ser interligadas. Ao analisar as respostas do teste, é importante considerar o contexto e o perfil de cada líder para ter uma visão completa do seu grau de presença.

CAPACITAÇÃO DE LÍDERES NAS 4 DIMENSÕES DA PRESENÇA, ALINHADA AOS 6 PASSOS PARA UM RITUAL EFETIVO

Para capacitar os líderes nas 4 dimensões da presença, vamos alinhar cada dimensão com os 6 passos para um ritual de presença efetivo, detalhando os conhecimentos, habilidades e atitudes (CHA) necessários em cada etapa.

1. Interação com a Equipe

- **Preparação**:
    - Conhecimento: Técnicas de comunicação interpessoal, dinâmicas de grupo, princípios de liderança servidora.
    - Habilidade: Planejar conversas individuais, criar um ambiente de confiança, demonstrar interesse genuíno pelas pessoas.
    - Atitude: Empatia, abertura, curiosidade, disposição para se conectar com os outros.
- **Observação**:
    - Conhecimento: Linguagem corporal, microexpressões, teorias de personalidade.
    - Habilidade: Observar o comportamento da equipe, identificar sinais de desmotivação ou dificuldades, ler nas entrelinhas.

- Atitude: Atenção, sensibilidade, capacidade de interpretação.
- **Perguntas**:
    - Conhecimento: Técnicas de perguntas abertas, perguntas investigativas, escuta ativa.
    - Habilidade: Formular perguntas relevantes, que estimulem a reflexão e o diálogo, conduzir conversas com foco nos objetivos.
    - Atitude: Curiosidade, mente aberta, disposição para aprender com os outros.
- **Escuta**:
    - Conhecimento: Escuta ativa, comunicação não-violenta, empatia.
    - Habilidade: Ouvir com atenção, sem interromper, fazer perguntas para esclarecer dúvidas, demonstrar compreensão.
    - Atitude: Empatia, paciência, respeito, disposição para se colocar no lugar do outro.
- **Comunicação**:
    - Conhecimento: Comunicação clara e objetiva, storytelling, feedback construtivo.
    - Habilidade: Transmitir mensagens de forma inspiradora, adaptar a linguagem ao público, dar e receber feedback de forma eficaz.
    - Atitude: Autenticidade, clareza, respeito, disposição para compartilhar suas percepções.
- **Acompanhamento**:
    - Conhecimento: Metas SMART, indicadores de desempenho, ferramentas de gestão de projetos.
    - Habilidade: Acompanhar o progresso da equipe, oferecer apoio e recursos, celebrar os sucessos.
    - Atitude: Responsabilidade, proatividade, disposição para ajudar a equipe a alcançar seus objetivos.

2. Comunicação

Os mesmos conhecimentos, habilidades e atitudes do item anterior são aplicáveis à dimensão da comunicação, com foco em aprimorar a capacidade do líder de se comunicar de forma clara, eficaz e inspiradora.

3. Feedback

1. Preparação:
- Conhecimento: Teorias de feedback, modelos de feedback construtivo, comunicação não-violenta.
- Habilidade: Planejar conversas de feedback, definir objetivos claros, criar um ambiente de confiança.
- Atitude: Empatia, respeito, foco no desenvolvimento do outro.

2. Observação:
- Conhecimento: Linguagem corporal, microexpressões, indicadores de desempenho.
- Habilidade: Observar o comportamento e o desempenho da equipe, identificar padrões e tendências, analisar resultados.
- Atitude: Atenção, sensibilidade, capacidade de análise.

3. Perguntas:
- Conhecimento: Técnicas de perguntas abertas, perguntas reflexivas, escuta ativa.
- Habilidade: Fazer perguntas que ajudem o outro a refletir sobre seu desempenho, identificar seus pontos fortes e áreas de melhoria.
- Atitude: Curiosidade, mente aberta, disposição para aprender com o outro.

4. Escuta:
- Conhecimento: Escuta ativa, comunicação não-violenta, empatia.
- Habilidade: Ouvir com atenção, sem interromper, fazer perguntas para esclarecer dúvidas, demonstrar compreensão.
- Atitude: Empatia, paciência, respeito, disposição para se colocar no lugar do outro.

5. Comunicação:
- Conhecimento: Comunicação clara e objetiva, storytelling, feedback construtivo.
- Habilidade: Dar feedback de forma específica e focada em comportamentos e resultados, reconhecer os pontos fortes, oferecer sugestões de melhoria.

- Atitude: Autenticidade, clareza, respeito, disposição para ajudar o outro a crescer.

6. **Acompanhamento**:
    - Conhecimento: Metas SMART, planos de desenvolvimento individual, ferramentas de coaching.
    - Habilidade: Acompanhar o progresso do outro, oferecer apoio e recursos, celebrar os sucessos.
    - Atitude: Responsabilidade, proatividade, disposição para ajudar o outro a alcançar seu potencial máximo.

4. **Acompanhamento**
    - Os mesmos conhecimentos, habilidades e atitudes do item anterior são aplicáveis à dimensão do acompanhamento, com foco em aprimorar a capacidade do líder de acompanhar o progresso da equipe, oferecer apoio e recursos, e garantir que todos estejam alinhados com os objetivos.

Interconexão e Influência

As quatro dimensões da presença estão interligadas e se influenciam mutuamente. Ao desenvolver as habilidades, conhecimentos e atitudes necessárias em cada dimensão, o líder se torna mais presente e eficaz em todas as áreas, criando um ambiente de trabalho positivo, engajador e de alto desempenho.

TESTE DE AVALIAÇÃO: COMPREENSÃO SOBRE PRESENÇA

1. **Qual das seguintes afirmações melhor define "Presença" no contexto da liderança?**
    - (A) É estar fisicamente presente no local de trabalho.
    - (B) É ter uma forte presença online nas redes sociais.
    - (C) É a capacidade de influenciar e inspirar pessoas através de ações e comportamentos.
    - (D) É ter uma boa aparência e causar uma primeira impressão positiva.

Resposta correta: (C)

Justificativa: A presença, no contexto da liderança, vai além da mera presença física. Ela se refere à capacidade do líder de se conectar com sua equipe, influenciando e inspirando por meio de suas ações, comportamentos e comunicação. As opções (a) e (d) são superficiais, focando apenas na presença física ou aparência. A opção (b) é específica para o ambiente online, não abrangendo a totalidade da presença.

2. Qual das seguintes opções NÃO é um benefício de se ter uma forte presença como líder?
- (A) Melhora a comunicação e o feedback na equipe.
- (B) Aumenta a confiança e o engajamento dos colaboradores.
- (C) Garante que o líder seja promovido para cargos mais altos.
- (D) Fortalece a cultura organizacional e os valores da empresa.

Resposta correta: (C)

Justificativa: Embora a presença possa contribuir para o reconhecimento e crescimento profissional do líder, ela não garante automaticamente uma promoção. A promoção é resultado de diversos fatores, como desempenho, resultados, habilidades e oportunidades. As demais opções (a, b e d) são benefícios reais da presença, como melhora na comunicação, aumento da confiança e fortalecimento da cultura.

3. Qual das seguintes ações demonstra melhor a dimensão da "Interação com a Equipe" na presença de um líder?
- (A) Enviar e-mails informativos para a equipe sobre as metas da empresa.
- (B) Realizar conversas individuais com os membros da equipe sobre seus objetivos e desafios.
- (C) Participar de eventos sociais com a equipe fora do ambiente de trabalho.
- (D) Todas as alternativas anteriores.

Resposta correta: (D)

Justificativa: Todas as ações mencionadas (enviar e-mails, realizar conversas individuais e participar de eventos sociais) demonstram diferentes formas de interação com a equipe. A interação é um componente fundamental da presença, e o líder pode se conectar com sua equipe de diversas maneiras, tanto no ambiente de trabalho quanto fora dele.

4. Qual das seguintes opções NÃO é uma característica importante da "Comunicação" eficaz na presença de um líder?
- (A) Clareza e objetividade na transmissão de informações.
- (B) Escuta ativa e receptividade às perguntas da equipe.
- (C) Utilização de jargões técnicos e linguagem complexa.
- (D) Adaptação da linguagem ao público e ao contexto.

Resposta correta: (C)

Justificativa: A comunicação eficaz na liderança deve ser clara, concisa e acessível a todos os membros da equipe. Jargões técnicos e linguagem complexa podem dificultar a compreensão e gerar ruídos na comunicação. As demais opções (a, b e d) são características importantes da comunicação eficaz, como clareza, escuta ativa e adaptação da linguagem.

5. Qual das seguintes situações demonstra melhor a importância do "Feedback" na presença de um líder?
- (A) O líder realiza avaliações de desempenho anuais com a equipe.
- (B) O líder oferece feedback construtivo regularmente, tanto positivo quanto sobre áreas de melhoria.
- (C) O líder apenas aponta os erros da equipe, sem oferecer soluções ou apoio.
- (D) O líder evita dar feedback para não gerar conflitos na equipe.

Resposta correta: (B)

Justificativa: O feedback é uma ferramenta essencial para o desenvolvimento da equipe. O líder presente oferece feedback regularmente, tanto para reconhecer os pontos fortes quanto para ajudar a equipe a melhorar. As demais opções (a, c e d) apresentam situações em que o feedback é inadequado ou inexistente, prejudicando o desenvolvimento da equipe.

6. Qual das seguintes ações demonstra melhor a dimensão do "Acompanhamento" na presença de um líder?
- (A) O líder define metas ambiciosas para a equipe e cobra resultados.
- (B) O líder acompanha de perto o progresso das tarefas e projetos, oferecendo apoio e recursos quando necessário.

- (C) O líder se mantém distante da equipe, deixando-os trabalhar de forma independente.
- (D) O líder apenas celebra os sucessos da equipe, ignorando os desafios e dificuldades.

Resposta correta: (B)

Justificativa: O acompanhamento é a capacidade do líder de estar presente no dia a dia da equipe, oferecendo suporte, orientação e recursos para que o trabalho seja realizado com sucesso. As demais opções (a, c e d) apresentam situações em que o líder se distancia da equipe, deixando-a sem apoio e acompanhamento.

7. Qual das seguintes opções NÃO é um passo importante para se alcançar um ritual de presença efetivo?
- (A) Preparação: Conhecer a área, as pessoas e os processos.
- (B) Observação: Analisar o ambiente sob diferentes perspectivas.
- (C) Perguntas: Fazer perguntas-chave para obter diferentes pontos de vista.
- (D) Ignorar a cultura da empresa e focar apenas nos resultados.

Resposta correta: (D)

Justificativa: A cultura da empresa é um elemento fundamental a ser considerado em qualquer ritual de presença. Ignorá-la pode levar a ações desalinhadas com os valores e princípios da organização. Os demais passos (a, b e c) são importantes para a construção de um ritual de presença eficaz, que permita ao líder conhecer a equipe, o ambiente e os processos, além de obter diferentes perspectivas.

8. Qual das seguintes atitudes NÃO contribui para a presença autêntica de um líder?
- (A) Ser transparente e honesto sobre suas próprias dificuldades e desafios.
- (B) Demonstrar empatia e genuíno interesse pelas pessoas.
- (C) Adotar uma postura arrogante e superior para se impor.
- (D) Compartilhar suas percepções e ideias de forma clara e respeitosa.

Resposta correta: (C)

Justificativa: A autenticidade na liderança se baseia na transparência, na honestidade e na humildade. Um líder arrogante e superior transmite uma imagem de distanciamento e prepotência, o que dificulta a conexão com a equipe. As demais opções (a, b e d) são atitudes que contribuem para a presença autêntica, como a transparência, a empatia e o respeito.

9. **Qual das seguintes opções melhor descreve a interconexão entre as dimensões da presença?**
    - (A) As dimensões são independentes e não se influenciam mutuamente.
    - (B) As dimensões estão interligadas e se influenciam, fortalecendo a presença como um todo.
    - (C) Apenas a dimensão da "Comunicação" é importante, as demais são secundárias.
    - (D) Cada dimensão é importante individualmente, mas não há relação entre elas.

Resposta correta: (B)

Justificativa: As quatro dimensões da presença (interação, comunicação, feedback e acompanhamento) não são independentes, mas sim interligadas e interdependentes. Uma comunicação eficaz facilita a interação com a equipe, que por sua vez permite um feedback mais preciso e um acompanhamento mais próximo. Ao fortalecer cada dimensão, o líder fortalece a sua presença como um todo.

10. **Qual o principal objetivo deste teste sobre o tema "Presença"?**
    - (A) Avaliar se o líder tem as características de um bom gestor.
    - (B) Identificar oportunidades de desenvolvimento e fortalecer a cultura de liderança na organização.
    - (C) Comparar o desempenho dos líderes e definir quem será promovido.
    - (D) Medir o conhecimento teórico dos líderes sobre o tema "Presença".

Resposta correta: (B)

Justificativa: O principal objetivo do teste não é apenas avaliar o conhecimento teórico dos líderes sobre o tema, mas sim identificar oportunidades de desenvolvimento e aprimorar a presença dos líderes na prática. Ao fortalecer a presença, contribui-se para o fortalecimento da cultura de liderança na organização como um todo.

2-4-5) LIDERANÇA SITUACIONAL

O QUE É LIDERANÇA SITUACIONAL?

A **Liderança Situacional** é um modelo dinâmico que reconhece que a eficácia da liderança está em sua flexibilidade. Não existe um único estilo de liderança que funcione em todas as situações. Em vez disso, o líder deve adaptar seu estilo de acordo com:

1. O **nível de prontidão** do liderado (habilidade e disposição/confiança para executar uma tarefa).
2. A **complexidade da tarefa** ou função.

O modelo divide os estilos de liderança em **quatro categorias principais**:

1. **Direção (S1):**
   - **Características:**

O líder fornece instruções claras e detalhadas, supervisionando de perto.
Quando usar:

- Para colaboradores com baixa habilidade e baixa disposição/confiança.
- Em tarefas novas, desconhecidas ou críticas que exigem maior controle.

Exemplo:

Um novo colaborador que ainda está aprendendo os processos da organização.

2. **Orientação (S2):**
   - **Características:**

O líder combina orientação detalhada com suporte emocional, ensinando enquanto supervisiona.

Quando usar:

- Para colaboradores que têm disposição e motivação, mas ainda estão desenvolvendo habilidades.

Exemplo:

- Um colaborador que iniciou recentemente em uma função e está entusiasmado, mas carece de experiência prática.

3. Apoio (S3):
- **Características:**

O líder oferece suporte, motivação e feedback, com menos supervisão direta.

Quando usar:

- Para colaboradores que têm habilidade técnica, mas carecem de confiança ou motivação.

Exemplo:

Um colaborador experiente que enfrenta uma tarefa desafiadora ou precisa de validação.

4. Delegação (S4):
- **Características:**

O líder delega responsabilidades, com supervisão mínima. Confia que o colaborador executará a tarefa de forma eficaz.

Quando usar:

- Para colaboradores altamente habilitados e motivados.

Exemplo:

Um colaborador com anos de experiência, totalmente confiante e autônomo.

COMO APLICAR A LIDERANÇA SITUACIONAL NO DIA A DIA?

1. Avaliar a Prontidão do Liderado

- Identifique o nível de:
    - **Habilidade:** O colaborador tem competência técnica suficiente para a tarefa?
    - **Disposição:** O colaborador está motivado e confiante para executá-la?
- Classifique o Liderado em níveis:
    - **Baixa Habilidade / Baixa Disposição:** Estilo S1.
    - **Baixa Habilidade / Alta Disposição:** Estilo S2.
    - **Alta Habilidade / Baixa Disposição:** Estilo S3.
    - **Alta Habilidade / Alta Disposição:** Estilo S4.

2. **Escolher o Estilo de Liderança Apropriado**
- Combine o estilo de liderança com o nível de prontidão:
    - Tarefas novas ou complexas: Exigem mais controle e supervisão (S1 ou S2).
    - Tarefas rotineiras ou liderados experientes: Permitem mais autonomia e suporte leve (S3 ou S4).

3. **Adaptar Constantemente**
- **Monitorar o progresso:** O nível de prontidão do colaborador pode mudar com o tempo.
- **Revisar o estilo:** Avalie periodicamente se o estilo atual ainda é eficaz ou se é preciso ajustá-lo.

Exemplo Prático de Aplicação

Situação:

Você é o líder de uma equipe de vendas e contrata um novo vendedor.

1. **Primeira Fase:**
   - O novo vendedor não tem experiência prática.
   - **Estilo aplicável: S1 - Direção**: Forneça orientações detalhadas, supervisione de perto e acompanhe resultados.

2. **Segunda Fase:**
   - Após algumas semanas, o vendedor mostra disposição e começa a aprender, mas ainda precisa de suporte.

- **Estilo aplicável: S2 - Orientação**: Continue supervisionando, mas com maior ênfase no desenvolvimento de habilidades.

3. **Terceira Fase:**
    - Depois de alguns meses, o vendedor adquiriu competência técnica, mas precisa de motivação e confiança para atingir metas mais altas.
    - **Estilo aplicável: S3 - Apoio**: Reduza a supervisão, mas continue oferecendo feedback e encorajamento.

4. **Quarta Fase:**
    - O vendedor é agora experiente e autônomo, atingindo consistentemente as metas.
    - **Estilo aplicável: S4 - Delegação**: Confie na execução e forneça apenas supervisão mínima, intervindo apenas quando necessário.

O QUE É UMA LIDERANÇA DE QUALIDADE?

Uma **liderança de qualidade** vai além de direcionar e coordenar uma equipe. Ela impacta diretamente a eficiência, o engajamento e o desempenho organizacional ao construir um ambiente de trabalho que alinha objetivos, estimula o crescimento e gera confiança. Vamos detalhar os pontos principais:

1. **Promove alinhamento e engajamento da equipe**
    - **Prática:**
        - Realizar reuniões periódicas para reforçar a visão e os objetivos organizacionais.
        - Garantir que cada colaborador entenda como suas funções contribuem para o todo.
    - **Exemplo:**

Um líder explica claramente as metas trimestrais da equipe e vincula cada tarefa ao objetivo estratégico, inspirando o time a trabalhar com foco.

2. **Incentiva o desenvolvimento contínuo dos colaboradores**
    - **Prática:**

- Identificar necessidades de capacitação e oferecer treinamentos regulares.
- Oferecer feedback construtivo e planos de desenvolvimento individuais.

• **Exemplo:**

Um líder percebe que um colaborador tem potencial para assumir um cargo maior, oferece treinamento em gestão e o apoia com mentoria.

3. Estimula confiança e transparência

• **Prática:**
- Compartilhar informações importantes de forma clara e honesta.
- Admitir erros quando necessário e valorizar as opiniões da equipe.

• **Exemplo:**

Durante uma mudança organizacional, o líder informa a equipe sobre as razões das alterações e as etapas futuras, promovendo confiança.

4. Garante resultados organizacionais alinhados aos objetivos estratégicos

• **Prática:**
- Estabelecer metas claras e monitorar indicadores-chave de desempenho (KPIs).
- Adaptar estratégias com base nos resultados obtidos.

• **Exemplo:**

Um líder identifica que a equipe está abaixo da meta de vendas e implementa rapidamente uma nova estratégia que melhora o desempenho.

COMO MEDIR A QUALIDADE DA LIDERANÇA?

A medição da qualidade da liderança pode ser feita em **três níveis principais**, com indicadores específicos para cada um.

1. Nível Estratégico

Avaliar como o líder contribui para a definição de estratégias e o alinhamento com os objetivos de longo prazo.

Indicadores Práticos

1. Alinhamento Estratégico (%)

Fórmula:

(Nº de objetivos estratégicos alcançados / Nº total de objetivos estratégicos definidos) × 100

Exemplo: O líder garantiu que 80% dos objetivos estratégicos planejados no ano foram cumpridos.

2. Engajamento da Alta Liderança (%)

Fórmula:

(Nº de líderes engajados em iniciativas estratégicas / Nº total de líderes) × 100

Exemplo: 90% da alta liderança participa ativamente nas decisões estratégicas.

3. Clareza da Comunicação Estratégica

Pesquisa com a equipe para avaliar se a visão estratégica é compreendida (em uma escala de 1 a 5).

Exemplo: Após um workshop de liderança, 4.5/5 colaboradores relataram clareza sobre a visão organizacional.

2. Nível Tático

Medir a habilidade de traduzir estratégias em ações concretas e engajar equipes.

Indicadores Práticos – Nível Tático

1. Taxa de Execução dos Planos Táticos (%)

Fórmula:

$$\frac{N^\circ \text{ de planos concluídos}}{N^\circ \text{ total de planos estabelecidos}} \times 100$$

Exemplo: O líder entregou 85% dos planos táticos no prazo previsto.

2. Engajamento das Equipes (%)

Fórmula:

$$\frac{N^\circ \text{ de colaboradores engajados}}{\quad} \times 100$$

Nº total de colaboradores

Exemplo: 75% dos colaboradores relatam estar motivados e engajados em suas funções.

3. Satisfação com a Comunicação Interna

○ Avaliar, via pesquisa, a clareza e eficácia da comunicação de objetivos táticos.

Exemplo: 80% dos colaboradores indicam que recebem informações claras sobre os objetivos.

3. Nível Operacional

Verificar como o líder motiva, orienta e gerencia as tarefas diárias.

Indicadores Práticos

1. Índice de Retenção de Colaboradores (%)

$$\text{Fórmula:} = \frac{N° \text{ de colaboradores retidos}}{N° \text{ total de colaboradores no inicio do período}} \times 100$$

Exemplo: A equipe do líder mantém uma taxa de retenção de 95% no último semestre.

2. Qualidade das Entregas (%)

$$\text{Fórmula:} = \frac{N° \text{ de entregas sem retrabalho}}{N° \text{ total de entregas}} \times 100$$

Exemplo: 92% das tarefas foram concluídas corretamente na primeira tentativa.

3. Satisfação da Equipe Operacional (%)

- Avaliada por pesquisa de clima organizacional (escala de 1 a 5).
- A equipe avalia o suporte do líder com uma média de 4,3/5.

Resumo para Ação

Passos Práticos para os Líderes:

- Defina e acompanhe os indicadores propostos.
- Realize pesquisas regulares para medir engajamento, satisfação e alinhamento.
- Analise os resultados e implemente melhorias, ajustando estratégias e estilos de liderança conforme necessário.

Essas práticas ajudam a tornar a liderança mais mensurável, estruturada e alinhada às necessidades organizacionais e da equipe.

Questionário do Nível da Liderança Organizacional

Instruções:

Responda às perguntas escolhendo a alternativa que mais reflete sua percepção sobre a liderança na organização. O resultado será classificado em:

- Vermelho: Requer ações imediatas.
- Amarelo: Requer atenção e melhorias.
- Verde: Nível adequado.

1. Como você avalia a capacidade dos líderes de se adaptar às diferentes necessidades da equipe?
- (A) Os líderes raramente ajustam seu estilo às necessidades da equipe.
- (B) Os líderes se adaptam em algumas situações, mas nem sempre é consistente.
- (C) Os líderes demonstram flexibilidade frequente, ajustando seu estilo às situações e aos indivíduos.

2. Quão claras são as orientações fornecidas pelos líderes ao atribuir tarefas?
- (A) As orientações são frequentemente vagas ou insuficientes para realizar a tarefa.
- (B) As orientações geralmente são claras, mas podem faltar detalhes em tarefas mais complexas.
- (C) As orientações são sempre claras e proporcionais à complexidade da tarefa.

3. **Como você avalia o suporte emocional e motivacional oferecido pelos líderes?**
    - (A) O suporte é raro ou inconsistente.
    - (B) Os líderes oferecem suporte emocional, mas nem sempre reconhecem as necessidades individuais.
    - (C) Os líderes demonstram empatia e fornecem suporte constante, incentivando confiança e engajamento.

4. **Os líderes delegam responsabilidades de maneira eficaz?**
    - (A) Delegação é rara e os líderes frequentemente centralizam decisões.
    - (B) Delegação ocorre, mas nem sempre é acompanhada de feedback ou suporte.
    - (C) Delegação é frequente e acompanha suporte e feedback claros.

5. **Como você avalia a capacidade dos líderes de alinhar a equipe aos objetivos organizacionais?**
    - (A) Os líderes raramente comunicam ou alinham a equipe aos objetivos organizacionais.
    - (B) Os líderes frequentemente comunicam os objetivos, mas o alinhamento com a equipe é ocasional.
    - (C) Os líderes comunicam e alinham consistentemente os objetivos, promovendo engajamento.

Pontuação:

- (A): 1 ponto (Vermelho)
- (B): 2 pontos (Amarelo)
- (C): 3 pontos (Verde)

Cálculo dos Resultados

- Soma Total de Pontos:
    - 5–7 pontos: Vermelho – Liderança requer ações imediatas.
    - 8–12 pontos: Amarelo – Há progresso, mas melhorias são necessárias.
- 13–15 pontos: Verde – Liderança em nível adequado, com bons resultados.

CONCLUSÃO

O modelo de liderança situacional oferece uma abordagem prática e eficaz para líderes em todos os níveis organizacionais. Por meio de avaliação regular, organizações podem identificar áreas para desenvolvimento de liderança, promovendo maior alinhamento engajamento e resultados.

TESTE DE AVALIAÇÃO: COMPREENSÃO SOBRE LIDERANÇA SITUACIONAL

Instruções:

Leia cada pergunta com atenção e escolha a alternativa que você considera mais correta. Apenas uma resposta está correta. Cada resposta correta será acompanhada de uma justificativa para reforçar o aprendizado.

Objetivo do Teste

Este teste avalia a compreensão sobre os fundamentos e aplicação prática da liderança situacional. As justificativas das respostas ajudam a reforçar os conceitos e identificar áreas que podem ser aprimoradas no desenvolvimento da liderança.

1. **Qual é o princípio fundamental da liderança situacional?**
   - (A) Utilizar um estilo de liderança único e consistente para todos os colaboradores.
   - (B) Adaptar o estilo de liderança ao nível de habilidade e disposição dos colaboradores.
   - (C) Delegar todas as responsabilidades aos colaboradores experientes.
   - (D) Garantir que o líder tome todas as decisões críticas sem envolver a equipe.

Resposta correta: (B)

Justificativa: O princípio fundamental da liderança situacional é a adaptação. O líder deve ajustar seu estilo ao nível de prontidão (habilidade e motivação) de cada colaborador ou grupo, garantindo eficácia em diferentes contextos.

2. **Qual estilo de liderança é mais apropriado para um colaborador com alta habilidade, mas baixa motivação?**
    - (A) Direção (S1): O líder fornece orientações claras e detalhadas.
    - (B) Orientação (S2): O líder combina direção e suporte motivacional.
    - (C) Apoio (S3): O líder foca na motivação e confiança do colaborador.
    - (D) Delegação (S4): O líder delega responsabilidades ao colaborador.

Resposta correta: (C)

Justificativa: Colaboradores com alta habilidade, mas baixa motivação, precisam de apoio (S3). Esse estilo de liderança concentra-se em aumentar a confiança e engajamento, incentivando o colaborador a alcançar seu potencial.

3. **Qual situação descreve a aplicação inadequada da liderança situacional?**
    - (A) Um líder fornece orientações detalhadas para um colaborador que acabou de ingressar na equipe.
    - (B) Um líder motiva e apoia um colaborador que está desmotivado, mas tem alta competência.
    - (C) Um líder delega uma tarefa complexa a um colaborador inexperiente sem fornecer instruções.
    - (D) Um líder ajusta seu estilo para atender às necessidades específicas de cada colaborador.

Resposta correta: (C)

Justificativa: Delegar uma tarefa complexa a um colaborador inexperiente sem instruções é um erro, pois o colaborador ainda precisa de orientação (S1 ou S2). A liderança situacional exige adaptação ao nível de habilidade e motivação.

4. **Qual é um benefício direto da aplicação correta do modelo de liderança situacional?**
    - (A) Aumento na centralização das decisões pelo líder.
    - (B) Redução do tempo necessário para desenvolver a equipe.
    - (C) Melhoria na eficácia e no engajamento dos colaboradores.
    - (D) Estabelecimento de um único estilo de liderança para todos.

Resposta correta: (C)

Justificativa: A aplicação correta do modelo melhora a eficácia, pois os colaboradores recebem o suporte adequado às suas necessidades, além de aumentar o engajamento, já que o líder promove confiança e autonomia conforme o contexto.

5. **Qual é o principal desafio enfrentado por líderes ao implementar a liderança situacional?**
    - (A) Avaliar corretamente o nível de prontidão (habilidade e disposição) dos colaboradores.
    - (B) Treinar colaboradores para seguir instruções rígidas e padronizadas.
    - (C) Garantir que todos os colaboradores adotem o mesmo ritmo de trabalho.
    - (D) Escolher o estilo de liderança mais confortável para o líder.

Resposta correta: (A)

Justificativa: Avaliar o nível de prontidão dos colaboradores é desafiador, pois exige que o líder entenda as competências e motivações individuais para aplicar o estilo de liderança mais adequado.

INTERRELAÇÕES ENTRE OS CINCO TEMAS: VISÃO SISTÊMICA, COMUNICAÇÃO, REUNIÕES, PRESENÇA E LIDERANÇA SITUACIONAL

Inter-relações entre Visão Sistêmica, Comunicação, Reuniões, Presença e Liderança Situacional

1. A Importância dos Temas e Como Eles se Fortalecem

Os temas Visão Sistêmica, Comunicação, Reuniões, Presença e Liderança Situacional são pilares que, interligados, sustentam o sucesso de uma organização.

- **Visão Sistêmica:** Permite entender as interconexões entre as partes da organização, crucial para decisões estratégicas e alinhadas.
- **Comunicação:** Transmite a visão, conecta pessoas e processos, essencial para o fluxo de informações e o alinhamento de objetivos.

- **Reuniões:** Espaço para debater a visão sistêmica, tomar decisões e fortalecer a comunicação, promovendo o engajamento.
- **Presença:** Líderes presentes inspiram confiança, compartilham conhecimento, dão feedback e tomam decisões mais assertivas, impactando positivamente a equipe.
- **Liderança Situacional:** Adapta a abordagem de liderança às necessidades da equipe e da situação, maximizando o impacto da visão, comunicação e reuniões.

Sinergia

Esses temas se retroalimentam em um ciclo virtuoso:

A visão sistêmica, compreendida e compartilhada, é a base para uma comunicação clara e alinhada.

Reuniões eficazes garantem que todos estejam a par da visão e dos objetivos, fortalecendo o senso de propósito.

Líderes presentes, por sua vez, usam a comunicação para engajar a equipe, oferecendo feedback e suporte.

A liderança situacional permite que os líderes adaptem sua abordagem, considerando a visão sistêmica e as necessidades individuais e do grupo.

2. Transformações Esperadas nos Líderes

A aplicação integrada desses temas transforma os líderes:

- **Visão Sistêmica:** De decisões isoladas e focadas no curto prazo para decisões estratégicas, considerando o impacto no todo e a sustentabilidade.
- **Comunicação:** De informações fragmentadas e mal interpretadas para comunicação clara, transparente e bidirecional, que engaja e alinha a equipe.
- **Reuniões:** De encontros improdutivos para reuniões objetivas e eficazes, com decisões claras e planos de ação definidos.
- **Presença:** Líderes mais próximos, que inspiram confiança, compartilham conhecimento e tomam decisões mais assertivas.

- **Liderança Situacional:** De um estilo único de liderança para uma abordagem adaptável, que maximiza o desempenho individual e da equipe.

Resultado Geral

Líderes mais conectados, adaptáveis e focados em criar sinergia entre pessoas, processos e resultados.

3. Contribuições para Alinhamento, Efetividade e Cultura Organizacional

- **Alinhamento:** A visão sistêmica garante que todos compreendam seu papel, a comunicação alinha objetivos, as reuniões revisam metas e a liderança situacional engaja cada colaborador.
- **Efetividade:** A visão sistêmica evita redundâncias, a comunicação minimiza erros, as reuniões são focadas em resultados e a liderança situacional otimiza a produtividade.
- **Cultura Organizacional:** A visão sistêmica promove a colaboração, a comunicação estimula a confiança, as reuniões são um espaço para inovação e a liderança situacional reforça o respeito e a valorização das diferenças.

4. Facilitação nos Desafios das Sete Trilhas

A integração dos cinco temas facilita a superação dos desafios das Sete Trilhas:

- **Identidade:** A visão sistêmica e a comunicação reforçam a compreensão da identidade organizacional, as reuniões discutem valores e a liderança situacional consolida a identidade em cada equipe.
- **5S:** A visão sistêmica conecta a organização à importância da ordem, a comunicação dissemina os princípios do 5S, as reuniões monitoram a adesão e a liderança situacional motiva o compromisso.
- **Caixa:** A visão sistêmica orienta decisões financeiras, a comunicação transparente constrói confiança, as reuniões discutem metas e a liderança situacional oferece suporte às equipes financeiras.
- **Precificação:** A visão sistêmica alinha a precificação à estratégia, a comunicação envolve stakeholders (todos os interessados), as reuniões ajustam estratégias e a liderança situacional guia as equipes.

- **Estratégia:** A visão sistêmica integra as áreas na estratégia, a comunicação conecta as equipes aos objetivos, as reuniões revisam a estratégia e a liderança situacional mantém o engajamento.
- **Processos:** A visão sistêmica identifica interdependências, a comunicação garante o entendimento dos processos, as reuniões identificam oportunidades de melhoria e a liderança situacional apoia o aprimoramento contínuo.
- **Pessoas:** A visão sistêmica valoriza o papel de cada colaborador, a comunicação fortalece relações, as reuniões discutem desenvolvimento e a liderança situacional apoia o crescimento individual e coletivo.

CONCLUSÃO

Visão Sistêmica, Comunicação, Reuniões, Presença e Liderança Situacional são alicerces para o sucesso organizacional. Juntos, promovem colaboração, inovação e eficácia, preparando líderes e alinhando equipes. A aplicação integrada desses temas facilita a superação dos desafios, o alinhamento, a efetividade e o fortalecimento da cultura organizacional.

RESUMO DO CAPÍTULO 2: A FASE DE PREPARAÇÃO

A fase de preparação é o alicerce da Jornada de 100 Dias, com foco em estabelecer as bases para a transformação organizacional. Ela compreende o diagnóstico do estado atual da organização, a definição de metas claras e a construção de um plano de ação. Essa etapa envolve líderes em todos os níveis (estratégico, tático e operacional) para garantir alinhamento, engajamento e prontidão para implementar as mudanças.

1. Objetivos da Fase de Preparação
- Diagnóstico Organizacional: Avaliar onde a organização está em termos de Alinhamento, Efetividade e Cultura, além de analisar os quatro indicadores de saúde: Geração de Caixa, Remuneração do Capital Empregado, Crescimento e Fidelização de Clientes.
- Definição de Metas SMART: Estabelecer objetivos específicos, mensuráveis, atingíveis, relevantes e temporais.
- Plano de Ação: Criar um cronograma detalhado para os 100 dias, identificando prioridades e recursos necessários.

2. **Os Cinco Pontos Fundamentais para a Liderança**
   - Visão Sistêmica: Compreender a organização como um sistema interconectado, onde cada decisão afeta o todo.
   - Comunicação: Promover clareza, consistência e transparência para engajar equipes e alinhar objetivos.
   - Rituais (Reuniões): Estruturar reuniões eficazes para acompanhamento e ajustes do plano de ação.
   - Presença: Inspirar confiança, compartilhar conhecimento, dar e receber feedback.
   - Liderança Situacional: Adaptar o estilo de liderança às necessidades dos colaboradores e às tarefas específicas.

3. **Ferramentas de Diagnóstico**
   - Questionários e métricas para avaliar Alinhamento, Efetividade e Cultura.
   - Indicadores de desempenho para medir saúde organizacional nos aspectos financeiros, operacionais e culturais.

4. **Resultados Esperados**
   - Alinhamento: Clareza sobre objetivos e papéis.
   - Efetividade: Processos otimizados e recursos bem utilizados.
   - Cultura Organizacional: Ambiente de cooperação, engajamento e melhoria contínua.

MAPA MENTAL DO CAPÍTULO 2

Abaixo está uma descrição do Mapa Mental que visualiza os conceitos principais:

1. **Fase de Preparação**
   - Objetivos
     - Diagnóstico
     - Definição de metas SMART
     - Plano de ação

2. **Cinco Pontos Fundamentais para a Liderança**
   - Visão Sistêmica

- Comunicação
- Rituais (Reuniões)
- Presença
- Liderança Situacional

3. **Ferramentas de Diagnóstico**
    - Alinhamento
    - Efetividade
    - Cultura
    - Indicadores de Saúde

4. **Resultados Esperados**
    - Alinhamento
    - Efetividade
    - Cultura Organizacional

Mapa Mental: Fase de Preparação

```
                    FASE DE PREPARAÇÃO

           DIAGNÓSTICO              TREINAMENTO DA
                                      LIDERANÇA

    (a) Levantamento das         (a) Visão Sistêmica
        Expectativas             (b) Comunicação
    (b) Levantamento dos         (c) Rituais (Reuniões)
        Indicadores de Saúde     (d) Presença
        e Resiliência            (e) Liderança Situacional
        Organizacional

                   RESULTADOS ESPERADOS
                Alinhamento | Efetividade | Cultura
```

TESTE DE COMPREENSÃO DO CAPÍTULO 2

Instruções:

Escolha a alternativa que você considera mais correta. Cada pergunta tem uma única resposta correta, acompanhada de justificativa.

1. **Qual é o objetivo principal da fase de preparação?**
   - (A) Planejar estratégias de longo prazo sem detalhar as ações.
   - (B) Diagnosticar o estado atual da organização e criar um plano de ação para os 100 dias.
   - (C) Executar ações para melhorar a saúde organizacional sem realizar diagnósticos.
   - (D) Monitorar o desempenho da equipe sem realizar ajustes.

Resposta correta: (B)

Justificativa: A fase de preparação visa diagnosticar a organização, estabelecer metas claras e criar um plano de ação detalhado para garantir o sucesso da jornada.

2. **O que caracteriza um diagnóstico organizacional eficaz?**
   - (A) Uma análise ampla, sem foco em indicadores específicos.
   - (B) Avaliação detalhada de alinhamento, efetividade, cultura e indicadores de saúde.
   - (C) Análise apenas dos dados financeiros da empresa.
   - (D) Realização de reuniões para ouvir percepções informais dos colaboradores.

Resposta correta: (B)

Justificativa: Um diagnóstico eficaz avalia alinhamento, efetividade, cultura e indicadores de saúde (caixa, crescimento, fidelização e remuneração do capital).

3. **Qual é o propósito das reuniões na fase de preparação?**
   - (A) Discutir objetivos sem um foco claro.
   - (B) Revisar metas e monitorar o progresso do plano de ação.
   - (C) Promover discussões livres sem registrar decisões.
   - (D) Garantir que todos os colaboradores estejam presentes, independentemente da relevância.

Resposta correta: (B)

Justificativa: Reuniões na fase de preparação têm como objetivo revisar metas, ajustar estratégias e monitorar o progresso, garantindo foco no plano de ação.

4. **O que diferencia a liderança situacional na fase de preparação?**
   - (A) Aplicação de um único estilo de liderança para todas as situações.
   - (B) Adaptação do estilo de liderança às necessidades das equipes e tarefas específicas.
   - (C) Foco exclusivo em motivar colaboradores com baixa performance.
   - (D) Delegação total de responsabilidades aos líderes operacionais.

Resposta correta: (B)

Justificativa: A liderança situacional exige que os líderes adaptem seu estilo às necessidades dos colaboradores e às tarefas, maximizando a eficiência.

5. **Como a fase de preparação contribui para o alinhamento organizacional?**
   - (A) Por meio de ações improvisadas para resolver problemas pontuais.
   - (B) Estabelecendo metas claras, comunicação eficaz e engajamento das equipes.
   - (C) Priorizando resultados financeiros em detrimento de outros indicadores.
   - (D) Executando ações sem consultar colaboradores de diferentes níveis.

Resposta correta: (B)

Justificativa: A fase de preparação promove alinhamento ao estabelecer metas claras, garantir comunicação eficaz e envolver líderes e equipes em todos os níveis.

Esses elementos reforçam a compreensão do capítulo 2 e promovem a aplicação prática dos conceitos em cenários reais.

CAPÍTULO 3

INTRODUÇÃO ÀS SETE TRILHAS: ESPINHA DORSAL DA Jornada de 100 Dias

As Sete Trilhas da Jornada de 100 Dias foram concebidas como pilares essenciais para promover a saúde organizacional e construir uma base sólida de resiliência. Cada trilha aborda um tema crítico, e sua sequência foi meticulosamente desenvolvida com base em experiências práticas do criador do método. Essa abordagem prioriza resultados rápidos e efetivos, com ênfase no alinhamento, efetividade e cultura organizacional.

Estrutura e Metodologia das Sete Trilhas

Os Quatro Desafios

Cada trilha segue um ciclo de quatro desafios que, em analogia a uma corrida de bastão, promovem a continuidade e integração das ações:

1. Levantamento das Dores: Identificação das dificuldades causadas pela ausência do tema aplicado na organização.
2. Prescrição dos Medicamentos: Definição das ações ou soluções para sanar as dores levantadas.
3. Fabricação dos Medicamentos: Desenvolvimento prático das soluções, com tutoriais e ferramentas para implementação.
4. Aplicação e Acompanhamento: Implementação das soluções e medição dos resultados.

Resultados Esperados

- Alinhamento: Conexão clara entre objetivos organizacionais e ações das equipes.
- Efetividade: Processos otimizados e recursos bem utilizados.
- Cultura: Ambiente de inovação, engajamento e aprendizado contínuo.

Estrutura Detalhada de Cada Trilha

Abaixo, a estrutura que será replicada em cada trilha:

- **A. Contexto:** Breve introdução ao tema da trilha, sua importância e aplicação prática.
- **B. Metáfora:** Representação simbólica para facilitar a compreensão do conceito central.
- **C. Objetivo:** Definição clara do propósito da trilha.
- **D. Transformações Esperadas:** Impactos no alinhamento, efetividade e cultura após vencer os desafios.
    - Avaliação Preliminar: Diagnóstico inicial do conhecimento sobre o tema.
- **E. Os Quatro Desafios: Estrutura Detalhada**

5-1) Levantamento das Dores:

- Contexto: Identificação das lacunas causadas pela ausência do tema aplicado.
- Objetivo: Tornar as dores claras e tangíveis.
- Missão do Aluno: Mapear as dores em colaboração com a equipe.
- Fatores Críticos de Sucesso (FCS): Escuta ativa e envolvimento de todos os níveis.
- Método: Ferramentas para coleta de dados e feedback.
- Produto: Tabela com dores organizacionais.

5-2) Prescrição dos Medicamentos:

- Contexto: Estabelecimento das ações para sanar as dores levantadas.
- Objetivo: Criar soluções práticas e ajustadas à realidade da organização.
- Missão do Aluno: Desenvolver a prescrição detalhada.
- FCS: Diagnóstico claro e visão sistêmica.
- Método: Workshops e brainstorming.
- Produto: Documento de prescrição.

5.3) Fabricação dos Medicamentos:

- Contexto: Desenvolvimento das soluções prescritas.
- Objetivo: Criar ferramentas e métodos que possam ser aplicados na prática.
- Missão do Aluno: Participar do desenvolvimento das soluções.
- FCS: Recursos adequados e engajamento.
- Método: Prototipagem e validação.
- Produto: Kit de ferramentas e processos.

5-4) Aplicação e Acompanhamento:

- Contexto: Implementação das soluções e monitoramento dos resultados.
- Objetivo: Garantir que as ações gerem os resultados esperados.
- Missão do Colaborador: Acompanhar e ajustar conforme necessário.
- FCS: Monitoramento contínuo e flexibilidade.
- Método: Indicadores e reuniões de acompanhamento.
- Produto: Relatório final de resultados.
- Plano de ação detalhado para integrar o tema da trilha às decisões estratégicas e operacionais.

Saídas Esperadas:

- Indicadores e melhorias específicas geradas pela trilha.

Plano de Ação para Garantir as Saídas Esperadas:

- Passos práticos para sustentar os resultados alcançados.

Teste de Avaliação:

- Verificação do grau de compreensão e aplicação prática do tema.

Resumo e Mapa Mental:

- Apresentação gráfica das ideias principais da trilha.

Refletindo sobre as Inconsciências na Ausência do conhecimento da trilha

- Análise das Inconsciências devido à ausência da aplicação do conhecimento da trilha na organização.

6. O papel do Guardião da TRILHA.

Para cada trilha deveremos designar um Guardião que deverá realizar o papel a seguir.

PAPEL DO GUARDIÃO

O Guardião será o líder responsável por garantir que a trilha sob sua responsabilidade atinja os objetivos propostos. Seu papel inclui:

1. **Planejamento e Monitoramento**
   - **Planejamento detalhado:** Coordenar a execução do plano de ação específico da trilha.
   - **Acompanhamento contínuo:** Garantir que as atividades sejam realizadas dentro do cronograma e corrigir desvios quando necessário.
   - **Definição de metas claras:** Colaborar com a liderança para alinhar os objetivos da trilha aos indicadores-chave da organização.

2. **Comunicação e Relatórios**
   - **Estruturar informações:** Consolidar dados de desempenho, lições aprendidas e avanços.
   - **Comunicação clara:** Manter a liderança e as equipes informadas sobre os progressos e desafios encontrados.
   - **Facilitação de decisões:** Oferecer informações precisas para apoiar decisões estratégicas.

3. **Colaboração e Engajamento**
   - **Coordenação com equipes:** Garantir o alinhamento e a sinergia entre os membros envolvidos na trilha.
   - **Promover boas práticas:** Estimular a adoção de comportamentos e práticas consistentes com os objetivos da trilha.
   - **Resolução de conflitos:** Gerenciar situações desafiadoras para manter o foco e a harmonia.

4. Gestão de Indicadores
- **Monitorar os KPIs da trilha:** Acompanhar os dados dos indicadores atribuídos à trilha, como alinhamento, efetividade e crescimento.
- **Identificar lacunas:** Avaliar onde os resultados podem ser melhorados e propor ações corretivas.

Apresentação Mensal das Saídas e Resultados

O Guardião deverá apresentar os resultados mensalmente em uma reunião com a liderança e outros stakeholders (todos os interessados). A apresentação deve seguir uma estrutura clara e objetiva, como:

1. Estrutura da Apresentação
- **Resumo executivo (5 minutos):** Uma visão geral do progresso e dos principais resultados alcançados.
- **Evolução dos indicadores (10 minutos):** Apresentar os dados de desempenho, como gráficos ou tabelas, destacando:
  - Indicadores que melhoraram.
  - Indicadores que estão abaixo da meta.
- **Análise de impacto (5 minutos):** Conexão dos resultados obtidos com os objetivos estratégicos da organização.

2. Conteúdo Essencial
- **Avanços da trilha:**
  - Quais atividades foram concluídas.
  - Transformações ou melhorias observadas.
- **Resultados mensuráveis:**
  - Atualização dos indicadores-chave.
  - Evidências de progresso (ex.: estudos de caso, depoimentos, mudanças no comportamento organizacional).
- **Desafios e oportunidades:**
  - Barreiras enfrentadas e como foram superadas.
  - Propostas de melhoria ou ajustes no plano de ação.
- **Próximos passos:**
  - Planejamento das ações para o próximo mês.

3. **Formato e Ferramentas**
- **Painel visual:** Usar uma ferramenta como Power BI, Excel, ou uma dashboard visual para apresentar os dados de forma clara e interativa.
- **Templates padronizados:** Garantir uniformidade nas apresentações, incluindo gráficos e tabelas que permitam fácil comparação entre trilhas.

4. **Relatório resumido:** Entregar um documento escrito com os principais pontos apresentados para registro e referência futura.

Checklist Mensal do Guardião

1. Atualizar o painel de indicadores com dados consolidados.
2. Realizar uma reunião com a equipe da trilha para coletar feedback e informações.
3. Validar os resultados com outros departamentos (se aplicável).
4. Preparar a apresentação seguindo a estrutura definida.
5. Apresentar os resultados e sugerir ajustes no plano, se necessário.

Com essa abordagem, o papel do Guardião será essencial para garantir que cada trilha mantenha o foco e contribua efetivamente para os objetivos estratégicos da jornada.

BENEFÍCIOS DAS SETE TRILHAS

1. Integração: Cada trilha ajuda a fortalecer a próxima, criando sinergia e sustentação ao longo da jornada.
2. Engajamento: O envolvimento de colaboradores de todos os níveis aumenta o compromisso com as mudanças.
3. Resultados Tangíveis: A aplicação prática gera impactos mensuráveis, como melhorias nos processos, engajamento e eficiência.

CONCLUSÃO

As Sete Trilhas não apenas promovem transformações organizacionais, mas também criam uma mentalidade de aprendizado contínuo e resiliência. Sua estrutura clara e prática facilita o engajamento e garante que os resultados estejam alinhados com os objetivos estratégicos da organização.

CAPÍTULO 4

A PRIMEIRA TRILHA – IDENTIDADE

🔍 4-1) CONTEXTO

A identidade organizacional é a base da cultura e da essência de uma organização. Ela define a missão, a visão e os valores que orientam comportamentos, decisões e estratégias.

Conceito de Emergência:

A identidade é uma emergência que surge da interação entre seus três componentes – missão, visão e valores. Assim como a água emerge da combinação dos gases oxigênio e hidrogênio sob condições específicas, a identidade emerge da integração harmoniosa desses elementos. Eles são como faces de uma mesma moeda: inseparáveis e interdependentes.

Exemplo de Emergência:

- Água (H_2O): A combinação de dois gases (hidrogênio e oxigênio) resulta em um líquido essencial à vida.
- Identidade Organizacional: A integração de missão, visão e valores gera uma força transformadora que impacta diretamente a saúde e resiliência organizacional.

Impacto na Organização: Quando bem elaborada, a identidade organizacional fornece direção clara, inspira os colaboradores e alinha a organização em torno de objetivos comuns.

💡 4-2) METÁFORA

A identidade é como as raízes de uma árvore:

- Sustenta e nutre a estrutura organizacional.

- Sem raízes fortes, a árvore não resiste às adversidades, assim como uma organização sem identidade perde direção e estabilidade.

4-3) ANALOGIA

A identidade funciona como uma bússola, orientando as ações da organização:

- Indica o caminho em tempos de incerteza.
- Mantém todos alinhados com o norte organizacional.

4-4) O QUE É?

A identidade organizacional é a combinação de:

- Missão: O que a organização faz – porque ela existe (define o negócio).
- Visão: O futuro desejado e a direção estratégica (define o futuro do negócio).
- Valores: Os princípios e crenças que guiam comportamentos e decisões.

4-5) POR QUE É IMPORTANTE?

- Orientação Estratégica: A identidade fornece uma direção clara para todos os níveis da organização. Ela é o guia das decisões, comportamentos e estratégias, garantindo alinhamento com os objetivos de longo prazo.
- Engajamento e Coesão: Colaboradores que compreendem e se identificam com a missão, visão e valores tendem a estar mais engajados e comprometidos com a organização.
- Resiliência Organizacional: Em momentos de crise ou mudança, a identidade bem definida atua como um alicerce, mantendo a organização focada e conectada aos seus propósitos centrais.
- Exemplo Prático: Uma empresa que define a sustentabilidade como valor central provavelmente terá decisões estratégicas alinhadas com práticas ambientais, atraindo clientes e talentos que compartilhem essa visão.

4-6) LEVANTAMENTO DAS DORES PELA AUSÊNCIA DA IDENTIDADE

Dores Organizacionais:

1. Falta de Direção: Sem missão, visão e valores, a organização enfrenta dificuldades para definir prioridades e tomar decisões.
2. Baixo Engajamento: Colaboradores não se conectam emocionalmente com a organização, resultando em menor produtividade.
3. Perda de Competitividade: Sem uma identidade forte, a organização não se destaca no mercado, dificultando a atração de clientes e talentos.
4. Impactos Reais: Uma organização sem identidade pode se assemelhar a um barco sem leme, incapaz de navegar com propósito em um ambiente competitivo e em constante mudança.

QUESTIONÁRIO DE LEVANTAMENTO DAS DORES PELA AUSÊNCIA DA IDENTIDADE

Instruções:

Escolha a alternativa que você considera mais correta em relação à realidade da sua organização. Todas as alternativas estão corretas, mas algumas podem descrever melhor a sua percepção.

1. **Como você percebe o propósito da organização?**
   - (A) Não há clareza sobre o propósito da organização, o que dificulta o engajamento.
   - (B) O propósito é pouco comunicado, resultando em confusão sobre os objetivos organizacionais.
   - (C) Apenas algumas áreas compreendem o propósito da organização.
   - (D) O propósito parece mudar frequentemente, criando instabilidade nas equipes.

2. **Como os valores da organização impactam o dia a dia?**
   - (A) Os valores não estão claros e raramente são mencionados nas decisões.
   - (B) Há inconsistência entre os valores declarados e as ações da organização.
   - (C) Poucos colaboradores conhecem ou se identificam com os valores da organização.
   - (D) Os valores não são incorporados aos processos e à cultura organizacional.

3. **Como a visão de futuro da organização é percebida?**
    - (A) Não há uma visão clara de futuro, o que dificulta o planejamento estratégico.
    - (B) A visão é desconhecida pela maioria dos colaboradores.
    - (C) A visão não está alinhada com as ações e decisões atuais.
    - (D) A visão parece ser pouco realista ou difícil de alcançar.

4. **Como a falta de identidade afeta a motivação e o engajamento das equipes?**
    - (A) Colaboradores têm dificuldade em se conectar emocionalmente à organização.
    - (B) A ausência de identidade gera falta de alinhamento entre áreas.
    - (C) Equipes trabalham de forma isolada, sem entender seu impacto no todo.
    - (D) Há desmotivação devido à falta de um propósito inspirador.

5. **Como a falta de identidade impacta as decisões e estratégias organizacionais?**
    - (A) As decisões parecem ser tomadas de forma improvisada e sem direção clara.
    - (B) A ausência de identidade dificulta a priorização de projetos e iniciativas.
    - (C) Estratégias não têm consistência e mudam com frequência.
    - (D) Falta alinhamento entre as decisões e os objetivos organizacionais.

Tabela de Dores Levantadas

Questão	Alternativa Mais Escolhida	Dores Levantadas
Propósito da Organização	Ex.: (B)	Falta de comunicação clara sobre o propósito.
Valores no Dia a Dia	Ex.: (A)	Valores não mencionados nas decisões
Visão de Futuro	Ex.: (C)	Falta de alinhamento entre visão e ações organizacionais.
Motivação e Engajamento	Ex.: (D)	Desmotivação causada pela falta de propósito inspirador.
Impacto nas Decisões Estratégicas	Ex.: (A)	Decisões tomadas de forma improvisada e sem direção clara.

Próximos Passos

1. Coletar Dados: Aplicar o questionário aos colaboradores dos três níveis.
2. Analisar Respostas: Compilar os resultados em uma tabela para identificar padrões.
3. Definir Fatores Críticos de Sucesso (FCS): Priorizar as dores mais relevantes para endereçar nos próximos desafios da trilha.

Essa abordagem garante que as dores sejam identificadas de maneira colaborativa, promovendo engajamento desde o início do processo.

4-7) PRESCRIÇÃO DO REMÉDIO

Para sanar as dores, é necessário desenvolver e consolidar uma identidade organizacional sólida.

1. Definir a Missão: Identificar o porquê a organização existe, em que negócio ela está, o que ela é hoje.
2. Estabelecer a Visão: Criar uma imagem clara do futuro desejado.
3. Alinhar os Valores: Desenvolver princípios que reflitam a essência da organização e sejam aplicáveis ao dia a dia.

Desafio: Prescrição do Remédio

Recebendo o Bastão

Com base na tabela de dores levantadas na etapa anterior, agora avançamos para listar os **benefícios de uma Identidade bem elaborada, bem comunicada e bem compreendida por todos** os interessados na organização. Esses benefícios irão ajudar a prescrever o remédio de forma clara e objetiva.

Benefícios de uma Identidade Bem Elaborada

1. **Direção Estratégica:** Uma identidade clara fornece um norte para decisões e estratégias organizacionais.
2. **Alinhamento Organizacional:** Alinha todos os níveis e áreas em torno de um propósito comum.
3. **Engajamento:** Inspira e motiva colaboradores ao criar uma conexão emocional com o propósito organizacional.
4. **Coesão Cultural:** Fortalece os valores compartilhados, promovendo colaboração e confiança.
5. **Decisões Consistentes:** Torna decisões mais coerentes e alinhadas com os objetivos organizacionais.
6. **Atratividade:** Aumenta a capacidade de atrair talentos e clientes que compartilhem os mesmos valores.
7. **Resiliência:** Atua como um alicerce em tempos de crise, mantendo o foco e a união.
8. **Reconhecimento de Marca:** Diferencia a organização no mercado, fortalecendo sua identidade externa.

Tabela de Dores vs. Benefícios de uma Identidade de Qualidade

Dores Levantadas	Benefícios de uma Identidade de Qualidade
Falta de clareza sobre o propósito organizacional, gerando confusão e desalinhamento.	Direção estratégica clara, alinhando todos os níveis organizacionais.
Valores não conhecidos ou aplicados no dia a dia.	Valores fortalecidos que orientam comportamentos e decisões.
Ausência de visão de futuro, dificultando o planejamento estratégico.	Visão inspiradora que guia o planejamento e conecta os colaboradores.
Desmotivação e falta de engajamento das equipes.	Colaboradores mais engajados e conectados emocionalmente à organização.
Decisões inconsistentes e improvisadas.	Decisões mais coerentes e alinhadas com os objetivos organizacionais.
Dificuldade em atrair talentos e clientes.	Reputação fortalecida, atraindo pessoas e parceiros alinhados aos valores.
Falta de resiliência em momentos de crise.	Alicerce sólido para enfrentar desafios e crises com foco e união.

Prescrição:

*Definir uma **Identidade Organizacional** que seja:*

1. **Clara e Participativa:** Desenvolvida com a cooperação de líderes e colaboradores de todos os níveis.
2. **Bem Comunicada:** Integrada ao dia a dia da organização por meio de mensagens claras e consistentes.
3. **Compreendida por Todos os Interessados:** Validada por meio de indicadores e evidências de compreensão em toda a organização.

FATORES CRÍTICOS DE SUCESSO (FCS):

1. **Engajamento dos Líderes:** Garantir que a alta liderança esteja alinhada e comprometida com a identidade.
2. **Participação Colaborativa:** Envolver colaboradores de diferentes níveis e áreas no processo.
3. **Comunicação Contínua:** Usar canais e ferramentas eficazes para transmitir a identidade.

4. **Monitoramento:** Avaliar regularmente o impacto da identidade e ajustar conforme necessário.

Essa prescrição não apenas alivia as dores levantadas, mas também cria um impacto duradouro na saúde e resiliência organizacional.

🧪 4-8) COMO FABRICAR O REMÉDIO

A fabricação da identidade exige um processo colaborativo, envolvendo todos os níveis organizacionais.

1. Workshops Interativos: Realizar encontros para explorar e definir missão, visão e valores.
2. Feedback Contínuo: Coletar percepções de colaboradores, clientes e stakeholders.
3. Prototipagem da Identidade: Refinar os elementos com base no feedback recebido.

Fabricação do Medicamento: Construindo a Identidade Organizacional com Pontos Chave e Interconexão

Declaração da Missão

Que é Missão?

A missão é uma declaração que define o porquê a organização existe, em que negócio ela está, o valor que oferece e o impacto que busca gerar. Ela serve como um norte estratégico, orientando decisões e ações no dia a dia.

Pontos Chave para Construir uma Boa Declaração de Missão

1. **Clareza:**
    - Deve ser simples, direta e fácil de entender por qualquer pessoa.
    - Evite termos técnicos ou jargões que possam confundir.
2. **Foco no Cliente ou Impacto Social:**
    - Deve evidenciar o valor que a organização entrega para seus clientes ou para a sociedade.
    - Mostre como a organização contribui para resolver problemas ou atender necessidades.

3. Praticidade:
- Deve ser uma ferramenta prática, servindo como guia para decisões estratégicas, ações operacionais e comportamentos organizacionais.

4. Inspiração:
- Deve motivar e engajar tanto os colaboradores quanto os stakeholders externos.
- Conecte a missão aos ideais maiores que impulsionam a organização.

Missão e Propósito, em que se diferem? Por que adotamos Missão, Visão e Valores?

Adotamos "Missão, Visão e Valores" (MVV) em vez de "Propósito, Visão e Valores" (PVV) e justificamos de várias maneiras, dependendo do contexto e das necessidades específicas da sua organização. Aqui estão algumas justificativas para essa escolha:

1. Clareza e Foco

- Definições Claras: A utilização do termo "missão" é amplamente reconhecida e entendida no contexto organizacional. Isso proporciona uma base clara para a definição do que a organização faz, o que pode ajudar a evitar confusões sobre o que cada termo representa.

- Foco em Ações: A missão tende a enfatizar as ações e atividades da organização, o que pode ser mais útil para a formulação de estratégias e decisões operacionais. Isso é especialmente importante em ambientes onde a execução e a entrega de resultados são cruciais.

2. Alinhamento com Práticas de Gestão

- Conformidade com Modelos Comuns: O modelo de "Missão, Visão e Valores" é um padrão amplamente adotado em muitas organizações e setores. Usar essa terminologia pode facilitar o alinhamento com práticas de gestão, frameworks e metodologias de planejamento estratégico já estabelecidos.

- Facilidade de Implementação: Muitas ferramentas de gestão e desenvolvimento organizacional já utilizam a estrutura de MVV. Isso pode facilitar a implementação e a comunicação interna e externa da identidade organizacional.

3. Relevância para a Estrutura Organizacional

- Conexão Prática: A missão está diretamente relacionada à operação diária da organização e oferece uma estrutura prática para as equipes. Essa conexão pode ser mais facilmente traduzida em metas e objetivos mensuráveis.

- Direcionamento Estratégico: Uma missão bem definida ajuda a orientar a estratégia e a tomada de decisões, fornecendo um critério claro para avaliar se as ações e iniciativas estão alinhadas com os objetivos organizacionais.

4. Comunicação e Identidade

- Facilidade de Comunicação: A missão pode ser mais facilmente comunicada às partes interessadas, incluindo colaboradores, clientes e parceiros. Isso ajuda a criar uma identidade organizacional coesa e a promover um entendimento comum do que a organização se propõe a fazer.

- Construção de Cultura Organizacional: Uma missão clara pode ajudar a moldar a cultura organizacional, promovendo um senso de pertencimento e engajamento entre os colaboradores, já que todos têm uma compreensão clara do que a organização busca alcançar.

5. Flexibilidade e Evolução

- Adaptação ao Contexto: O uso de "Missão" permite que a organização se concentre em suas atividades atuais e na maneira como essas atividades podem evoluir ao longo do tempo, sem a necessidade de redefinir um "propósito" que pode ser mais abstrato e imutável.

CONCLUSÃO

Adotar "Missão, Visão e Valores" em vez de "Propósito, Visão e Valores" pode ser justificado pela clareza, foco, alinhamento com práticas de gestão, relevância para a estrutura organizacional, facilidade de comunicação e flexibilidade. Essa escolha pode ajudar a sua organização a ter uma identidade mais clara e a orientar suas ações e estratégias de maneira mais eficaz. *É importante comunicar a razão dessa escolha a todos os colaboradores, para que todos estejam alinhados e compreendam a importância e o impacto dessa definição na cultura e na operação da organização.*

EXEMPLO DE DECLARAÇÃO DE MISSÃO

Exemplos para Cada Setor

(Setor Terciário - Serviços)

- **Missão:**

"Fornecer soluções personalizadas que conectem empresas a seus clientes de forma eficaz e inovadora."

- **Análise:**
- **Clareza:**

Explica claramente o objetivo principal da organização (fornece soluções personalizadas).

- **Foco:**

Direcionado para as necessidades específicas do cliente (conectar empresas a clientes).

- **Praticidade:**

Serve como guia para orientar o desenvolvimento de serviços e estratégias.

- **Inspiração:**

Incentiva inovação contínua e engaja a equipe com uma visão de impacto.

Setor Primário (Agricultura)

Missão:

"Produzir alimentos sustentáveis de alta qualidade, respeitando o meio ambiente e contribuindo para o bem-estar das comunidades."

- **Clareza:** Explica o propósito de produzir alimentos sustentáveis.
- **Foco:** Atende às demandas do cliente e da sociedade (qualidade e sustentabilidade).
- **Praticidade:** Orienta decisões na produção e operações diárias.

- **Inspiração:** Valoriza o impacto ambiental e comunitário.

Setor Secundário (Manufatura)

Missão:

"Transformar matéria-prima em produtos inovadores e acessíveis, promovendo eficiência e sustentabilidade em nossas operações."

- **Clareza:** Foca na transformação de matéria-prima em produtos inovadores.
- **Foco:** Atende às necessidades do mercado com inovação e acessibilidade.
- **Praticidade:** Orienta práticas de eficiência e sustentabilidade.
- **Inspiração:** Envolve a equipe em uma visão de inovação e responsabilidade ambiental.

Setor Terciário (Tecnologia)

Missão:

"Desenvolver plataformas digitais que simplifiquem a vida das pessoas, promovendo inovação, segurança e acessibilidade."

- **Clareza:** Define o objetivo de simplificar a vida com plataformas digitais.
- **Foco:** Centrada nas necessidades dos usuários (inovação e acessibilidade).
- **Praticidade:** Guia o desenvolvimento de produtos tecnológicos.
- **Inspiração:** Motiva a equipe a criar impacto positivo por meio da tecnologia.

Com essas diretrizes e exemplos, fica mais fácil construir declarações de missão que sejam **relevantes**, **impactantes** e **funcionais**, atendendo às necessidades de diferentes setores e contextos organizacionais.

Declaração da Visão

O que é?

A visão é uma projeção do futuro desejado da organização. Ela reflete um objetivo aspiracional que guia os esforços e inspira todos os stakeholders, delineando onde a organização deseja estar em um horizonte de tempo específico.

PONTOS CHAVE PARA CONSTRUIR UMA BOA DECLARAÇÃO DE VISÃO

1. Aspiracional:
- Deve ser motivadora e inspirar colaboradores, clientes e parceiros a acreditarem no potencial da organização.
- Deve ir além do que já foi alcançado, projetando um futuro grandioso.

2. Orientada para o Futuro:
- Deve indicar claramente o destino da organização, alinhado ao impacto que deseja gerar no mercado ou na sociedade.

3. Prazo Claro:
- Deve estabelecer um horizonte temporal realista e ambicioso (ex.:2, 5, 10 ou 20 anos).
- O prazo ajuda a criar um senso de urgência e direção.

4. Alinhamento com a Missão e Valores:
- Deve ser coerente com a missão e os princípios que guiam a organização (valores).

Exemplo de Declaração de Visão (Setor Secundário - Manufatura)

Visão:

"Liderar a indústria com produtos inovadores que impulsionam a economia circular até 2028."

Análise:

- **Aspiracional:**

Define o objetivo de liderança e inovação no setor.

- **Orientada ao Futuro:**

Enxerga um impacto significativo na economia circular.

- **Prazo:**

Estabelece um marco temporal (2028).

- **Alinhamento:**

Coerente com uma missão voltada para inovação e sustentabilidade.

Exemplos para Cada Setor

Setor Primário (Agricultura)

Visão:

"Ser referência global na produção de alimentos sustentáveis e regenerativos até 2035, promovendo saúde e equilíbrio ambiental."

- **Aspiracional:** Almeja reconhecimento global e impacto positivo.
- **Orientada ao Futuro:** Define uma contribuição ampla para a sustentabilidade e saúde global.
- **Prazo:** 2035.
- **Alinhamento:** Está diretamente conectada à missão de produzir alimentos sustentáveis.

Setor Secundário (Manufatura)

Visão:

"Redefinir a manufatura industrial, liderando com soluções tecnológicas sustentáveis e de alta eficiência até 2030."

- **Aspiracional:** Almeja redefinir os padrões do setor.
- **Orientada ao Futuro:** Propõe um impacto profundo na tecnologia e sustentabilidade.
- **Prazo:** 2030.
- **Alinhamento:** Sustenta os valores de inovação, eficiência e sustentabilidade.

Setor Terciário (Tecnologia)

Visão:

"Transformar a experiência digital global, tornando-a acessível, segura e integrada para todos até 2040."

- **Aspiracional:** Busca transformação global na experiência digital.

- **Orientada ao Futuro:** Visualiza uma mudança positiva para os usuários globais.
- **Prazo:** 2040.
- **Alinhamento:** Alinha-se com missões voltadas para inovação tecnológica e impacto social.

Guia para Criar uma Declaração de Visão

1. **Pergunta:** Onde a organização quer estar no futuro?
    - Exemplos: "Liderar", "Transformar", "Ser referência".
2. **Pergunta:** Qual impacto deseja gerar no mercado ou sociedade?
    - Exemplos: "Impulsionar a economia circular", "Promover saúde e equilíbrio ambiental".
3. **Pergunta:** Qual é o prazo para alcançar essa visão?
    - Exemplos: "Até 2028", "Até 2035", "Em 10 anos".
4. **Estrutura Básica:**

"Ser [aspiração] no setor [específico], promovendo [impacto desejado] até [prazo definido]."

Benefícios de uma Boa Declaração de Visão

1. **Motivação e Inspiração:** Incentiva os colaboradores a trabalhar por algo maior.
2. **Direção Estratégica:** Ajuda a alinhar esforços e estratégias de longo prazo.
3. **Atratividade:** Conquista a confiança de stakeholders externos.
4. **Alinhamento Interno:** Conecta todas as ações à meta final, facilitando tomadas de decisão.

Com essas diretrizes, as organizações dos três setores podem projetar um futuro claro, aspiracional e alinhado ao propósito organizacional.

Declaração dos Valores

O que são?

Os **valores** representam os princípios fundamentais que orientam as decisões, atitudes e comportamentos de uma organização. Eles funcionam como guias práticos para o cotidiano e sustentam a cultura organizacional, além de reforçar a identidade e os compromissos éticos.

Pontos Chave para Construir uma Declaração de Valores

1. **Autenticidade:**
   - Os valores devem refletir a essência e a personalidade da organização, não apenas soar como "bonitos".
   - Pergunta-chave: "Esses valores realmente representam como agimos no dia a dia?"

2. **Aplicabilidade:**
   - Devem ser princípios que influenciam decisões e ações reais na organização, não ideias abstratas.
   - Pergunta-chave: "Como esses valores guiam as decisões da equipe e da liderança?"

3. **Simplicidade:**
   - Devem ser claros, diretos e compreensíveis para todos, desde os colaboradores até os stakeholders externos.
   - Pergunta-chave: "Esses valores são fáceis de entender e lembrar?"

4. **Orientação Ética:**
   - Devem reforçar comportamentos éticos desejados e criar um ambiente de confiança.
   - Pergunta-chave: "Esses valores promovem comportamentos éticos consistentes?"

Exemplo de Declaração de Valores (Setor Primário - Agricultura)

Valores:

Sustentabilidade, ética e inovação.

Análise:

- **Autenticidade:**

Representam a essência de uma organização agrícola comprometida com práticas responsáveis.

- **Aplicabilidade:**

Guiam decisões como uso responsável de recursos naturais e investimento em novas tecnologias.

- **Simplicidade:**

São claros e fáceis de compreender.

- **Orientação Ética:**

Enfatizam comportamentos éticos no tratamento com o meio ambiente e comunidades.

Exemplos para Cada Setor

Setor Primário (Agricultura)

Valores:

- Sustentabilidade: Guiamos nossas operações com respeito ao meio ambiente.
- Ética: Agimos com transparência e responsabilidade em todas as etapas da produção.
- Inovação: Buscamos continuamente novas formas de melhorar nossos processos e produtos.

Setor Secundário (Manufatura)

Valores:

- Qualidade: Entregamos produtos que superam as expectativas dos clientes.
- Eficiência: Operamos com agilidade e responsabilidade no uso de recursos.
- Sustentabilidade: Incorporamos práticas sustentáveis em toda a cadeia produtiva.

Setor Terciário (Serviços)

Valores:

- **Foco no Cliente:** Colocamos as necessidades dos clientes no centro de nossas ações.
- **Inovação:** Oferecemos soluções criativas e tecnológicas para resolver desafios.
- **Ética:** Conduzimos nossas operações com integridade e transparência.

Como Construir uma Declaração de Valores

1. **Pergunta:** Quais princípios refletem o que a organização é hoje?
    - Exemplos: "Sustentabilidade", "Qualidade", "Foco no Cliente".
2. **Pergunta:** Quais comportamentos desejamos reforçar entre os colaboradores?
    - Exemplos: "Eficiência", "Inovação", "Cooperação".
3. **Pergunta:** Como queremos ser percebidos por clientes e stakeholders?
    - Exemplos: "Transparência", "Ética", "Comprometimento".
4. **Estrutura Básica:**

"Nossos valores são [valor 1], [valor 2] e [valor 3], que guiam nossas ações para [resultado desejado]."

Benefícios de Bons Valores

1. **Guiam Decisões:** Oferecem uma base para avaliar escolhas, desde contratações até estratégias.
2. **Fortalecem a Cultura Organizacional:** Criam uma identidade forte e consistente.
3. **Aumentam a Confiança:** Demonstram compromisso com práticas éticas e comportamentos desejáveis.
4. **Inspiram e Engajam:** Motivam os colaboradores a viverem esses princípios no trabalho diário.

Esses exemplos e diretrizes tornam a declaração de valores prática, clara e aplicável, independentemente do setor. Isso ajuda a organização a construir uma base sólida para sua cultura e identidade.

4. Importância da Interconexão entre Missão, Visão e Valores

As três declarações devem ser interdependentes, formando um sistema coerente que oriente a organização.

Interconexão:

1. Missão e Visão:
- A missão define o presente (porque existimos).
- A visão projeta o futuro (onde queremos chegar).
- Exemplo: Uma empresa que tem como missão "produzir alimentos sustentáveis" pode ter uma visão de "ser líder global em produção sustentável até 2030."

2. Missão e Valores:
- Os valores sustentam como a missão será cumprida.
- Exemplo: Uma missão voltada à sustentabilidade precisa de valores como ética, inovação e responsabilidade ambiental.

3. Visão e Valores:
- Os valores garantem que o caminho para alcançar a visão seja alinhado ao propósito organizacional.
- Exemplo: Uma visão de liderança na economia circular deve ser suportada por valores como eficiência e inovação.

Benefícios da Interconexão:

- **Coerência Estratégica:** Evita contradições e promove alinhamento em todos os níveis organizacionais.
- **Engajamento:** Inspira confiança nos colaboradores e stakeholders.
- **Sustentabilidade:** Garante consistência no longo prazo.

Exemplo Consolidado de Interconexão

Setor Terciário - Serviços

- **Missão:** "Fornecer soluções personalizadas que conectem empresas a seus clientes de forma eficaz e inovadora."
- **Visão:** "Ser a principal escolha para empresas que buscam excelência em conectividade e engajamento até 2025."
- **Valores:** Personalização, confiabilidade e excelência no atendimento.

Análise da Interconexão:

- A missão guia o foco no cliente e na personalização.
- A visão aspira liderança no mercado, com um prazo claro.
- Os valores reforçam comportamentos que suportam a missão e a visão.

Esse modelo estruturado assegura que as três declarações sejam coerentes, inspiradoras e orientadas para a prática, ajudando a organização a construir uma identidade sólida e sustentável.

4-9) QUARTO DESAFIO: COMO APLICAR E ACOMPANHAR A IDENTIDADE ORGANIZACIONAL

1. Comunicação Constante

Para que a identidade organizacional seja compreendida e vivenciada por todos, é necessário integrar a missão, visão e valores às ações diárias. Isso envolve:

- **Reforçar a Identidade:** Apresentar continuamente os elementos da identidade em reuniões, treinamentos e materiais internos.
- **Visibilidade:** Expor a identidade em locais estratégicos da organização.
- **Narrativa Impactante:** Elaborar uma história clara e inspiradora para a identidade.

2. Avaliação Contínua

A identidade organizacional deve ser monitorada regularmente para garantir que:

- **Decisões e Comportamentos:** Estejam alinhados à missão, visão e valores.
- **Engajamento:** Colaboradores sintam-se conectados à identidade.
- **Ajustes Necessários:** Possam ser feitos com base em feedback contínuo.

3. Adesão Cultural

Medir o alinhamento dos colaboradores com a identidade organizacional por meio de:

- **Pesquisas de Satisfação:** Para avaliar se os colaboradores compreendem e praticam a identidade.
- **Avaliações Regulares:** Testes e feedback sobre como a identidade influencia o dia a dia.

4. Apresentação Estruturada da Identidade
Slide 1: Nossa Identidade (O Quadro)
Exemplo de Quadro:

- **Missão:** "Produzir alimentos sustentáveis que promovem saúde e qualidade de vida."
- **Visão:** "Ser líder global em produção sustentável até 2030."
- **Valores:** Sustentabilidade, ética e inovação.

Slide 2: A Narrativa

"Somos uma organização comprometida em transformar o mundo por meio da produção sustentável. Nosso negócio é oferecer produtos que promovam saúde e bem-estar, enquanto trabalhamos para ser reconhecidos como líderes globais até 2030. Nossos valores – sustentabilidade, ética e inovação – guiam todas as nossas decisões e ações."

Slide 3: Detalhando a Missão

- **O que é a Missão:** A razão de ser da organização.
- **Analogia:** A missão é como a bateria de um carro – fornece energia para todas as ações.
- **Exemplo Prático:** "Garantir alimentos saudáveis para a sociedade, respeitando o meio ambiente."

Slide 4: Detalhando a Visão

- **O que é a Visão:** O futuro desejado com prazo definido.
- **Analogia:** A visão é como o farol de um navio – ilumina o destino futuro.
- **Exemplo Prático:** "Liderar a produção sustentável até 2030."

Slide 5: Detalhando os Valores

- **Exemplo de Valores e Comportamentos Esperados:**

- **Sustentabilidade:**
    Comportamento: Reduzir o desperdício de recursos.
    Exemplo: Utilizar materiais recicláveis nas operações.
  - **Ética:**
  - Comportamento: Atuar com transparência em todas as decisões.
  - Exemplo: Divulgar resultados financeiros de forma clara e acessível.
- **Inovação:**
  - Comportamento: Propor novas ideias e processos.
  - Exemplo: Implantar tecnologia para otimizar a produção.

Slide 6: Estrutura Organizacional e Plano de Ação

- **Estrutura:** Indicar os líderes responsáveis por apresentar a identidade aos liderados.
- **Plano de Ação:**
  - **Periodicidade:** Apresentação realizada por cada líder a cada 15 dias.
  - Engajamento: Ao final de cada apresentação, solicitar que os liderados respondam ao teste de compreensão.
  - **Dir**etor Geral: Escolher uma área semanalmente para um liderado apresentar a identidade.

5. Teste de Compreensão

Instruções:

Escolha a alternativa que você considera mais correta. Apenas uma resposta está certa e será justificada.

1. Qual é o principal motivo da missão organizacional?

- (A) Inspirar os colaboradores a buscar inovação.
- (B) Definir o propósito central da organização e orientar suas ações.
- (C) Descrever o futuro ideal da organização.
- (D) Determinar os princípios éticos da organização.

Resposta correta: (B)

Justificativa: A missão define a razão de ser e orienta as ações organizacionais. Inspiração e princípios éticos são parte da visão e valores, respectivamente.

2. O que diferencia a visão organizacional de outros elementos da identidade?

- (A) Ela descreve a razão de ser no dia a dia da organização.
- (B) Ela reflete os comportamentos esperados no dia a dia.
- (C) Ela projeta o futuro desejado com um prazo específico.
- (D) Ela determina as estratégias de curto prazo da organização.

Resposta correta: (C)

Justificativa: A visão projeta o futuro aspiracional com um horizonte temporal definido, enquanto a missão reflete o presente.

3. Quais são os valores de uma organização?

- (A) Os princípios que guiam decisões e comportamentos.
- (B) As metas financeiras e estratégicas de longo prazo.
- (C) O propósito pelo qual a organização existe.
- (D) As aspirações de futuro da organização.

Resposta correta: (A)

Justificativa: Valores são princípios que guiam comportamentos e decisões. Eles sustentam a missão e a visão.

6. Resultados Esperados

1. **Compreensão Plena:** Todos os colaboradores entendem a identidade organizacional.
2. **Engajamento:** Colaboradores motivados a praticar a missão, visão e valores.
3. **Monitoramento:** Avaliações regulares para medir o impacto da identidade no dia a dia.

Essa estrutura garante a disseminação e o alinhamento da identidade organizacional em todos os níveis.

4-10) SAÍDAS DA TRILHA E PLANO DE AÇÃO

Plano de Ação Detalhado para Garantir as Saídas da Trilha Identidade
Saídas Esperadas
1.1 Quadro da Identidade e Narrativa

- Saída:
  - Um quadro com a missão, visão e valores, acompanhado de uma narrativa inspiradora e didática.

Objetivo:
  - Garantir que a identidade seja compreendida por todos os colaboradores de forma clara e impactante.

1.2 Plano de Comunicação

- Definição das Mídias:
  - Quadro de Aviso: Instalação em locais estratégicos (entrada, refeitório, salas de reunião).
  - WhatsApp: Mensagens curtas e visuais atrativos com lembretes sobre a identidade.
  - E-mails: Campanhas semanais reforçando a identidade e seus impactos.
  - Reuniões: Discussão sobre a aplicação da identidade nas operações.
  - Evidências da Compreensão:
  - Questionários: Aplicação de questionários simples após comunicações-chave.
  - Exemplos Práticos: Solicitação de exemplos de como a identidade foi aplicada no trabalho diário.
  - Feedbacks Regulares: Relatórios periódicos dos líderes e colaboradores.

1.3 Plano para Acompanhamento Quinzenal
  - Reuniões Quinzenais: Líderes apresentam a identidade aos seus liderados, destacando sua aplicação prática.

- Rotações Semanais: O diretor geral escolhe uma área para que um colaborador apresente a identidade, reforçando o entendimento.
- Checkpoints Regulares: Avaliação do progresso por meio de ferramentas digitais ou formulários.

1.4 Avaliação do Impacto no Alinhamento, Efetividade e Cultura

- Como Avaliar:
    - Alinhamento:
    - Verificar se os colaboradores compreendem como suas atividades contribuem para os objetivos organizacionais.
    - Monitorar se as decisões estão alinhadas com a missão, visão e valores.
    - Efetividade:
    - Avaliar se os processos são realizados com maior clareza e propósito.
    - Medir redução de conflitos ou redundâncias nas tarefas.
    - Cultura:
    - Identificar sinais de maior engajamento, colaboração e inovação.
    - Realizar pesquisas sobre a percepção dos valores no dia a dia.

1.5 Como a Identidade Ajudará na Gestão do Tempo?

Gestão do Tempo:

- A missão e visão fornecem foco para priorizar atividades estratégicas.
- Os valores ajudam a evitar desperdício de tempo em tarefas desalinhadas.

Apoio aos Líderes:

- Estratégico: Direciona decisões para o longo prazo, economizando recursos e tempo.
- Tático: Alinha equipes rapidamente em torno de metas claras.
- Operacional: Reduz dúvidas e conflitos, permitindo execução mais eficiente.

Plano de Ação

2.1 Formalizar a Identidade

Incluir a Identidade:

- Missão, visão e valores devem estar presentes em documentos, manuais e processos decisórios.

Referência nas Reuniões:

- Garantir que líderes utilizem a identidade como referência em suas discussões e tomadas de decisão.

2.2 Promover Treinamentos e Campanhas

Treinamentos:

- Workshops práticos sobre como aplicar a identidade nas tarefas diárias.

Campanhas:

- Materiais visuais (banners, e-mails) e mensagens inspiradoras para reforçar os valores.

2.3 Avaliar o Impacto Cultural e Estratégico

Monitoramento:

- Indicadores de engajamento, alinhamento e efetividade.

Ajustes Estratégicos:

- Revisar estratégias conforme o feedback recebido.

3. Exemplo Prático

Quadro da Identidade:

- Missão: "Produzir alimentos sustentáveis que promovem saúde e qualidade de vida."
- Visão: "Ser líder global em produção sustentável até 2030."
- Valores: Sustentabilidade, ética e inovação.

Narrativa:

"Somos mais do que uma empresa; somos uma força transformadora que busca impactar positivamente o mundo. Nossa missão é garantir alimentos saudáveis e sustentáveis, enquanto trabalhamos para alcançar a liderança global em práticas responsáveis. Nossos valores – sustentabilidade, ética e inovação – guiam todas as nossas ações e decisões, refletindo o compromisso com um futuro melhor."

Este plano estruturado assegura que a trilha Identidade alcance suas saídas esperadas e seja implementada com sucesso em toda a organização.

Plano de Ação da Trilha Identidade – 10 Dias

Dia	Atividade	Responsável	Como	Recursos	Saída Esperada
1	Reunião inicial para apresentar a trilha	Diretor Executivo	Reunião presencial ou virtual	Slides de apresentação, vídeo introdutório	Alinhamento inicial
2–3	Levantamento das dores	Líder de Cultura, Líderes Táticos	Questionários e reuniões com colaboradores	Ferramentas de pesquisa online	Relatório preliminar de dores
4	Workshop: Prescrição dos medicamentos	Facilitador de Workshop	Brainstorming colaborativo	Materiais visuais, quadro branco	Esboço inicial da missão, visão e valores
5	Revisão da identidade preliminar	Líder Estratégico	Reunião para validação	Feedback consolidado	Versão revisada da identidade
6–7	Fabricação da Identidade	Equipe de Comunicação, Comitê de Identidade	Criação de materiais visuais e digitais	Software de design, templates de comunicação	Quadro final da identidade
8	Planejamento de comunicação	Equipe de RH e Comunicação	Definir canais e cronograma de divulgação	Ferramentas de gerenciamento de projetos	Plano de comunicação aprovado
9	Evento de lançamento da identidade	Diretor Executivo, Equipe Estratégica	Apresentação oficial	Material de apresentação, discurso motivador	Engajamento inicial
10	Reuniões de aplicação prática	Líderes Táticos e Operacionais	Discussões em grupos	Guias de aplicação, feedbacks	Primeiros exemplos de aplicação prática

DETALHAMENTO DOS RECURSOS

- Humanos: Diretores, líderes de todos os níveis, equipes de RH e comunicação.
- Financeiros: Custo de materiais de comunicação e workshops.
- Tecnológicos: Ferramentas de design gráfico, plataformas de reunião e pesquisa.

Indicadores de Sucesso

1. Alinhamento: Percentual de colaboradores que compreendem missão, visão e valores.
2. Efetividade: Quantidade de exemplos práticos de aplicação nas atividades diárias.
3. Engajamento: Feedback positivo sobre o impacto da nova identidade.

Essa tabela organiza o plano de ação em passos claros e temporais, garantindo que a trilha Identidade seja implementada de forma eficiente e impactante em 10 dias.

Teste de Compreensão

Instruções:

Escolha a alternativa que você considera mais correta. Apenas uma resposta será correta, acompanhada de justificativa.

1. Qual é o principal objetivo de um plano de comunicação da identidade?

- (A) Enviar mensagens visuais periódicas.
- (B) Garantir que todos compreendam e vivenciem a identidade no dia a dia.
- (C) Estabelecer metas estratégicas para os líderes.
- (D) Documentar as declarações de identidade.

Resposta correta: (B)

Justificativa: O plano de comunicação tem como foco assegurar que todos na organização compreendam e pratiquem os elementos da identidade organizacional.

2. **Por que é importante medir o impacto da identidade na cultura organizacional?**
   - (A) Para ajustar a missão e a visão frequentemente.
   - (B) Para identificar se a identidade está promovendo engajamento e colaboração.
   - (C) Para definir novas estratégias de marketing.
   - (D) Para criar novos valores organizacionais.

Resposta correta: (B)

Justificativa: Medir o impacto cultural garante que a identidade esteja fomentando um ambiente alinhado, engajado e colaborativo.

3. **Como a identidade organizacional contribui para a gestão do tempo?**
   - (A) Reduz a carga de trabalho diária.
   - (B) Direciona esforços para atividades alinhadas com os objetivos organizacionais.
   - (C) Garante maior flexibilidade nas tarefas operacionais.
   - (D) Permite que os líderes deleguem tarefas indiscriminadamente.

Resposta correta: (B)

Justificativa: A identidade organiza as prioridades e direciona os esforços para atividades que estão alinhadas aos objetivos estratégicos.

Com este plano e abordagem estruturada, a identidade organizacional será efetivamente implementada, reforçada e alinhada aos objetivos organizacionais

4-11) RESUMO DA TRILHA: IDENTIDADE ORGANIZACIONAL

A **Identidade Organizacional** é o alicerce da cultura, que sustenta e orienta toda a organização. Ela é composta por três elementos principais – **Missão**, **Visão** e **Valores** – que juntos formam a base para alinhar decisões, comportamentos e estratégias.

Por que a Identidade é Importante?

1. **Cultura Forte e Alinhada:**

- Define os princípios que guiam a organização.
- Promove um ambiente de colaboração e confiança.

2. Engajamento:
- Conecta emocionalmente colaboradores e stakeholders ao propósito organizacional.
- Estimula o compromisso com os objetivos e valores da organização.

3. Competitividade:
- Diferencia a organização no mercado.
- Atrai talentos e clientes que compartilhem os mesmos valores.

4. Resiliência:
- Serve como alicerce em momentos de crise ou mudança.
- Garante consistência e foco mesmo em cenários adversos.

Etapas da Trilha

1. Levantamento das Dores:
Identificar os desafios e impactos causados pela ausência de uma identidade clara e forte.

2. Prescrição do Remédio:
Definir uma identidade que seja clara, participativa e bem comunicada.

3. Fabricação da Identidade:
Criar a missão, visão e valores por meio de workshops colaborativos, refinamento e validação.

4. Aplicação e Acompanhamento:
Implementar a identidade no dia a dia da organização, monitorando seu impacto na cultura, alinhamento e efetividade.

Impacto Esperado

1. Melhora no Alinhamento:
- Todas as áreas da organização compreendem seu papel e contribuem para os objetivos gerais.

2. Maior Efetividade:
- Decisões mais consistentes e processos otimizados.

3. Cultura Sólida:
- Um ambiente de trabalho mais saudável, engajado e colaborativo.

Resumo em uma Frase

A identidade organizacional é a base para criar uma organização alinhada, efetiva e resiliente, capaz de enfrentar desafios futuros com clareza e propósito.

Esse resumo sintetiza a importância e as etapas da trilha, facilitando sua compreensão e aplicação prática.

🎓 4-12) TESTE DE CONHECIMENTO

Teste de Conhecimento: Trilha da Identidade Organizacional

Instruções:

Escolha a alternativa que você considera mais correta para cada pergunta. Apenas uma resposta está correta. Após cada questão, a resposta correta será justificada para reforçar o aprendizado.

1. **Qual é o principal objetivo da identidade organizacional?**
   - (A) Direcionar a organização para alcançar metas financeiras.
   - (B) Estabelecer uma base que orienta a cultura, decisões e comportamentos da organização.
   - (C) Criar uma visão de futuro sem necessidade de conexão com o presente.
   - (D) Servir apenas como material de marketing para atrair novos clientes.

Resposta correta: (B)

Justificativa: A identidade organizacional é composta por missão, visão e valores e serve como base para orientar a cultura, decisões e comportamentos em todos os níveis da organização.

2. **Por que é importante incluir um prazo na declaração de visão?**
   - (A) Para tornar a visão mais inspiradora para os colaboradores.
   - (B) Para garantir que a visão seja alcançada antes que a missão seja cumprida.

- (C) Para transformar a visão em um objetivo claro e mensurável.
- (D) Para assegurar que os valores sejam aplicados de forma contínua.

Resposta correta: (C)

Justificativa: Um prazo na declaração de visão torna-a mensurável e alinhada ao planejamento estratégico, facilitando sua realização.

3. O que deve ser considerado ao criar os valores organizacionais?
- (A) Os valores devem ser simples, claros e alinhados com a missão e visão.
- (B) Devem ser focados apenas nos líderes organizacionais.
- (C) Precisam ser difíceis de compreender para parecer mais sofisticados.
- (D) Devem ser alterados frequentemente para acompanhar tendências de mercado.

Resposta correta: (A)

Justificativa: Os valores organizacionais devem ser simples, claros e autênticos, refletindo a essência da organização e servindo como guia para decisões e comportamentos.

4. Como garantir que a identidade organizacional seja compreendida por todos os colaboradores?
- (A) Criar uma narrativa inspiradora e comunicá-la continuamente.
- (B) Apresentar a identidade apenas em materiais impressos e e-mails.
- (C) Compartilhar a identidade exclusivamente com os líderes estratégicos.
- (D) Enviar mensagens esporádicas por canais informais.

Resposta correta: (A)

Justificativa: Uma narrativa inspiradora e comunicação contínua em diversos canais garante que a identidade seja compreendida e vivenciada por todos.

5. Qual é o impacto esperado de uma identidade organizacional bem aplicada?
- (A) Maior alinhamento, efetividade e cultura sólida.
- (B) Redução do número de treinamentos organizacionais.

- (C) Incremento imediato nos lucros financeiros sem necessidade de ajustes.
- (D) Menor foco em valores e mais atenção às metas individuais.

Resposta correta: (A)

Justificativa: Uma identidade bem aplicada promove maior alinhamento, processos mais eficazes e uma cultura organizacional mais colaborativa e engajada.

6. **Durante a fase de aplicação e acompanhamento, qual estratégia é mais eficaz para reforçar a identidade?**
   - (A) Realizar reuniões quinzenais para reforçar a identidade e medir o engajamento.
   - (B) Alterar a missão, visão e valores frequentemente para mantê-los atualizados.
   - (C) Delegar o acompanhamento da identidade exclusivamente ao diretor geral.
   - (D) Criar novos valores para cada setor da organização.

Resposta correta: (A)

Justificativa: Reuniões regulares são essenciais para reforçar a identidade, medir o engajamento e alinhar os colaboradores com os objetivos organizacionais.

7. **Como a identidade organizacional pode ajudar os líderes no dia a dia?**
   - (A) Facilitando a tomada de decisões alinhadas com os objetivos estratégicos.
   - (B) Eliminando a necessidade de reuniões de equipe.
   - (C) Substituindo o planejamento estratégico por intuições baseadas nos valores.
   - (D) Focando exclusivamente em questões operacionais sem considerar o impacto no todo.

Resposta correta: (A)

Justificativa: A identidade organiza as prioridades e direciona as decisões dos líderes, garantindo alinhamento com os objetivos estratégicos e fortalecendo a liderança.

8. **Qual é o papel da narrativa na comunicação da identidade organizacional?**
   - (A) Tornar a identidade inspiradora e compreensível para todos os colaboradores.
   - (B) Servir apenas como material publicitário externo.
   - (C) Focar exclusivamente nos valores e ignorar a missão e visão.
   - (D) Garantir que a identidade não precise de revisões futuras.

Resposta correta: (A)

Justificativa: A narrativa conecta os elementos da identidade, tornando-os inspiradores, claros e acessíveis a todos os colaboradores.

CONCLUSÃO

Este teste cobre os principais conceitos da **Trilha da Identidade Organizacional**. Ele reforça o entendimento da missão, visão e valores e avalia o impacto prático da aplicação desses elementos no alinhamento, efetividade e cultura da organização.

Sugerimos agora a leitura atenciosa do anexo 4-Regras mínimas de governança organizacional.

4-13) RESUMO E MAPA MENTAL

O Mapa Mental inclui:

Componentes: missão, visão e valores.

Metáforas e analogias: raízes de uma árvore e bússola.

Benefícios: engajamento, resiliência e orientação estratégica.

Mapa Mental: Identidade Organizacional

```
                    INDENTIDADE
         ┌──────────────┼──────────────┐
       Missão         Visão         Valores
         │              │              │
    Engajamento    Resiliência   Orientação Estraégica
```

Aqui está o Mapa Mental que destaca os principais conceitos da Identidade Organizacional. Ele visualiza os elementos fundamentais, como missão, visão e valores, e os benefícios relacionados ao engajamento, resiliência e orientação estratégica.

4-14) REFLETINDO SOBRE AS INCONSCIÊNCIAS NA AUSÊNCIA DA IDENTIDADE ORGANIZACIONAL

A falta de uma identidade organizacional clara – **missão, visão e valores** – cria diversas **inconsciências** no comportamento, decisões e cultura da organização. Essas inconsciências se manifestam como **ações automáticas, falta de alinhamento** e **ausência de comportamentos adequados**, que prejudicam a saúde organizacional e limitam o desempenho.

Principais Inconsciências pela Ausência da Identidade

1. **Inconsciência sobre a Missão**
   - Sintoma: Líderes e colaboradores não sabem por que a organização existe ou para quem trabalham.
   - Impacto:
     - Falta de motivação e engajamento.
     - Dificuldade em atrair e reter talentos que compartilhem os valores organizacionais.
   - Exemplo: Um colaborador executa tarefas mecanicamente, sem compreender como elas contribuem para os objetivos organizacionais.

2. **Inconsciência nas Decisões Estratégicas**

- Sintoma: Decisões são tomadas com base em percepções momentâneas ou interesses individuais.
- Impacto:
    - Estratégias desalinhadas ao mercado e aos clientes.
    - Conflitos entre áreas devido à ausência de direcionamento unificado.
- Exemplo: Um líder decide investir em um projeto que contradiz os valores implícitos da organização, causando confusão interna.

3. Inconsciência nas Interações entre Áreas
- Sintoma: Departamentos operam isoladamente, sem considerar os impactos de suas ações no todo.
- Impacto:
    - Silos organizacionais, prejudicando a colaboração.
    - Processos redundantes ou conflitantes.
- Exemplo: Suprimentos adquirem materiais sem consultar operações, gerando desperdício de recursos.

4. Inconsciência Cultural
- Sintoma: A cultura organizacional é formada de maneira reativa, sem intencionalidade.
- Impacto:
    - Valores negativos ou improdutivos, como culpar terceiros ou resistir à inovação.
    - Ambiente tóxico que dificulta o trabalho em equipe.
- Exemplo: Líderes premiam comportamentos que maximizam resultados individuais, mas desestimulam a colaboração.

5. Inconsciência sobre a Percepção Externa
- Sintoma: A organização é vista de maneira inconsistente ou confusa por clientes e parceiros.
- Impacto:
    - Perda de credibilidade no mercado.
    - Dificuldade em fidelizar clientes e atrair parceiros estratégicos.

- Exemplo: O marketing comunica um posicionamento, enquanto as ações organizacionais refletem outro.

Aprofundando as Inconsciências: Ligação com Neurociência

Programas Automáticos Subconscientes

- Quando a identidade não está clara, líderes e colaboradores operam em **modos automáticos**, reproduzindo comportamentos reativos e rotinas habituais.
- **Exemplo:** Culpar setores por falhas, justificar atrasos com desculpas recorrentes ou resistir a mudanças sem reflexão.

Ausência de uma Missão Consciente

- *Sem missão, visão e valores explícitos, a organização age como um indivíduo sem rumo, operando no piloto automático.*

Impacto na Jornada de 100 Dias

Na ausência de uma identidade, as **inconsciências organizacionais** afetam diretamente o progresso das trilhas subsequentes:

- **5S:** Há resistência em organizar e melhorar o ambiente porque a importância disso não está clara.
- **Caixa:** Gastos desenfreados e desalinhados com os valores organizacionais.
- **Precificação:** Preços definidos sem alinhamento com a visão e missão da organização.
- **Estratégia:** Foco desarticulado em metas de curto prazo, ignorando o futuro desejado.
- **Processos:** Descontinuidade e sobreposição de esforços devido à falta de orientação clara.
- **Pessoas:** Colaboradores desmotivados e sem conexão emocional com o trabalho.

Reflexão Final

*Na trilha da **Identidade**, o maior desafio é **tornar consciente o que está inconsciente**:*

- **Reconhecer que os problemas vêm da ausência de uma identidade compartilhada.
Desafiar hábitos automáticos que perpetuam comportamentos desarticulados.**
- **Criar um senso de unidade com missão, visão e valores claros.**
- Ao trazer essas **inconsciências à luz**, a trilha da identidade prepara o terreno para as demais, criando uma organização alinhada, consciente e resiliente.

CAPÍTULO 5

A SEGUNDA TRILHA – 5S

🔍 5-1) CONTEXTO

O **5S** é um método de organização e gestão do ambiente de trabalho que busca eliminar desperdícios, aumentar a eficiência e criar um local mais seguro e agradável. Ele foi desenvolvido no Japão e baseia-se em cinco princípios – ou "sensos" – que promovem uma cultura de organização e disciplina.

- **Impacto Organizacional:** Sem o 5S, a desordem pode causar perda de tempo, aumento de custos e desmotivação dos colaboradores.
- **Ligação com Neurociência:** Assim como o cérebro humano opera de forma mais eficiente em ambientes organizados, uma organização estruturada otimiza recursos e processos.

💡 5-2) METÁFORA

Uma casa organizada, onde cada objeto tem seu lugar e propósito.

- **Sem Organização:** Uma casa bagunçada causa estresse e dificulta encontrar o que é necessário.
- **Com Organização:** Tudo está no lugar, tornando as tarefas diárias rápidas e eficientes.

⚙️ 5-3) ANALOGIA

O 5S funciona como o trabalho de um chef de cozinha:

- Antes de começar a cozinhar, o chef organiza os ingredientes e ferramentas.
- Um ambiente organizado permite que o chef seja eficiente, reduza desperdícios e garanta um prato perfeito.

- **Lição:** Assim como na cozinha, no trabalho, a organização é essencial para resultados consistentes.

⑦ 5-4) O QUE É O 5S?

O **5S** é um sistema que promove a **organização, limpeza e disciplina**, composto por cinco sensos:

1. **Seiri (Utilização):** Identificar e eliminar itens desnecessários.
    - Exemplo: Remover equipamentos obsoletos ou documentos desatualizados.

2. **Seiton (Organização):** Dispor os itens úteis de forma ordenada e acessível.
    - Exemplo: Organizar ferramentas em uma bancada com etiquetas e posições fixas.

3. **Seiso (Limpeza):** Manter o ambiente limpo e seguro.
    - Exemplo: Limpar equipamentos regularmente para evitar falhas.

4. **Seiketsu (Padronização):** Criar normas para manter a ordem e a limpeza.
    - Exemplo: Estabelecer checklists de limpeza diária.

5. **Shitsuke (Disciplina):** Garantir que os padrões sejam seguidos consistentemente.
    - Exemplo: Promover auditorias regulares e premiar boas práticas.

🔊 5-5) POR QUE É IMPORTANTE?

O 5S é essencial porque melhora não apenas a **eficiência operacional**, mas também a **motivação e segurança dos colaboradores**. Abaixo, os principais benefícios:

1. **Facilita o Fluxo de Trabalho**
    - Elimina tempo perdido procurando ferramentas ou informações.
    - Garante que os colaboradores possam se concentrar em suas tarefas principais.

2. **Melhora a Qualidade**
    - Ambientes organizados reduzem erros e retrabalho.

- A limpeza e padronização mantêm equipamentos em bom estado de funcionamento.

3. **Reduz Desperdícios**
   - Recursos financeiros e materiais são utilizados de forma mais eficaz.
   - Evita gastos desnecessários com substituições ou armazenamento de itens inúteis.

4. **Promove Segurança**
   - Ambientes desorganizados aumentam o risco de acidentes.
   - A limpeza e organização criam espaços mais seguros.

5. **Estimula a Disciplina e a Consciência Coletiva**
   - Colaboradores tornam-se mais responsáveis pelo ambiente de trabalho.
   - A prática contínua do 5S transforma hábitos inconscientes em ações conscientes.

Ligação com Alinhamento, Efetividade e Cultura

- **Alinhamento:** O 5S conecta todos os colaboradores a práticas comuns, promovendo uniformidade e clareza.
- **Efetividade:** Processos bem-organizados aumentam a produtividade e reduzem desperdícios.
- **Cultura:** Cria um ambiente que valoriza a ordem, disciplina e melhoria contínua.

5-6) LEVANTAMENTO DAS DORES PELA AUSÊNCIA DO 5S

Contexto

A ausência do 5S em uma organização causa lacunas que prejudicam o desempenho, como **desorganização, aumento de erros** e **baixa produtividade**. Para endereçar essas questões, é necessário identificar as dores de maneira estruturada, tornando-as claras e tangíveis.

Questionário para Levantamento das Dores

O questionário a seguir será aplicado aos colaboradores para mapear as percepções de forma objetiva. Cada resposta está correta e reflete situações reais causadas pela ausência do 5S.

Perguntas do Questionário

1. **Como a desorganização do ambiente de trabalho impacta o seu dia a dia?**
   - (A) Perco muito tempo procurando ferramentas ou materiais.
   - (B) Frequentemente uso materiais desnecessários ou duplicados.
   - (C) Sinto que há muita bagunça, o que gera estresse.
   - (D) Tenho dificuldade em manter foco e produtividade.

2. **Quais problemas você percebe devido à falta de limpeza e organização no ambiente?**
   - (A) Equipamentos e ferramentas frequentemente apresentam problemas por falta de manutenção.
   - (B) O ambiente de trabalho é desagradável, afetando minha motivação.
   - (C) A desorganização contribui para acidentes ou quase-acidentes.
   - (D) Tarefas simples demoram mais devido à falta de ordem.

3. **Como a ausência de padronização afeta o fluxo de trabalho na sua área?**
   - (A) Cada colaborador faz as tarefas de maneira diferente, causando inconsistências.
   - (B) Falta clareza sobre os procedimentos a seguir, o que gera retrabalho.
   - (C) Não há padrões definidos para organização de materiais e documentos.
   - (D) Percebo que o trabalho em equipe é prejudicado por processos descoordenados.

4. **Quais dificuldades você percebe na manutenção de um ambiente organizado e funcional?**
   - (A) Não há regras claras sobre como organizar ou limpar o ambiente.

- (B) As ferramentas necessárias não estão disponíveis ou são difíceis de encontrar.
- (C) Não vejo esforço coletivo para manter o espaço organizado.
- (D) A falta de disciplina impede que boas práticas sejam sustentadas.

5. De que forma você acredita que a desorganização afeta os resultados gerais da organização?
   - (A) Gera atrasos nas entregas e na execução de tarefas.
   - (B) Aumenta os custos devido ao desperdício de materiais ou tempo.
   - (C) Prejudica a imagem da organização perante clientes e parceiros.
   - (D) Contribui para erros que poderiam ser evitados.

Tabela para Levantamento das Dores

Após a aplicação do questionário, as respostas serão compiladas em uma tabela que permitirá identificar padrões nas percepções dos colaboradores.

Pergunta	Opção Mais Selecionada	Frequência	Resumo da Dor Percebida
1. Impacto da desorganização	(Ex.: "Perco muito tempo procurando ferramentas")	Ex.: 70%	Tempo perdido devido à desorganização
2. Problemas causados pela falta de limpeza	(Ex.: "Ambiente desagradável afeta motivação")	Ex.: 60%	Ambiente desmotivador
3. Falta de padronização no fluxo de trabalho	(Ex.: "Inconsistências entre tarefas")	Ex.: 75%	Retrabalho devido à falta de padrões
4. Dificuldades em manter organização	(Ex.: "Falta de disciplina coletiva")	Ex.: 80%	Falta de esforço colaborativo
5. Impacto nos resultados gerais	(Ex.: "Gera atrasos e aumenta custos")	Ex.: 85%	Atrasos e custos elevados

Próximos Passos

1. Coletar Dados
- **Quem:** Colaboradores de todos os níveis organizacionais.
- **Como:** Aplicação do questionário online ou em reuniões presenciais.

2. Analisar Respostas
- **Objetivo:** Identificar padrões de respostas para mapear as dores mais relevantes.

- **Método:** Compilar as respostas em uma tabela para análise estatística e qualitativa.

3. **Definir Fatores Críticos de Sucesso (FCS)**
   - Priorizar as dores mais críticas para abordar nos próximos desafios.
   - Promover discussões colaborativas para engajar os líderes no processo.

Este levantamento estruturado permite identificar as dores de forma clara e tangível, estabelecendo uma base sólida para abordar os desafios do 5S e promover uma transformação organizacional efetiva.

5-7) PRESCRIÇÃO DO REMÉDIO: APLICAR OS PRINCÍPIOS DO 5S EM CADA ÁREA DE TRABALHO

Contexto

Com base nas dores levantadas (desorganização, aumento de erros e baixa produtividade), o **5S** se torna essencial para criar um ambiente organizado, eficiente e seguro. A prescrição deve abordar **ações práticas e ajustadas à realidade da organização**, garantindo que os 5 sensos sejam aplicados de forma integrada e sustentada.

Objetivo

Levantar os benefícios de um Programa 5S bem aplicado na organização e confrontar com as dores levantadas, desta forma evidenciando que a prescrição do remédio é a implantação do Programa do 5S.

Estabelecer práticas de **utilização, organização, limpeza, padronização e disciplina** que:

1. Eliminem desperdícios de tempo e recursos.
2. Melhorem o fluxo de trabalho e a produtividade.
3. Criem um ambiente agradável e motivador para os colaboradores.

Missão do Aluno/Colaborador

Desenvolver a prescrição detalhada do 5S para sanar as dores identificadas. Isso envolve:

1. Adaptar os princípios do 5S às necessidades específicas de cada área de trabalho.
2. Garantir que as ações propostas sejam práticas e realizáveis.
3. Promover o engajamento e a adesão dos colaboradores.

A seguir, a tabela que apresenta as dores levantadas pela ausência do Programa 5S e os benefícios do Programa do 5S aplicado na organização.

Tabela: Dores vs Benefícios do Programa 5S

Dores (Ausência do 5S)	Benefícios do Programa 5S Aplicado
Ambientes desorganizados: dificuldade para localizar itens, atrasos em tarefas.	Aumento da produtividade: itens organizados e acessíveis, otimizando o tempo de trabalho.
Acúmulo de materiais desnecessários: desperdício de espaço e recursos.	Melhor uso do espaço: áreas otimizadas com descarte de itens inúteis.
Sujeira acumulada: ambientes insalubres e aumento de falhas em equipamentos.	Ambientes mais limpos: redução de falhas e melhora da saúde ocupacional.
Falta de padronização: processos inconsistentes, retrabalho e baixa qualidade.	Padronização dos processos: maior consistência e qualidade no trabalho.
Falta de comprometimento dos colaboradores: baixa motivação e ausência de disciplina.	Engajamento e disciplina: colaboradores mais comprometidos e hábitos organizacionais sólidos.
Barreiras à segurança: itens fora de lugar que aumentam os riscos de acidentes.	Melhoria na segurança: redução de acidentes devido a ambientes organizados e limpos.
Ineficiência nos fluxos de trabalho: perda de tempo com deslocamentos e buscas.	Eficiência operacional: fluxos mais ágeis devido à organização lógica dos espaços.
Imagem negativa para clientes e parceiros: percepção de desleixo e desorganização.	Melhoria na imagem organizacional: espaços organizados transmitem profissionalismo.
Custos elevados: gastos desnecessários com armazenamento e manutenção.	Redução de custos: eliminação de desperdícios e otimização de recursos.
Dificuldade em implementar melhorias contínuas: falta de base organizada para mudanças.	Base para melhoria contínua: organização inicial facilita a evolução de outros programas.

FATORES CRÍTICOS DE SUCESSO (FCS)

1. **Diagnóstico Claro:** As dores devem ser bem mapeadas para que as ações do 5S sejam direcionadas e eficazes.

2. **Visão Sistêmica:** Garantir que o 5S seja aplicado de forma integrada, considerando o impacto entre áreas.
3. **Engajamento das Lideranças:** Os líderes devem atuar como exemplos, promovendo e monitorando a aplicação do 5S.
4. **Participação Ativa:** Todos os colaboradores devem ser envolvidos, entendendo os benefícios do método.
5. **Monitoramento Contínuo:** Implementar ciclos regulares de avaliação para garantir que os princípios sejam mantidos.

MÉTODO

Elaborar uma tabela com as dores levantadas, e com os benefícios do Programa 5S implementado.

PRODUTO

Documento de Prescrição do 5S, incluindo:

- Ações detalhadas para cada senso.
- Ferramentas e recursos necessários.
- Indicadores de sucesso para medir o impacto do 5S.

EXEMPLO DE PRESCRIÇÃO

Área: Operações

1. **Utilização:** Remover equipamentos quebrados ou obsoletos que ocupam espaço útil.
2. **Organização:** Criar um layout funcional para ferramentas, com etiquetas e divisórias.
3. **Limpeza:** Implementar uma rotina semanal para limpeza de máquinas e bancadas.
4. **Padronização:** Criar um checklist de início e fim de turno para garantir consistência.
5. **Disciplina:** Realizar auditorias quinzenais com feedback direto às equipes.

Área: Escritório Administrativo

1. **Utilização:** Arquivar ou descartar documentos desnecessários (ex.: relatórios antigos).

2. **Organização:** Padronizar o uso de pastas digitais e físicas para fácil acesso.
3. **Limpeza:** Estabelecer rodízios para limpeza de áreas comuns (ex.: copa, mesas).
4. **Padronização:** Definir políticas de uso e armazenamento de materiais de escritório.
5. **Disciplina:** Criar um mural para acompanhar a adesão ao 5S e promover conscientização.

Esta prescrição não apenas resolve as dores identificadas, mas também estabelece uma **base duradoura para a melhoria contínua**, promovendo alinhamento, efetividade e uma cultura organizacional focada na excelência.

🧪 5-8) FABRICAÇÃO DOS MEDICAMENTOS: DESENVOLVENDO SOLUÇÕES PARA IMPLEMENTAÇÃO DO 5S

Contexto

Após a prescrição detalhada das ações do 5S, o próximo passo é transformar essas ideias em ferramentas e métodos práticos que possam ser aplicados no dia a dia. A **fabricação dos medicamentos** é o momento de desenvolver soluções que resolvam as dores identificadas e garantam que os princípios do 5S sejam sustentáveis.

Objetivo

Criar um **kit de ferramentas e processos** para implementar o 5S em cada área da organização. Este kit deve ser claro, acessível e adaptado às necessidades específicas da empresa, garantindo que a solução seja prática e eficaz.

Missão do Aluno/Colaborador

Participar ativamente no desenvolvimento das soluções, contribuindo com insights, testando ferramentas e ajustando-as conforme necessário.

Fatores Críticos de Sucesso (FCS)

1. **Engajamento de Todos os Níveis:** A participação dos colaboradores e líderes é essencial para garantir que as soluções sejam bem recebidas e implementáveis.
2. **Recursos Adequados:** Disponibilizar materiais, tecnologia e tempo necessário para o desenvolvimento das ferramentas.
3. **Feedback Contínuo:** Testar as soluções em pequenos ciclos e ajustá-las conforme necessário para alcançar os resultados esperados.

Método

1. **Prototipagem:**
   - Desenvolver ferramentas iniciais, como layouts, checklists, etiquetas e padrões visuais.
   - Criar versões piloto para serem testadas em áreas selecionadas.
2. **Validação:**
   - Testar as ferramentas em condições reais de trabalho.
   - Coletar feedback dos colaboradores sobre usabilidade e eficácia.
3. **Ajustes e Refinamento:**
   - Revisar as ferramentas com base no feedback recebido.
   - Garantir que as soluções sejam práticas, eficazes e fáceis de usar.

Produto

Detalhamento das Ferramentas e Processos do Kit 5S

1. Utilização (Seiri)
O objetivo deste senso é identificar, separar e eliminar itens desnecessários, mantendo apenas o essencial.

Ferramentas:

- Formulário para triagem de materiais:
  - Lista de itens com categorias como "Manter", "Realocar" ou "Descartar".
  - Colunas para justificar a decisão e registrar a data da ação.
  - Exemplo:

Item	Ação	Justificativa	Data
Caixa de peças	Descartar	Peças obsoletas	10/01/2025

Diretrizes para descarte ou realocação de itens desnecessários:

- Critérios claros para decidir entre descarte ou realocação (ex.: frequência de uso, estado do item).
- Passos para realizar o descarte sustentável ou a doação de itens utilizáveis.

2. Organização (Seiton)

Neste senso, o foco é organizar os itens necessários de forma funcional e eficiente.

Ferramentas:

- Layout funcional para cada área:
    - Planta ou mapa visual indicando a posição ideal para cada item.
    - Diretrizes para a disposição lógica com base em frequência de uso e ergonomia.
- Etiquetas e sinalizações para identificação rápida de ferramentas e materiais:
    - Etiquetas de cores diferentes para materiais distintos (ex.: vermelho para itens de manutenção, azul para produção).
    - Sinalizações visuais, como prateleiras numeradas ou caixas com códigos QR para rastreamento.

3. Limpeza (Seiso)

Este senso busca eliminar sujeiras, promovendo um ambiente limpo e agradável.

Ferramentas:

- Checklists de limpeza diária, semanal e mensal:
    - Tarefas detalhadas para cada frequência.
    - Exemplo de checklist:

Frequência	Tarefa	Responsável	Status
Diário	Limpar mesas e pisos	João	☑

- Cronogramas de limpeza com responsáveis designados:
    - Calendário compartilhado que distribui tarefas entre os colaboradores.

- Exemplo:
  - Segunda-feira: Ana (Área de Produção).
  - Terça-feira: Pedro (Estoque).

4. Padronização (Seiketsu)

Este senso busca manter os padrões estabelecidos nos três primeiros sensos.

Ferramentas:

- Manuais de boas práticas para cada área:
  - Documentos com instruções detalhadas para manter o ambiente organizado e limpo.
  - Inclui fotos e descrições simples para facilitar a aplicação.
- Modelos visuais para organização de espaços:
  - Fotos ou diagramas de referência mostrando como o espaço deve ser organizado.
  - Exemplo: Foto de uma bancada com ferramentas alinhadas em ordem de uso.

5. Disciplina (Shitsuke)

O objetivo deste senso é garantir que os hábitos estabelecidos sejam mantidos e continuamente melhorados.

Ferramentas:

- Ferramenta para auditorias internas do 5S:
  - Checklists de auditoria para avaliar cada senso com critérios de pontuação.
  - Exemplo de critérios:

Senso	Critério	Pontuação (1-5)
Seiri	Itens desnecessários	4
Seiton	Organização lógica	5

- Gráficos de acompanhamento de desempenho por área:
  - Gráficos gerados com base nas auditorias, mostrando a evolução de cada setor ao longo do tempo.
  - Exemplo: Gráfico de barras comparando pontuações de auditorias mensais.

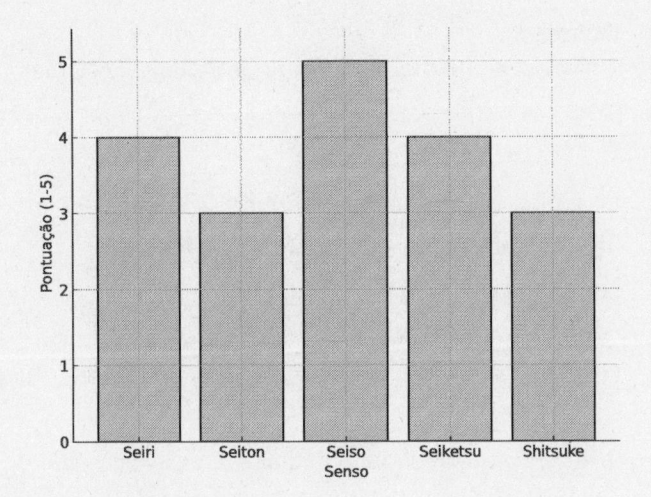

RESUMO DO KIT 5S

O kit inclui ferramentas práticas para cada um dos sensos, ajudando a aplicar o método 5S de forma eficiente e sustentável. Ele facilita a integração dos princípios do 5S no dia a dia da organização, promovendo melhorias contínuas.

Um **Kit de Ferramentas e Processos do 5S**, incluindo:

1. **Utilização (Seiri):**
    - Formulário para triagem de materiais.
    - Diretrizes para descarte ou realocação de itens desnecessários.
2. **Organização (Seiton):**
    - Layout funcional para cada área.
    - Etiquetas e sinalizações para identificação rápida de ferramentas e materiais.
3. **Limpeza (Seiso):**
    - Checklists de limpeza diária, semanal e mensal.
    - Cronogramas de limpeza com responsáveis designados.
4. **Padronização (Seiketsu):**
    - Manuais de boas práticas para cada área.
    - Modelos visuais para organização de espaços (ex.: fotos de referência).
5. **Disciplina (Shitsuke):**

- Ferramenta para auditorias internas do 5S.
- Gráficos de acompanhamento de desempenho por área.
- **Detalhamento das Ferramentas e Processos do Kit 5S**

1. Utilização (Seiri)
- O objetivo deste senso é identificar, separar e eliminar itens desnecessários, mantendo apenas o essencial.
- Ferramentas:
- Formulário para triagem de materiais:
- Lista de itens com categorias como "Manter", "Realocar" ou "Descartar".
- Colunas para justificar a decisão e registrar a data da ação.
- Exemplo:

Item	Ação	Justificativa	Data
Caixa de peças	Descartar	Peças obsoletas	10/01/2025

- Diretrizes para descarte ou realocação de itens desnecessários:
- Critérios claros para decidir entre descarte ou realocação (ex.: frequência de uso, estado do item).
- Passos para realizar o descarte sustentável ou a doação de itens utilizáveis.

2. Organização (Seiton)
- Neste senso, o foco é organizar os itens necessários de forma funcional e eficiente.
- Ferramentas:
- Layout funcional para cada área:
- Planta ou mapa visual indicando a posição ideal para cada item.
- Diretrizes para a disposição lógica com base em frequência de uso e ergonomia.
- Etiquetas e sinalizações para identificação rápida de ferramentas e materiais:
- Etiquetas de cores diferentes para materiais distintos (ex.: vermelho para itens de manutenção, azul para produção).
- Sinalizações visuais, como prateleiras numeradas ou caixas com códigos QR para rastreamento.

3. **Limpeza (Seiso)**
    - Este senso busca eliminar sujeiras, promovendo um ambiente limpo e agradável.
    - Ferramentas:
    - Checklists de limpeza diária, semanal e mensal:
    - Tarefas detalhadas para cada frequência.
    - Exemplo de checklist:

Frequência	Tarefa	Responsável	Status
Diário	Limpar mesas e pisos	João	☑

    - **Cronogramas de limpeza com responsáveis designados:**
    - Calendário compartilhado que distribui tarefas entre os colaboradores.
    - Exemplo:
    - Segunda-feira: Ana (Área de Produção).
    - Terça-feira: Pedro (Estoque).

4. **Padronização (Seiketsu)**
    - Este senso busca manter os padrões estabelecidos nos três primeiros sensos.
    - Ferramentas:
    - Manuais de boas práticas para cada área:
    - Documentos com instruções detalhadas para manter o ambiente organizado e limpo.
    - Inclui fotos e descrições simples para facilitar a aplicação.
    - Modelos visuais para organização de espaços:
    - Fotos ou diagramas de referência mostrando como o espaço deve ser organizado.
    - Exemplo: Foto de uma bancada com ferramentas alinhadas em ordem de uso.

5. **Disciplina (Shitsuke)**
    - O objetivo deste senso é garantir que os hábitos estabelecidos sejam mantidos e continuamente melhorados.
    - Ferramentas:
    - Ferramenta para auditorias internas do 5S:

- Checklists de auditoria para avaliar cada senso com critérios de pontuação.
- Exemplo de critérios:

Senso	Critério	Pontuação (1-5)
Seiri	Itens desnecessários	4
Seiton	Organização lógica	5

- **Gráficos de acompanhamento de desempenho por área:**
- Gráficos gerados com base nas auditorias, mostrando a evolução de cada setor ao longo do tempo.
- Exemplo: Gráfico de barras comparando pontuações de auditorias mensais.
- **Resumo do Kit 5S**
- O kit inclui ferramentas práticas para cada um dos sensos, ajudando a aplicar o método 5S de forma eficiente e sustentável. Ele facilita a integração dos princípios do 5S no dia a dia da organização, promovendo melhorias contínuas.

Exemplos Práticos

1. Área de Operações:
- Criar um quadro de ferramentas com ganchos e etiquetas visuais.
- Desenvolver um cronograma de manutenção semanal para máquinas.

2. Área Administrativa:
- Implementar uma política de "mesa limpa", com pastas específicas para documentos.
- Padronizar o uso de arquivos digitais, com pastas estruturadas por categorias.

3. Área de Suprimentos:
- Criar layouts para estoques com divisórias claras e etiquetas coloridas para itens mais usados.
- Checklist de inspeção para evitar o acúmulo de materiais obsoletos.

Resultados Esperados

- **Alinhamento:** Todos os colaboradores utilizam as mesmas ferramentas e seguem os mesmos processos.
- **Efetividade:** Redução significativa do tempo perdido e aumento da produtividade.
- **Cultura:** Criação de hábitos sustentáveis de organização e disciplina.

A fabricação do medicamento transforma a prescrição em realidade, preparando a organização para implementar o 5S com consistência e impacto.

5-9) APLICAÇÃO E ACOMPANHAMENTO DO MEDICAMENTO: IMPLEMENTAÇÃO DO 5S

Contexto

A etapa de aplicação e acompanhamento é a fase crucial onde as soluções desenvolvidas na fabricação são implementadas no ambiente real. É o momento de testar a eficácia das ferramentas, garantir a adesão de todos os envolvidos e realizar ajustes contínuos com base nos resultados observados.

Objetivo

Garantir que a implementação do **5S** produza os resultados esperados: **ambiente organizado, eficiência aprimorada e redução de desperdícios**. Este desafio visa consolidar os novos hábitos organizacionais, transformando as práticas em uma cultura sustentável.

Missão do Aluno

Atuar como um facilitador do processo, acompanhando a implementação das ferramentas e processos do 5S, garantindo que:

1. As práticas sejam seguidas conforme a "bula" (instruções claras).
2. Os resultados sejam medidos e analisados.
3. Ajustes sejam feitos para superar desafios e melhorar os resultados.

Fatores Críticos de Sucesso (FCS)

1. **Monitoramento Contínuo:** Acompanhar regularmente o progresso e a adesão às práticas do 5S.

2. **Flexibilidade:** Ajustar as ações conforme o feedback dos colaboradores e resultados observados.
3. **Engajamento da Liderança:** Líderes devem liderar pelo exemplo, garantindo que os colaboradores sigam os padrões estabelecidos.
4. **Feedback Aberto:** Criar um ambiente onde os colaboradores se sintam à vontade para sugerir melhorias ou relatar dificuldades.

Método

1. **Lançamento do Programa 5S:**
    - Realizar um evento de apresentação do 5S para toda a organização.
    - Apresentar a "bula" do medicamento (as práticas e ferramentas desenvolvidas).
2. **Implementação das Ações por Área:**
    - Cada área adota as ferramentas e práticas prescritas, com suporte de um facilitador do 5S.
    - Realizar sessões práticas para treinar os colaboradores no uso das ferramentas.
3. **Indicadores de Monitoramento:**
    - Definir KPIs (Indicadores-Chave de Desempenho) para medir o impacto do 5S. Exemplos:
        - Tempo médio para encontrar ferramentas ou materiais.
        - Redução de itens desnecessários armazenados.
        - Frequência de acidentes ou quase-acidentes.
        - Taxa de adesão às práticas padronizadas.
4. **Reuniões de Acompanhamento:**
    - Promover reuniões regulares (semanais ou quinzenais) para revisar os progressos e discutir dificuldades.
    - Apresentar gráficos e relatórios visuais para facilitar a análise de dados.
5. **Auditorias Regulares de 5S:**
    - Realizar auditorias internas para avaliar o cumprimento dos sensos em cada área.
    - Utilizar checklists padronizados para garantir consistência.

6. **Feedback e Melhorias Contínuas:**
    - Coletar feedback dos colaboradores sobre a eficácia das ferramentas e práticas.
    - Implementar melhorias baseadas nos resultados observados e sugestões recebidas.

Produto

1. **Relatório Final de Resultados:**
    - Documento consolidando os resultados da implementação do 5S, incluindo:
        - Comparação dos indicadores antes e depois do programa.
        - Desafios enfrentados e como foram resolvidos.
        - Exemplos de melhorias concretas alcançadas.

2. **Plano de Sustentabilidade:**
    - Definir ações para garantir que o 5S continue sendo praticado a longo prazo, incluindo:
        - Cronograma de auditorias periódicas.
        - Estratégias para manter o engajamento dos colaboradores.

Exemplo de Aplicação e Acompanhamento

Área: Operações

1. **Implementação:** Organizar as ferramentas em painéis etiquetados, conforme o layout desenvolvido na fabricação.
2. **Monitoramento:** Medir o tempo médio para encontrar ferramentas antes e depois da implementação.
3. **Reunião de Acompanhamento:** Revisar os resultados com a equipe operacional e identificar ajustes necessários.

Área: Escritório Administrativo

1. **Implementação:** Padronizar a organização de documentos em pastas físicas e digitais, utilizando templates definidos.
2. **Monitoramento:** Verificar a frequência de consultas a arquivos desorganizados antes e depois.

3. **Reunião de Acompanhamento:** Coletar feedback e ajustar os padrões conforme necessário.

Resultados Esperados

Ambiente mais organizado: Redução visível de desordem em todas as áreas.

Maior eficiência: Tempo reduzido para realizar tarefas e acessar ferramentas.

Colaboradores mais engajados: Aumento do sentimento de orgulho e pertencimento ao ambiente de trabalho.

Cultura de Melhoria Contínua: Criação de hábitos sustentáveis de organização e disciplina.

Esta etapa garante que as soluções desenvolvidas no **5S** sejam implementadas com sucesso e ajustadas conforme necessário, consolidando os benefícios para a organização.

5-10) SAÍDAS DA TRILHA DO 5S E PLANO DE AÇÃO

Saídas Esperadas da Trilha

1. **Ambiente Organizado e Seguro:**
    - Redução de desordem em todas as áreas.
    - Layouts funcionais para ferramentas e materiais.

2. **Aumento da Eficiência:**
    - Redução de desperdícios de tempo e recursos.
    - Melhoria no fluxo de trabalho e na produtividade.

3. **Melhoria da Cultura Organizacional:**
    - Colaboradores mais conscientes da importância de manter o ambiente organizado.
    - Criação de hábitos sustentáveis de organização e disciplina.

4. **Indicadores Positivos:**
    - Redução do tempo médio para localizar ferramentas e materiais.
    - Menor número de itens obsoletos armazenados.
    - Aumento no percentual de adesão às práticas do 5S.

5. **Engajamento dos Colaboradores:**

- Participação ativa no processo de organização.
- Maior senso de responsabilidade compartilhada pelo ambiente.

Plano de Ação da Trilha do 5S

Dia	Atividade	Responsável	Como	Recursos	Saída Esperada
1	Lançamento da Trilha do 5S	Diretor Executivo, Líderes	Apresentação inicial	Slides, materiais introdutórios	Colaboradores engajados
2	Workshop: Sensibilização sobre o 5S	Facilitador de Treinamento	Sessão interativa	Sala de reuniões, vídeos explicativos	Consciência sobre o 5S
3	Mapeamento Inicial: Identificação das dores	Líderes de Área, Equipe de RH	Aplicação de questionários e entrevistas	Formulários digitais e físicos	Lista consolidada de dores
4	Aplicação do Seiri (Utilização)	Líderes Operacionais	Triagem e descarte de itens obsoletos	Caixas para descarte, etiquetas	Ambiente mais funcional
5	Aplicação do Seiton (Organização)	Líderes Operacionais	Organização dos espaços	Layouts, sinalização visual	Espaço otimizado e organizado
6	Aplicação do Seiso (Limpeza)	Equipe de Operações	Rotinas de limpeza e manutenção	Checklists, equipamentos de limpeza	Ambiente mais limpo e seguro
7	Aplicação do Seiketsu (Padronização)	Líder de Qualidade	Criação de padrões visuais	Manuais, templates	Padronização implementada
8	Aplicação do Shitsuke (Disciplina)	Todos os Colaboradores	Auditorias e campanhas	Ferramentas de auditoria, gráficos de adesão	Compromisso com a disciplina
9	Reunião de Acompanhamento	Líderes de Todos os Níveis	Revisão dos progressos	Gráficos, indicadores	Ajustes realizados
10	Apresentação de Resultados	Diretor Executivo, Líderes	Evento de encerramento	Relatório consolidado, apresentação final	Resultados da trilha formalizados

Monitoramento e Indicadores

- **Indicadores de Eficiência:**
    - Tempo médio para localizar ferramentas/materiais.
    - Redução de itens desnecessários.
- **Indicadores de Cultura:**
    - Percentual de adesão às práticas do 5S.
    - Feedback positivo dos colaboradores.

Resultados Esperados

Ao final dos 10 dias, a organização terá:

- Um ambiente mais organizado e funcional.
- Processos eficientes, com menor desperdício de tempo e recursos.
- Colaboradores engajados e comprometidos em manter as práticas do 5S.

Este plano estruturado garante que a trilha do **5S** seja implementada de forma eficiente, gerando impacto imediato e duradouro na organização.

COMO SUSTENTAR O 5S AO LONGO DO TEMPO?

Sustentar o 5S exige transformar as práticas em hábitos e integrá-las à cultura da organização. Abaixo estão estratégias para garantir o sucesso a longo prazo:

1. **Estabelecer Responsabilidades Claras**
   - **Defina responsabilidades** para manter o 5S em cada área.
   - Crie **líderes do 5S** ou responsáveis por área para impulsionar a adesão e melhorias.

2. **Integrar o 5S ao Trabalho Diário**
   - Inclua o 5S na **rotina diária**, como durante as trocas de turno ou na limpeza ao final do expediente.
   - Utilize **checklists** para reforçar os princípios regularmente.

3. **Realizar Auditorias Regulares**
   - Conduza **auditorias programadas** para avaliar a conformidade com as práticas do 5S.
   - Utilize **formulários padronizados** para medir a adesão de forma consistente.
   - Compartilhe os resultados com as equipes para reconhecer sucessos e abordar lacunas.

4. **Incentivar a Melhoria Contínua**
   - Promova uma cultura de **Kaizen** (melhoria contínua) envolvendo as equipes na sugestão de melhorias para as práticas do 5S.

- Revise regularmente os processos e ajuste os padrões conforme mudanças organizacionais.

5. Reforçar a Disciplina com Treinamentos
- Ofereça **treinamentos contínuos** para lembrar os colaboradores da importância do 5S e atualizar seus conhecimentos.
- Incorpore os princípios do 5S em **programas de integração** para novos colaboradores.

6. Gestão Visual
- Use **ferramentas visuais**, como gráficos, etiquetas e sistemas de cores, para facilitar o seguimento das práticas do 5S.
- Mantenha um comparativo **antes e depois** para demonstrar o impacto do 5S.

7. Celebrar Sucessos
- Reconheça equipes ou indivíduos que se destacam na adesão ao 5S com **prêmios** ou reconhecimento público.
- Use **reuniões de equipe** para comemorar marcos e compartilhar histórias de sucesso.

8. Incluir o 5S nos Indicadores de Desempenho
- Relacione a adesão ao 5S com **avaliações de desempenho** ou KPIs departamentais.
- Utilize métricas tangíveis, como **melhorias de eficiência, redução de erros** ou **economia de tempo**, como indicadores de sucesso do 5S.

9. Comprometimento da Liderança
- Garanta que os líderes demonstrem ativamente o compromisso com o 5S:
    - Participando de auditorias e revisões.
    - Defendendo o 5S em reuniões e decisões.
    - Dando exemplo ao manter seus próprios espaços de trabalho organizados.

10. Comunicação e Feedback
- Mantenha o 5S visível na organização com **atualizações regulares**, boletins ou painéis de informações.
- Colete **feedback** dos colaboradores sobre os desafios e possíveis melhorias no processo.

Exemplo de Estrutura para Sustentação

Atividade	Frequência	Responsabilidade
Limpeza diária	Diariamente	Todos os colaboradores
Auditorias do 5S	Semanal/Mensal	Líderes de área
Treinamentos de reforço	Trimestral	Equipe de treinamento
Revisão de resultados de auditorias	Mensal	Gerência
Reconhecimento e recompensas	Trimestral	RH/Liderança

Resultados Esperados

Ao tornar o 5S um **hábito cultural**, sustentado pela liderança e integrado aos processos diários, a organização pode garantir que os princípios continuem gerando valor e contribuindo para um ambiente de trabalho mais eficiente e organizado.

5-11) RESUMO DA TRILHA: O 5S CRIA UM AMBIENTE ORGANIZADO E EFICIENTE

A trilha do **5S** é essencial para estabelecer uma base sólida para a **eficiência organizacional** e a **cultura de melhoria contínua**. Este método japonês, baseado nos cinco sensos de utilização, organização, limpeza, padronização e disciplina, ajuda a eliminar desperdícios, reduzir erros e criar um ambiente de trabalho seguro, funcional e agradável.

1. **Principais Benefícios do 5S**
   - **Organização:** Os colaboradores encontram o que precisam rapidamente, otimizando o tempo e aumentando a produtividade.
   - **Redução de Desperdícios:** Minimiza o uso excessivo de recursos e elimina itens desnecessários.
   - **Melhoria da Qualidade:** Processos organizados reduzem erros e retrabalho.
   - **Segurança:** Um ambiente limpo e organizado diminui o risco de acidentes.

- **Cultura Sustentável:** Promove a disciplina e o comprometimento com boas práticas.

2. **Contribuição do 5S para os Pilares Organizacionais**
   - **Alinhamento:**
     - Cria uma linguagem comum e práticas consistentes em toda a organização.
     - Alinha os colaboradores em torno de processos padronizados e objetivos claros.
   - **Efetividade:**
     - Reduz gargalos e desperdícios nos fluxos de trabalho.
     - Aumenta a eficiência operacional com um uso otimizado de recursos.
   - **Cultura:**
     - Estabelece hábitos que promovem a responsabilidade e o compromisso coletivo.
     - Reforça valores como organização, disciplina e melhoria contínua.

3. **Impacto Visível do 5S**

Após a implementação do 5S, a organização experimenta transformações significativas:

- **Áreas de Trabalho:** Organizadas e funcionais, com ferramentas e materiais acessíveis e visíveis.
- **Colaboradores:** Mais motivados, engajados e conscientes do impacto de suas ações no ambiente de trabalho.
- **Resultados:** Processos mais rápidos, seguros e de maior qualidade.

4. **Exemplo Prático**
   - **Antes do 5S:** Pilhas de papéis desorganizados, ferramentas espalhadas, máquinas sem manutenção.
   - **Depois do 5S:** Pastas etiquetadas, ferramentas armazenadas em locais específicos, checklists de limpeza e manutenção regulares.

5. **Sustentação a Longo Prazo**

A trilha do 5S não termina com sua implementação inicial. Para que os resultados sejam duradouros:

- **Auditorias regulares** e **treinamentos contínuos** devem ser realizados.
- **Reconhecimento e recompensas** incentivam os colaboradores a manterem o ambiente organizado.

O **5S** é mais do que um método; é um **modo de pensar e agir** que transforma a organização em um sistema eficiente, alinhado e sustentável. Quando praticado consistentemente, cria um ambiente que inspira confiança, produtividade e inovação.

🎓 5-12) TESTE DE CONHECIMENTO: CONCEITOS E PRÁTICAS DO 5S

O objetivo deste teste é avaliar o grau de compreensão dos conceitos e práticas do 5S. Cada pergunta tem uma **resposta correta justificada** para reforçar o aprendizado.

1. **Qual é o objetivo principal do 5S?**
   - (A) Criar um ambiente de trabalho eficiente e organizado, eliminando desperdícios.
   - (B) Aumentar a criatividade e a inovação da equipe.
   - (C) Desenvolver produtos mais rapidamente.
   - (D) Melhorar a comunicação entre departamentos.

Resposta correta: (A)

Justificativa: O 5S foca na organização, limpeza e disciplina para criar um ambiente eficiente, seguro e funcional.

2. **O que representa o senso de "Seiton"?**
   - (A) Descartar itens desnecessários.
   - (B) Organizar os itens necessários de forma que sejam fáceis de acessar.
   - (C) Limpar regularmente o ambiente de trabalho.
   - (D) Garantir que todos os colaboradores sigam as normas estabelecidas.

Resposta correta: (B)

Justificativa: "Seiton" refere-se à organização, garantindo que tudo tenha um lugar específico e esteja acessível rapidamente.

3. **Qual das alternativas a seguir melhor descreve o impacto da limpeza (Seiso)?**
   - (A) Melhora a aparência do ambiente, mas não afeta a produtividade.
   - (B) Reduz o risco de acidentes e aumenta a confiabilidade dos equipamentos.
   - (C) Cria padrões visuais que ajudam na organização.
   - (D) Apenas mantém o ambiente livre de poeira.

Resposta correta: (B)

Justificativa: A limpeza regular (Seiso) não apenas mantém o ambiente agradável, mas também previne acidentes e falhas nos equipamentos.

4. **Por que a padronização (Seiketsu) é importante no 5S?**
   - (A) Ela define regras que eliminam a necessidade de auditorias regulares.
   - (B) Garante que as práticas de organização e limpeza sejam consistentes em toda a organização.
   - (C) Facilita a comunicação entre equipes diferentes.
   - (D) Ajuda a criar um ambiente de trabalho mais criativo.

Resposta correta: (B)

Justificativa: A padronização (Seiketsu) garante que as práticas sejam seguidas uniformemente, promovendo consistência e eficiência.

5. **Qual das seguintes ações está relacionada ao senso de disciplina (Shitsuke)?**
   - (A) Revisar mensalmente os processos organizacionais.
   - (B) Certificar-se de que os colaboradores estejam engajados em manter as práticas do 5S.
   - (C) Introduzir novas tecnologias para aumentar a produtividade.
   - (D) Definir as áreas prioritárias para auditorias.

Resposta correta: (B)

Justificativa: O senso de disciplina (Shitsuke) é fundamental para garantir que os colaboradores mantenham as práticas do 5S como um hábito contínuo.

Pontuação

- **5 acertos:** Compreensão total do 5S e suas práticas.
- **3-4 acertos:** Bom entendimento, mas pode revisar alguns conceitos.
- **0-2 acertos:** Requer maior aprofundamento e prática com os princípios do 5S.

Esse teste reforça os conceitos e ajuda a identificar áreas onde os colaboradores podem melhorar sua compreensão e aplicação do 5S.

5-13) MAPA MENTAL DA TRILHA: 5S

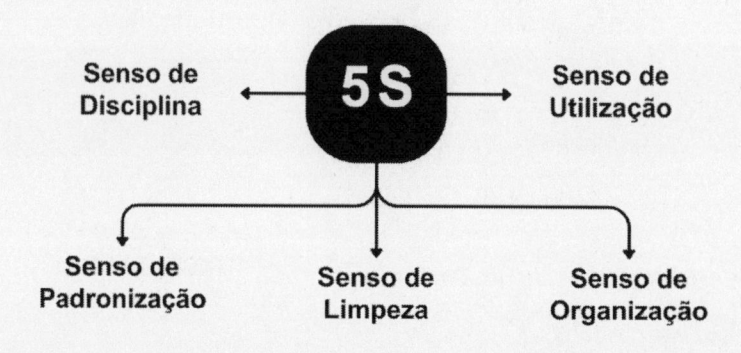

```
                    ┌──────┐
    Senso de   ◄────│  5S  │────►   Senso de
    Disciplina      └──────┘         Utilização
                        │
          ┌─────────────┼─────────────┐
          ▼             ▼             ▼
      Senso de      Senso de      Senso de
    Padronização    Limpeza      Organização
```

Aqui está o **Mapa Mental da Trilha 5S**, destacando os cinco sensos (utilização, organização, limpeza, padronização e disciplina) e suas descrições principais. Este esquema visual facilita a compreensão e a aplicação prática dos conceitos do 5S na organização.

5-14) REFLETINDO SOBRE AS INCONSCIÊNCIAS NA AUSÊNCIA DO 5S

Refletindo sobre as Inconsciências na Ausência do 5S

A ausência do **5S** nas organizações gera uma série de **inconsciências** que afetam negativamente os processos, a produtividade, a segurança e até mesmo o engajamento dos colaboradores. Essas inconsciências muitas vezes passam despercebidas porque estão profundamente enraizadas nos hábitos organizacionais.

Inconsciências Causadas pela Ausência do 5S

1. **Inconsciência sobre a Desorganização**
   - **Sintomas:**
     - Ambientes caóticos com materiais e ferramentas espalhados ou fora de lugar.
     - Dificuldade em localizar itens necessários para as tarefas diárias.
   - **Impacto:**
     - Tempo perdido procurando objetos.
     - Aumento da frustração e do estresse entre os colaboradores.

2. **Inconsciência sobre os Desperdícios**
   - **Sintomas:**
     - Armazenamento de itens desnecessários ou obsoletos.
     - Acúmulo de documentos, materiais e ferramentas sem uso.
   - **Impacto:**
     - Ocupação de espaço útil.
     - Custos adicionais com armazenamento e manutenção desnecessária.

3. **Inconsciência sobre a Segurança**
   - **Sintomas:**
     - Ambientes com sujeira, ferramentas mal armazenadas e equipamentos fora de padrão.
     - Alta incidência de acidentes ou quase-acidentes.
   - **Impacto:**
     - Maior risco de lesões no trabalho.
     - Aumento de custos com afastamentos e reparos.

4. **Inconsciência sobre a Eficácia dos Processos**
   - **Sintomas:**
     - Procedimentos inconsistentes entre diferentes equipes ou áreas.
     - Ausência de padrões visuais para organização e limpeza.

- **Impacto:**
    - Retrabalho e erros frequentes.
    - Perda de eficiência e queda na qualidade dos resultados.

5. **Inconsciência sobre a Cultura Organizacional**
    - **Sintomas:**
        - Falta de disciplina e comprometimento em manter o ambiente organizado.
        - Colaboradores acreditando que "bagunça é normal".
    - **Impacto:**
        - Ambiente desmotivador que reduz o engajamento.
        - Dificuldade em promover a melhoria contínua.

Ligação com Neurociência

- **Hábitos Inconscientes:**
    - Assim como nos indivíduos, as organizações frequentemente operam no "piloto automático", reproduzindo padrões caóticos e ineficazes.
    - A ausência do 5S perpetua esses hábitos inconscientes, dificultando a mudança.
- **Reprogramação:**
    - O 5S atua como um processo de reprogramação organizacional, substituindo comportamentos automáticos e prejudiciais por práticas conscientes e produtivas.

Exemplo de Inconsciências na Prática

- **Antes do 5S:**
    - Uma equipe de manutenção perde 30 minutos por dia procurando ferramentas devido à falta de organização.
    - O estoque está cheio de itens vencidos ou que não são mais necessários, ocupando espaço útil.
- **Depois do 5S:**
    - Ferramentas estão organizadas em painéis etiquetados, reduzindo o tempo de busca.

- Estoques são auditados regularmente para evitar acúmulos desnecessários.

REFLEXÃO FINAL

Sem o 5S, a organização opera com ineficiências invisíveis, que gradualmente corroem sua capacidade de ser produtiva, segura e motivadora. Reconhecer essas inconsistências é o primeiro passo para promover uma mudança significativa e duradoura.

A trilha do 5S não apenas reorganiza o ambiente físico, mas também reestrutura a **mentalidade coletiva**, criando uma base sólida para o alinhamento, a eficácia e a cultura organizacional.

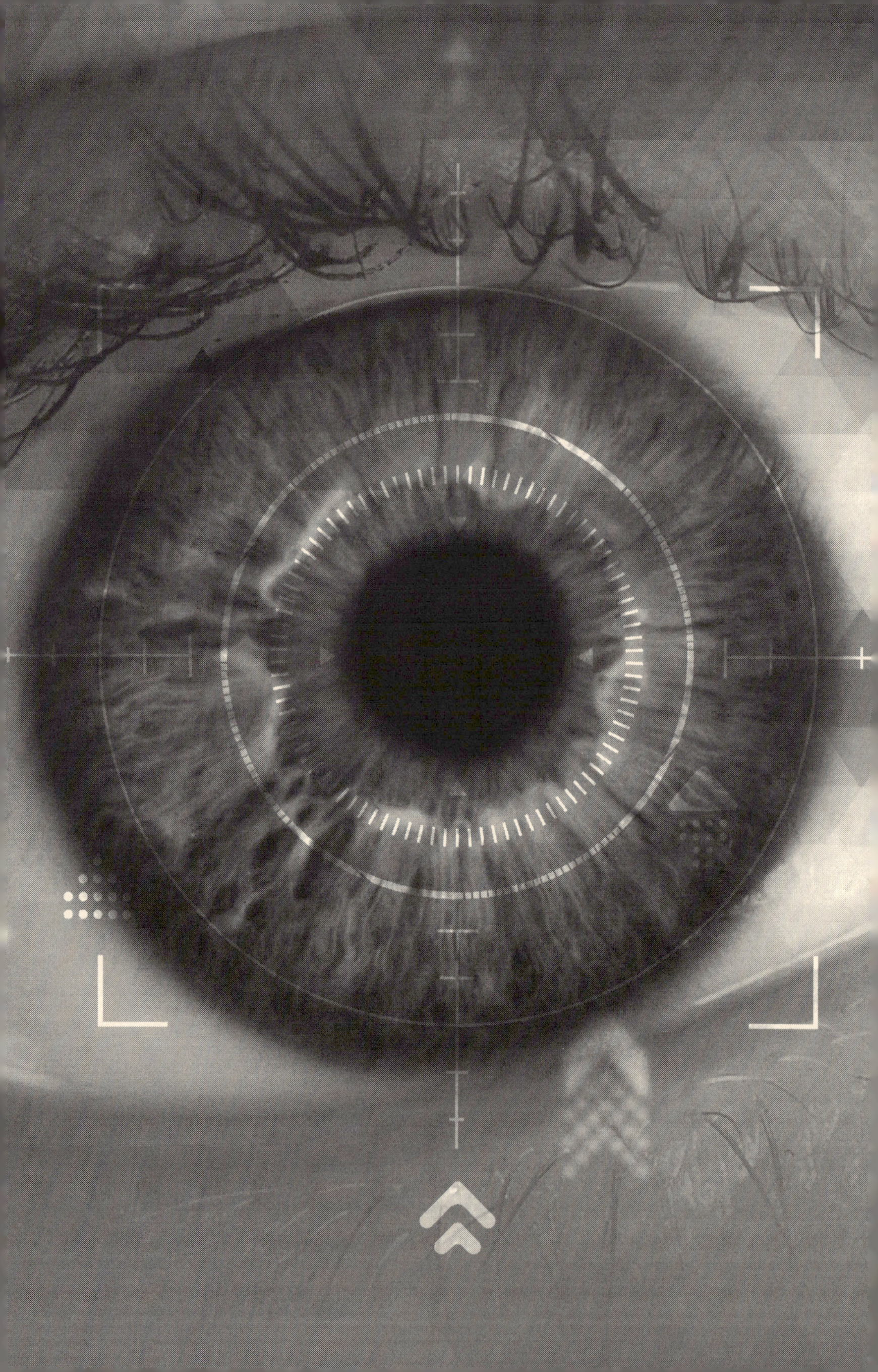

CAPÍTULO 6

A TERCEIRA TRILHA – CAIXA

🔍 6-1) CONTEXTO

O **controle de caixa** é a espinha dorsal da saúde financeira e da sustentabilidade de qualquer organização. Ele garante que a organização tenha recursos suficientes para cumprir suas obrigações, investir em crescimento e se preparar para imprevistos. A ausência de um controle de caixa eficiente pode levar à falência, mesmo para organizações lucrativas.

- **Impacto Organizacional:** O descontrole no caixa afeta diretamente a capacidade da organização de operar e expandir.
- **Ligação com Neurociência:** Assim como o cérebro humano precisa de energia constante para funcionar, uma organização depende de caixa para se manter ativa.

💡 6-2) METÁFORA

A reserva de combustível de um carro:

- **Sem combustível:** O carro para no meio do caminho, independentemente do quão moderno ou potente ele seja.
- **Com combustível suficiente:** O carro pode completar sua jornada e até percorrer distâncias maiores.

⚙️ 6-3) ANALOGIA

O controle de caixa é como um orçamento pessoal:

- Assim como uma pessoa precisa equilibrar receitas e despesas para evitar dívidas e economizar para o futuro, uma organização precisa gerenciar seu fluxo de caixa para se manter solvente e investir no crescimento.

⑦ 6-4) O QUE É?

O controle de caixa é a **gestão do fluxo de caixa**, que envolve:

- **Receitas:** Entrada de dinheiro por vendas, financiamentos e outros meios.
- **Despesas:** Pagamentos relacionados a operações, investimentos, financiamentos e outras obrigações.
- **Liquidez:** Capacidade de cumprir obrigações de curto prazo sem comprometer a operação.

Elementos-Chave do Controle de Caixa:

1. **Monitoramento do Fluxo de Caixa:** Acompanhamento constante de entradas e saídas financeiras.
2. **Planejamento:** Previsão de fluxos futuros para identificar picos ou déficits de caixa.
3. **Gestão de Recursos:** Decisões estratégicas para alocar recursos com eficiência.

🔊 6-5) POR QUE É IMPORTANTE?

O controle de caixa é fundamental para a sustentabilidade financeira de uma organização. Suas principais razões incluem:

1. **Garantir Liquidez**
- **Sem controle de caixa:** A organização pode não ter recursos para pagar fornecedores, funcionários ou impostos, gerando crises internas e externas.
- **Com controle de caixa:** Liquidez suficiente para cumprir obrigações e evitar rupturas operacionais.

2. **Reduzir Endividamento**
- **Sem controle de caixa:** A organização pode recorrer frequentemente a empréstimos, acumulando dívidas.
- **Com controle de caixa:** Evita a necessidade de endividamento desnecessário, mantendo a saúde financeira.

3. **Assegurar a Capacidade de Investimento**
- **Sem controle de caixa:** A falta de recursos impede a organização de aproveitar oportunidades de crescimento.
- **Com controle de caixa:** Recursos disponíveis para investir em novos projetos, inovação e expansão.

4. **Prevenir Crises Financeiras**
- **Sem controle de caixa:** A ausência de previsões financeiras deixa a organização vulnerável a imprevistos.
- **Com controle de caixa:** Permite antecipar desafios financeiros e tomar ações corretivas com antecedência.

5. **Sustentar o Crescimento**
- **Sem controle de caixa:** Crescimento desordenado pode levar a problemas de liquidez.
- **Com controle de caixa:** Garante que o crescimento seja sustentado por uma base financeira sólida.

O controle de caixa não é apenas um componente técnico, mas uma prática estratégica que impacta diretamente a **sobrevivência**, a **estabilidade** e o **crescimento** da organização. O próximo passo será explorar o levantamento das dores pela ausência dessa prática essencial.

6-6) LEVANTAMENTO DAS DORES: CONTROLE DE CAIXA

1. Contexto
A ausência de um controle de caixa eficaz cria **lacunas críticas** que afetam diretamente a saúde financeira e a capacidade operacional da organização. Essas lacunas podem se manifestar como falta de liquidez, endividamento excessivo e dificuldades em planejar investimentos ou lidar com imprevistos.

2. Objetivo
Tornar as dores causadas pela falta de controle de caixa **claras e tangíveis**, permitindo que os líderes e colaboradores compreendam os impactos dessas falhas no dia a dia da organização.

3. Missão do Aluno/colaborador

O aluno deve **mapear as dores financeiras da organização** em colaboração com a equipe. Esse processo envolve identificar os problemas mais críticos, ouvir diferentes perspectivas e criar uma lista estruturada dos desafios relacionados ao controle de caixa.

4. Fatores Críticos de Sucesso (FCS)

1. **Escuta Ativa:** Envolver todos os níveis da organização para garantir que todas as perspectivas sejam consideradas.
2. **Engajamento:** Garantir a participação de líderes estratégicos, táticos e operacionais.
3. **Clareza:** Formular perguntas claras e objetivas para facilitar a coleta de feedback.

Método: Teste de Múltipla Escolha

Para identificar as dores, será aplicado um **questionário de múltipla escolha**, onde todas as alternativas são corretas, mas refletem diferentes graus de impacto ou percepção. Os colaboradores escolherão as respostas que mais se assemelham à realidade de sua área.

Questionário de Levantamento das Dores

1. **Quais dificuldades você observa devido à falta de controle de caixa?**
    - (A) Pagamentos atrasados para fornecedores ou colaboradores.
    - (B) Necessidade constante de empréstimos para cobrir despesas.
    - (C) Dificuldade em prever despesas futuras.
    - (D) Falta de clareza sobre o destino do dinheiro.

2. **Como a falta de previsões financeiras afeta sua área?**
    - (A) Decisões tomadas sem considerar a viabilidade financeira.
    - (B) Interrupção de projetos ou atividades devido a restrições de caixa.
    - (C) Dificuldade em justificar pedidos de recursos.
    - (D) Perda de oportunidades de investimento por falta de planejamento.

3. **Quais consequências você percebe pela falta de liquidez?**
    - (A) Atrasos em compras essenciais.

- (B) Problemas de confiança com fornecedores ou parceiros.
- (C) Necessidade de priorizar despesas de forma reativa.
- (D) Sensação de insegurança sobre a estabilidade financeira.

4. **Como a falta de controle de caixa afeta a operação diária?**
   - (A) Recursos limitados para resolver problemas operacionais.
   - (B) Impacto na moral da equipe devido à incerteza financeira.
   - (C) Dificuldade em cumprir prazos por falta de insumos.
   - (D) Conflitos internos sobre como alocar os recursos disponíveis.

5. **De que forma você acredita que a falta de controle de caixa prejudica o crescimento da organização?**
   - (A) Impossibilidade de investir em novos projetos ou tecnologias.
   - (B) Perda de competitividade no mercado.
   - (C) Desmotivação da equipe devido à falta de recursos.
   - (D) Aumento do endividamento e dos custos financeiros.

Tabela com Dores Organizacionais

Após a aplicação do questionário, as respostas serão consolidadas em uma tabela para identificar padrões nas dores relatadas:

Pergunta	Opção Mais Selecionada	Frequência	Resumo da Dor Percebida
1. Dificuldades observadas	Ex: "Necessidade constante de empréstimos"	Ex: 65%	Déficit crônico de caixa
2. Impacto da falta de previsões	Ex: "Interrupção de projetos"	Ex: 70%	Falta de planejamento financeiro
3. Consequências pela falta de liquidez	Ex: "Problemas com fornecedores"	Ex: 80%	Relações comerciais prejudicadas
4. Impacto na operação diária	Ex: "Recursos limitados para resolver problemas"	Ex: 75%	Operações comprometidas
5. Prejuízo ao crescimento	Ex: "Perda de competitividade"	Ex: 85%	Dificuldade em sustentar o crescimento

Próximos Passos

1. **Analisar os Dados:** Identificar padrões e dores mais críticas a serem abordadas.

2. **Priorizar Soluções:** Direcionar esforços para resolver os problemas mais frequentes e impactantes.
3. **Comunicar os Resultados:** Compartilhar as dores identificadas com a equipe e alinhar os próximos passos.

Esse processo garante uma compreensão profunda e colaborativa das dores financeiras, fornecendo uma base sólida para a prescrição do remédio.

🔵 6-7) PRESCRIÇÃO DO MEDICAMENTO: CONTROLE DE CAIXA

1. Contexto

Com base nas dores identificadas (como falta de liquidez, endividamento e dificuldade de planejamento), a **prescrição do medicamento** deve propor ações práticas e realistas que permitam à organização melhorar a gestão de caixa. O foco é garantir que os recursos financeiros sejam utilizados de forma eficiente e sustentável.

2. Objetivo

Estabelecer práticas financeiras claras e ajustadas à realidade da organização, que:

1. Garantam liquidez suficiente para as operações diárias.
2. Reduzam a necessidade de endividamento desnecessário.
3. Facilitem o planejamento e a alocação de recursos para o crescimento.

3. Missão do Aluno/colaborador

Desenvolver a **prescrição detalhada**, colaborando com líderes e equipes para criar um plano robusto que inclua:

- Ferramentas para monitoramento financeiro.
- Práticas para prever e gerenciar fluxos de caixa.
- Estratégias para mitigar riscos financeiros.

4. Fatores Críticos de Sucesso (FCS)

1. **Diagnóstico Claro:** Compreensão profunda das dores levantadas e suas causas.

2. **Visão Sistêmica:** Garantir que as soluções sejam integradas aos processos organizacionais.
3. **Engajamento:** Envolver líderes financeiros e operacionais na formulação das práticas.
4. **Monitoramento Contínuo:** Estabelecer indicadores para avaliar o impacto das ações implementadas.

5. Método
Elaborar uma tabela onde se tenha por um lado as dores levantadas e de outro lado os benefícios auferidos com um adequado CONTROLE DE CAIXA.

6. Prescrição do Medicamento
A prescrição do medicamento é: Implementar um efetivo CONTROLE DE CAIXA na organização. O referido controle deve incluir as seguintes ações:

1. **Monitoramento do Fluxo de Caixa:**
   - Implantar uma ferramenta simples (ex.: planilha ou software) para registrar e acompanhar entradas e saídas financeiras diariamente.
   - Criar relatórios semanais de fluxo de caixa para análise.
2. **Previsão Financeira:**
   - Estabelecer um modelo de previsão de caixa com base em dados históricos e expectativas futuras.
   - Atualizar a previsão regularmente para identificar picos e déficits de liquidez.
3. **Gestão de Liquidez:**
   - Definir uma reserva mínima de caixa para emergências.
   - Priorizar pagamentos com base em urgência e impacto operacional.
4. **Redução de Endividamento:**
   - Avaliar todas as fontes de dívida e renegociar condições desfavoráveis.
   - Limitar novos empréstimos a situações estrategicamente justificáveis.
5. **Alocação Estratégica de Recursos:**
   - Classificar despesas em essenciais, estratégicas e dispensáveis.

- Reduzir ou eliminar despesas que não geram valor direto à organização.

6. Ferramentas de Controle:
- Implementar indicadores financeiros, como saldo médio de caixa, dias de liquidez e taxa de endividamento.
- Criar um painel de bordo financeiro para visualização rápida de dados críticos.

7. Produto

Documento de Prescrição do Controle de Caixa, contendo:

1. **Diagnóstico:** Resumo das dores levantadas e suas causas.
2. **Ações Propostas:** Detalhamento das práticas recomendadas para cada dor.
3. **Cronograma:** Prazos para implementação de cada ação.
4. **Responsáveis:** Designação de responsáveis por cada etapa do plano.
5. **Indicadores:** Métricas para monitorar o impacto das ações implementadas.

Essa prescrição fornece um caminho claro e prático para sanar as dores relacionadas ao controle de caixa, garantindo maior previsibilidade, eficiência e sustentabilidade financeira para a organização.

TABELA: DORES LEVANTADAS X BENEFÍCIOS DE UMA GESTÃO DE QUALIDADE DO CAIXA

Abaixo, apresentamos uma tabela que relaciona as dores levantadas pela ausência de controle de caixa com os benefícios alcançados por meio de uma **gestão eficaz do caixa**, evidenciando como o "medicamento" proposto resolve as dores identificadas.

Tabela: Dores Levantadas x Benefícios de uma Gestão de Qualidade do Caixa

Abaixo, apresentamos uma tabela que relaciona as dores levantadas pela ausência de controle de caixa com os benefícios alcançados por meio de uma gestão eficaz do caixa, evidenciando como o 'medicamento' proposto resolve as dores identificadas.

Dores Levantadas	Benefícios da Gestão Eficaz do Caixa
Falta de liquidez para honrar compromissos financeiros (fornecedores, funcionários, impostos).	Garantia de liquidez suficiente para cobrir todas as obrigações financeiras em tempo hábil.
Endividamento excessivo devido à necessidade de empréstimos frequentes.	Redução da necessidade de empréstimos por meio de planejamento e reservas financeiras.
Dificuldade em prever fluxos de caixa futuros.	Previsibilidade financeira por meio de modelos de previsão baseados em dados históricos e expectativas.
Atrasos em projetos ou interrupções operacionais devido à falta de recursos.	Fluxos de caixa bem gerenciados permitem alocação estratégica de recursos para garantir continuidade.
Perda de confiança com fornecedores e parceiros devido a atrasos em pagamentos.	Melhoria nos relacionamentos comerciais ao cumprir prazos de pagamento.
Falta de clareza sobre o destino do dinheiro e ausência de relatórios confiáveis.	Transparência financeira com registros regulares e relatórios detalhados do fluxo de caixa.
Dificuldade em justificar pedidos de recursos ou investimentos internos.	Melhor capacidade de justificar investimentos com base em análises financeiras claras e bem documentadas.
Aumento de conflitos internos sobre alocação de recursos devido à falta de planejamento.	Planejamento financeiro estruturado elimina conflitos sobre prioridades e alocação de recursos.
Dificuldade em sustentar o crescimento da organização por falta de recursos financeiros disponíveis.	Suporte ao crescimento sustentável com caixa suficiente para investimentos e expansão estratégica.
Sensação de insegurança financeira entre os colaboradores e líderes.	Confiança e estabilidade organizacional ao demonstrar controle e previsibilidade financeira.

Conclusão da Tabela

A tabela demonstra que uma **gestão de caixa eficaz** atua diretamente nas dores levantadas, promovendo **liquidez**, **previsibilidade**, **transparência** e **estabilidade financeira**. Isso não apenas resolve problemas imediatos, mas também cria uma base sólida para a **sustentabilidade e o crescimento da organização**.

🧪 6-8) FABRICAÇÃO DOS MEDICAMENTOS: TUTORIAL PRÁTICO

1. Contexto
A etapa de **fabricação dos medicamentos** é onde as soluções prescritas para melhorar o controle de caixa ganham forma. Este tutorial prático orienta o colaborador, mesmo em ambiente remoto, a participar ativamente do desenvolvimento das ferramentas e métodos necessários para a gestão eficaz do caixa.

2. Objetivo
Capacitar o colaborador a **criar ferramentas práticas** para monitorar, planejar e gerenciar o fluxo de caixa, garantindo que as soluções desenvolvidas sejam adequadas à realidade da organização.

3. Estrutura do Tutorial
Passo 1: Entenda as Necessidades

- **Atividade:** Revise as dores levantadas na etapa anterior.
- **Ferramenta:** Lista de dores e tabela de benefícios do controle de caixa (fornecida no módulo).
- **Dica Prática:** Identifique qual dor tem mais impacto em sua área de trabalho.

Passo 2: Configure o Monitoramento do Fluxo de Caixa

- **Atividade:** Crie um sistema simples para registrar entradas e saídas financeiras.
- **Ferramenta:** Modelo de planilha digital pré-configurada ou software gratuito.
- **Como Fazer:**
    1. Divida a planilha em colunas: **Data, Descrição, Entradas, Saídas** e **Saldo Atual**.
    2. Registre diariamente todas as transações financeiras.
- **Dica Prática:** Faça um teste com os dados financeiros dos últimos 7 dias para entender o fluxo.

Passo 3: Desenvolva uma Previsão de Caixa

- **Atividade:** Projete o fluxo de caixa dos próximos 30 dias.
- **Ferramenta:** Modelo de projeção.
- **Como Fazer:**
    1. Liste receitas e despesas esperadas, com base em dados históricos.
    2. Adicione fatores variáveis, como promoções ou despesas sazonais.
    3. Atualize a previsão semanalmente.
- **Dica Prática:** Consulte colegas ou supervisores para validar os dados estimados.

Passo 4: Estruture uma Reserva de Caixa

- **Atividade:** Calcule o valor mínimo necessário para cobrir despesas emergenciais.

    Ferramenta: Fórmula no tutorial para calcular a reserva

    Reserva Mínima = Despesas Fixas Mensais × 2

    Como Fazer:

    1. Identifique as despesas fixas da sua área.

    2. Multiplique por 2 para garantir dois meses de cobertura mínima.

    Dica Prática: Compare a reserva necessária com o saldo atual para planejar ajustes.

Passo 5: Crie Indicadores Simples

Um **painel de bordo básico** é uma ferramenta visual simples que reúne os principais indicadores de desempenho em um único lugar, facilitando o monitoramento e a tomada de decisões.

Como Fazer:

- **Defina os Indicadores-Chave (KPIs):**

    Escolha métricas financeiras relevantes para o negócio. Exemplos:

    Saldo Médio Mensal: Média do saldo de caixa ao longo de um mês.

    Saldo Médio Mensal= (Saldo inicial do mês + Saldo final do mês) /2

    Dias de Liquidez: Quantidade de dias que o caixa cobre as despesas operacionais médias diárias. **Dias de Liquidez=Saldo de Caixa Atual/ Despesa Operacional Diária**

Receitas vs. Despesas: Comparação visual entre entradas e saídas financeiras.

Organize os Dados:

- Utilize planilhas para coletar dados de entradas e saídas financeiras, saldos e despesas operacionais.
- Atualize os dados semanalmente para garantir a consistência.

Crie Visualizações Simples:

- Use gráficos básicos, como:

Gráfico de Linha: Para mostrar a evolução do saldo de caixa ao longo do tempo.

Gráfico de Barras: Para comparar receitas e despesas semanais ou mensais.

Gráfico de Pizza: Para dividir os gastos por categoria.

Dicas Práticas:

- Use cores para destacar tendências (ex.: verde para crescimento, vermelho para quedas).
- Inclua uma legenda e títulos claros para facilitar a interpretação.
- Ferramentas recomendadas: Microsoft Excel, Google Sheets, ou softwares gratuitos como Canvas ou Power BI para iniciantes.

Passo 5: Crie Indicadores Simples

- **Atividade:** Defina métricas financeiras para acompanhar o desempenho.
- **Ferramenta:** Painel de bordo básico.
- **Como Fazer:**

   1. Use os dados da planilha para calcular indicadores, como:

Saldo Médio Mensal: Média do saldo de caixa ao longo de um mês.

Dias de Liquidez: Quantos dias de operação o caixa cobre.

   2. Atualize os indicadores semanalmente e registre as mudanças.

- **Dica Prática:** Use gráficos para facilitar a visualização das tendências.

PASSO 6: VALIDE E AJUSTE AS FERRAMENTAS

- **Atividade:** Teste as ferramentas em situações reais e colete feedback.
- **Ferramenta:** Formulário de feedback.
- **Como Fazer:**
    1. Compartilhe as ferramentas com sua equipe ou supervisor.
    2. Identifique pontos de melhoria e ajuste conforme necessário.
- **Dica Prática:** Aplique as ferramentas em um pequeno projeto ou área antes de expandir.

4. Produto Final

Após seguir o tutorial, o colaborador terá criado:

1. **Planilha de Monitoramento do Fluxo de Caixa:** Para registrar e acompanhar transações diárias.
2. **Projeção de Caixa para 30 Dias:** Para prever receitas e despesas futuras.
3. **Plano de Reserva de Caixa:** Com valores definidos para emergências.
4. **Indicadores Financeiros Simples:** Para monitorar a saúde financeira.
5. **Ferramentas Validadas:** Ajustadas com base no feedback recebido.

5. Fatores Críticos de Sucesso (FCS)

- **Participação Ativa:** O colaborador deve seguir cada etapa do tutorial.
- **Recursos Adequados:** Acesso às ferramentas digitais fornecidas no EAD.
- **Engajamento:** Envolvimento contínuo com a equipe e supervisores para validação e ajuste das ferramentas.

Esse tutorial fornece um passo a passo prático e claro, capacitando os colaboradores a "fabricar o medicamento" para sanar as dores financeiras da organização, com soluções que podem ser adaptadas e aplicadas de forma imediata.

EXEMPLO PRÁTICO: CAPACITAÇÃO DO COLABORADOR PARA GESTÃO DE CAIXA

Este exemplo segue os **seis passos do tutorial**, orientando o colaborador a criar e implementar ferramentas práticas para **monitorar, planejar e gerenciar o fluxo de caixa**, de forma a atender às necessidades da pequena empresa de bebedouros industriais.

1. Planilha de Monitoramento do Fluxo de Caixa

- Objetivo: Registrar e acompanhar transações diárias para obter visibilidade do fluxo financeiro.
- Ferramenta: Modelo inicial de planilha.

Data	Descrição	Entradas (R$)	Saídas (R$)	Saldo Atual (R$)
2025-01-01	Venda de 2 bebedouros	12.000	0	12.000
2025-01-02	Pagamento de fornecedor	0	5.000	7.000
2025-01-03	Compra de materiais	0	2.000	5.000

Ação:

O colaborador preenche a planilha diariamente com as entradas (vendas) e saídas (despesas operacionais, fornecedores). O saldo é calculado automaticamente.

2. Projeção de Caixa para 30 Dias

- Objetivo: Antecipar receitas e despesas futuras para evitar déficits ou aproveitar oportunidades.
- Ferramenta: Modelo de projeção semanal.

Semana	Receitas Previstas (R$)	Despesas Previstas (R$)	Saldo Projetado (R$)
Semana 1	20,000	10,000	10,000
Semana 2	15,000	12,000	3,000
Semana 3	25,000	18,000	10,000
Semana 4	18,000	15,000	13,000

Ação:

O colaborador utiliza dados históricos e informações de vendas confirmadas para preencher as receitas e despesas previstas. A projeção indica possíveis déficits ou folgas financeiras.

3. **Plano de Reserva de Caixa**
   - Objetivo: Garantir segurança financeira para emergências ou sazonalidades.
   - Cálculo: Com base nas despesas fixas mensais.

   Reserva Mínima = Despesas Fixas × 2 = R$15.000 × 2 = R$30.000
   Ação:
   - Estabelecer uma meta para acumular R$ 30.000 em 6 meses.
   - Direcionar parte das receitas semanais para um fundo de reserva.

4. **Indicadores Financeiros Simples**
   - Objetivo: Monitorar a saúde financeira da empresa em tempo real.
   - Indicadores:

Indicador	Fórmula	Valor Atual (R$)
Saldo Médio Mensal	Média do saldo diário	7.000
Dias de Liquidez	Saldo Atual / Despesas Diárias	14 dias
Despesas Mensais Totais	Soma das despesas no mês	30.000

   Ação:
   - Atualizar os indicadores semanalmente.
   - Usar gráficos simples para visualizar tendências (disponível no dashboard).

5. **Ferramentas Validadas**
   Ação:
   - O colaborador apresenta as ferramentas criadas para o gestor financeiro.
   - Coleta feedback sobre a clareza e a aplicabilidade das ferramentas.
   - Ajusta projeções ou formatos conforme necessário.

   Exemplo de Feedback:
   - "A projeção de caixa ajudou a identificar a necessidade de renegociar prazos de pagamento na Semana 2."
   - "Adicionar gráficos de receitas/despesas semanais ao dashboard facilita o entendimento."

PROCESSOS DOCUMENTADOS PARA O ALUNO / COLABORADOR

Fluxo Completo de Trabalho:

1. **Monitoramento Diário:** Atualizar a planilha de fluxo de caixa.
2. **Projeção Semanal:** Revisar e ajustar receitas e despesas futuras.
3. **Reserva Mensal:** Acompanhar o progresso para atingir a meta da reserva de caixa.
4. **Indicadores Semanais:** Atualizar e revisar os indicadores financeiros.
5. **Ajustes:** Implementar melhorias com base no feedback recebido.

Resultados Esperados:

1. **Melhoria na Previsibilidade Financeira:** A empresa consegue antecipar déficits e planejar melhor.
2. **Maior Liquidez:** A reserva de caixa proporciona segurança contra imprevistos.
3. **Colaboradores Capacitados:** Os envolvidos entendem como o fluxo de caixa impacta decisões estratégicas e operacionais.
4. **Confiança Renovada:** Relacionamento fortalecido com fornecedores e parceiros devido à pontualidade nos pagamentos.

6-9) APLICAÇÃO E ACOMPANHAMENTO DOS RESULTADOS DO MEDICAMENTO: CONTROLE DE CAIXA

1. Contexto

A **aplicação e acompanhamento** consistem em implementar as soluções desenvolvidas durante a fabricação do medicamento (ferramentas de controle de caixa) e monitorar regularmente os resultados. O objetivo é garantir que as práticas de gestão de caixa gerem os resultados esperados e identificar melhorias contínuas.

2. Objetivo

Garantir que as ferramentas e métodos aplicados:

Melhorem a previsibilidade do fluxo de caixa.

Reduzam os déficits financeiros.

Promovam decisões financeiras embasadas e estratégicas.

Contribuam para a estabilidade e sustentabilidade financeira da organização.

3. Missão do Aluno / Colaborador
- Implementar o controle de caixa na prática.
- Realizar revisões periódicas do fluxo de caixa e dos indicadores financeiros.
- Ajustar ferramentas e métodos conforme o feedback e os resultados obtidos.

4. Fatores Críticos de Sucesso (FCS)
1. **Monitoramento Contínuo:** Revisões diárias, semanais e mensais do fluxo de caixa.
2. **Flexibilidade:** Ajustar as projeções e ferramentas com base nos dados reais.
3. **Engajamento dos Líderes:** Garantir que gestores de diferentes áreas participem do acompanhamento.
4. **Comunicação:** Compartilhar resultados de forma clara e objetiva com a equipe.

5. Método
Passo 1: Implementação Inicial

1. Introduzir a planilha de monitoramento do fluxo de caixa para os responsáveis.
2. Explicar a importância de registrar diariamente entradas e saídas financeiras.
3. Treinar os colaboradores no uso das ferramentas criadas.

Passo 2: Revisões Financeiras Regulares

Frequência das Revisões:

- **Diária:** Verificar entradas e saídas financeiras. Atualizar o saldo na planilha.
- **Semanal:** Avaliar as projeções e os indicadores financeiros.
- **Mensal:** Consolidar resultados e identificar padrões.

Atividades:

1. Comparar os dados reais com as projeções financeiras.
2. Identificar desvios significativos (ex.: receitas abaixo do previsto, despesas acima do esperado).
3. Ajustar o planejamento financeiro para evitar déficits futuros.

Passo 3: Análise de Indicadores

- **Saldo Médio Mensal:** Acompanhar a média do saldo diário ao longo do mês.
- **Dias de Liquidez:** Verificar quantos dias de operação o caixa atual consegue sustentar.
- **Receitas x Despesas:** Comparar mensalmente para assegurar um fluxo positivo.

Exemplo de Indicadores Atualizados:

Indicador	Valor (Atual)	Meta	Ação Necessária
Saldo Médio Mensal	R$ 8.500	R$ 10.000	Reduzir despesas não essenciais.
Dias de Liquidez	14 dias	20 dias	Aumentar a reserva de caixa gradualmente.
Receita x Despesa Mensal	Receita 95% / Despesa 105%	100% / 100%	Renegociar prazos de pagamento com fornecedores.

Passo 4: Reuniões de Acompanhamento

1. **Frequência:** Reuniões semanais com gestores financeiros e operacionais.
2. **Agenda:**
   - Revisar os dados atualizados do fluxo de caixa.
   - Discutir os desvios e suas causas.
   - Definir ações corretivas ou ajustes no plano.
3. **Resultados Esperados:**
   - Alinhamento entre as áreas sobre a saúde financeira.
   - Ações rápidas para corrigir desvios ou aproveitar oportunidades.

Passo 5: Ajustes e Melhorias Contínuas

1. Revisar os formatos das ferramentas com base no feedback dos usuários.
2. Atualizar projeções financeiras conforme novos dados se tornem disponíveis.
3. Criar cenários financeiros alternativos (otimista, realista, pessimista) para lidar com incertezas.

6. Produto Final

Relatório Final de Resultados:

1. Consolidar os dados do fluxo de caixa ao longo do período.
2. Apresentar indicadores financeiros e gráficos comparativos (ex.: receitas versus despesas).
3. Descrever as ações tomadas, desafios enfrentados e melhorias implementadas.
4. Fornecer recomendações para sustentar o controle de caixa a longo prazo.

Exemplo de Relatório Final

Fluxo de Caixa Consolidado (Mês Atual):

Data	Entradas (R$)	Saídas (R$)	Saldo (R$)
01/01/2025	12.000	0	12.000
02/01/2025	0	5.000	7.000
31/01/2025	50.000	48.000	9.000

Gráfico de Receita x Despesa Mensal:

- • Receita: R$ 50.000
- • Despesa: R$ 48.000

Resultados Esperados

1. **Visibilidade Financeira:** Decisões baseadas em dados atualizados e confiáveis.
2. **Estabilidade:** Redução de déficits e construção de reservas financeiras.

3. Engajamento: Colaboradores capacitados para manter práticas de controle de caixa sustentáveis.

Essa etapa assegura que o controle de caixa seja implementado com eficácia e ajustado continuamente para atender às necessidades da organização.

6-10) SAÍDAS DA TRILHA: CONTROLE DE CAIXA

As saídas da trilha devem ser práticas e diretamente aplicáveis, garantindo que a organização alcance melhorias significativas na gestão financeira.

SAÍDAS ESPERADAS

1. **Planilha de Monitoramento do Fluxo de Caixa:**
   - Registro diário de entradas e saídas financeiras.
   - Visibilidade clara do saldo de caixa em tempo real.

2. **Projeção Financeira para 30 Dias:**
   - Antecipação de receitas e despesas futuras.
   - Planejamento para evitar déficits e alavancar oportunidades.

3. **Plano de Reserva de Caixa:**
   - Valor definido para cobrir emergências financeiras.
   - Estratégia para acumular e manter a reserva ao longo do tempo.

4. **Indicadores Financeiros Monitorados:**
   - Saldo médio mensal.
   - Dias de liquidez.
   - Comparativo de receitas e despesas.

5. **Relatório Final de Resultados:**
   - Consolidação dos dados financeiros.
   - Identificação de melhorias implementadas e recomendações futuras.

Plano de Ação para a Trilha do Controle de Caixa

Dia	Atividade	Responsável	Como	Recursos	Saída Esperada
1	Lançamento da Trilha do Controle de Caixa	Diretor Financeiro	Apresentação inicial	Slides e planilhas introdutórias	Engajamento inicial dos colaboradores
2	Treinamento: Uso da Planilha de Fluxo de Caixa	Facilitador Financeiro	Sessão online ou presencial	Modelo de planilha pré-configurada	Colaboradores treinados
3	Configuração Inicial: Registro dos Dados Financeiros Atuais	Equipe Financeira	Preenchimento dos dados reais	Dados financeiros da organização	Planilha de fluxo de caixa configurada
4	Desenvolvimento da Projeção de Caixa	Analista Financeiro	Uso de modelo de projeção	Ferramenta de projeção	Projeção de caixa para 30 dias
5	Definição do Plano de Reserva de Caixa	Diretor e Analista	Cálculo e planejamento	Modelo de cálculo	Meta de reserva de caixa definida
6	Monitoramento Diário do Fluxo de Caixa	Colaboradores Financeiros	Registro contínuo	Planilha de fluxo de caixa	Dados atualizados diariamente
7	Análise Semanal dos Indicadores Financeiros	Equipe Financeira	Reunião de acompanhamento	Gráficos e relatórios	Ajustes nas ferramentas e práticas
8	Revisão e Validação com a Liderança	Diretor Financeiro	Apresentação dos resultados parciais	Relatório intermediário	Feedback recebido
9	Ajustes Finais e Preparação do Relatório Final	Analista Financeiro	Ajustes com base no feedback	Planilhas e gráficos atualizados	Relatório consolidado
10	Apresentação dos Resultados e Encerramento da Trilha	Equipe Financeira	Evento final	Relatório final	Resultados documentados e práticas ajustadas

Monitoramento e Indicadores

1. Indicadores-Chave:
- Saldo Médio Mensal.
- Dias de Liquidez.
- Taxa de Redução de Despesas.

2. Reuniões Regulares:
- Revisões diárias e semanais para garantir que os processos estejam alinhados aos objetivos.

Resultados Esperados

- **Melhoria na Gestão Financeira:** Visibilidade total do fluxo de caixa.

- **Planejamento Financeiro Eficaz:** Evitar déficits e manter a sustentabilidade.
- **Engajamento dos Colaboradores:** Colaboradores treinados e comprometidos com a nova abordagem.
- **Documentação Completa:** Dados consolidados em relatórios claros e objetivos.

Esse plano garante que as ações da trilha do controle de caixa sejam implementadas com eficiência e tragam resultados significativos.

6-11) RESUMO DA TRILHA: CAIXA

1. Contexto e Importância

- O controle de caixa é a espinha dorsal da saúde financeira e da sustentabilidade organizacional.
- Sem caixa, até empresas lucrativas entram em crise, assim como um carro para se não tiver combustível.
- Ligação com a neurociência: caixa é para a organização o que energia é para o cérebro.

2. Metáfora e Analogia

- Metáfora: Caixa como o combustível do carro — sem ele, não há como seguir.
- Analogia: Semelhante à gestão do orçamento pessoal — é preciso equilibrar entradas e saídas para sobreviver e crescer.

3. O que é Controle de Caixa?

- Monitoramento das entradas e saídas de recursos financeiros.
- Planejamento de fluxos futuros (previsões).
- Gestão estratégica dos recursos (liquidez e investimentos).

4. Por Que É Importante?

- Garantir liquidez: pagamento de obrigações.

- Reduzir endividamento: evitar empréstimos desnecessários.
- Assegurar capacidade de investimento: aproveitar oportunidades.
- Prevenir crises financeiras: antecipar problemas.
- Sustentar o crescimento: crescer com base sólida.

5. Levantamento das Dores (Problemas Causados pela Ausência de Controle)

- Dificuldades: pagamentos atrasados, necessidade constante de empréstimos, perda de oportunidades, desalinhamento interno.
- Método: aplicação de um teste de múltipla escolha para mapear percepções de problemas financeiros na organização.

6. Prescrição do Medicamento (Soluções Propostas)

- Implantação de práticas de controle de caixa:
- Monitoramento diário do fluxo de caixa.
- Previsão financeira para 30 dias.
- Criação de uma reserva mínima de caixa.
- Gestão de endividamento e priorização de despesas.
- Implementação de indicadores financeiros e painel de bordo.

7. Fabricação dos Medicamentos (Tutorial Prático)

- Passo a Passo para Implantar as Soluções:
- Revisar as dores levantadas.
- Configurar o monitoramento: planilha ou software para entradas e saídas diárias.
- Projetar a previsão de caixa: receitas e despesas futuras.
- Calcular e construir a reserva de emergência.
- Criar indicadores simples:
- Saldo médio mensal.
- Dias de liquidez.
- Receitas vs. Despesas.
- Validar e ajustar as ferramentas com a equipe.
- Produtos Criados:

- Planilha de controle diário.
- Projeção de caixa.
- Plano de reserva financeira.
- Painel de bordo com indicadores.

8. Aplicação e Acompanhamento

- Monitoramento contínuo: diário, semanal e mensal.
- Análise de indicadores: ajuste das estratégias com base nos dados.
- Reuniões de acompanhamento: semanalmente, para ajustes e melhorias.
- Documentação dos resultados e lições aprendidas.

9. Saídas da Trilha

- Planilha de fluxo de caixa em operação.
- Previsão financeira ativa.
- Reserva de caixa criada.
- Indicadores atualizados semanalmente.
- Relatório final consolidado.
- Colaboradores treinados e engajados.

10. Reflexão Final

- Ausência de controle de caixa cria inconsciências organizacionais (decisões reativas, endividamento excessivo, falhas de planejamento).
- O controle efetivo reprograma a organização, trazendo consciência, estabilidade e crescimento sustentável.

🎓 6-12) TESTE DE CONHECIMENTO: FLUXO DE CAIXA E PLANEJAMENTO FINANCEIRO

Este teste avalia a compreensão dos conceitos e práticas fundamentais relacionados ao fluxo de caixa e ao planejamento financeiro. As respostas corretas estão justificadas para reforçar o aprendizado.

1. **Qual é a principal função do fluxo de caixa?**
   - (A) Monitorar as receitas e despesas da organização em tempo real.
   - (B) Estimar o lucro operacional da empresa.
   - (C) Determinar a quantidade de produtos necessários para produção.
   - (D) Calcular os impostos devidos mensalmente.

Resposta correta: (A)

Justificativa: O fluxo de caixa é usado para acompanhar entradas e saídas financeiras, garantindo visibilidade e controle sobre os recursos da empresa.

2. **Por que é importante realizar uma projeção de caixa?**
   - (A) Para identificar déficits financeiros futuros e planejar ações corretivas.
   - (B) Para calcular o valor dos ativos fixos da empresa.
   - (C) Para estabelecer a margem de lucro em novos produtos.
   - (D) Para revisar o histórico de compras realizadas no último ano.

Resposta correta: (A)

Justificativa: A projeção de caixa permite antecipar problemas financeiros e criar estratégias para manter a liquidez.

3. **O que significa o indicador "dias de liquidez"?**
   - (A) Quantidade de dias que a empresa pode operar com o caixa atual.
   - (B) Período necessário para pagar todas as dívidas da organização.
   - (C) Tempo que uma venda demora para ser recebida.
   - (D) Dias necessários para gerar um lucro operacional.

Resposta correta: (A)

Justificativa: Dias de liquidez mostram quantos dias a empresa pode sustentar suas operações com o caixa disponível.

4. **Como uma reserva de caixa pode beneficiar a organização?**
   - (A) Garante recursos para emergências ou períodos de baixa receita.
   - (B) Aumenta diretamente o lucro operacional da empresa.
   - (C) Reduz os custos fixos mensais.
   - (D) Diminui a necessidade de projeções financeiras.

Resposta correta: (A)

Justificativa: A reserva de caixa é essencial para lidar com imprevistos financeiros sem comprometer as operações.

5. **Qual das opções abaixo é uma boa prática para monitorar o fluxo de caixa?**
   - (A) Atualizar a planilha de fluxo de caixa diariamente.
   - (B) Comparar regularmente o saldo atual com as projeções financeiras.
   - (C) Realizar reuniões semanais para revisar indicadores financeiros.
   - (D) Todas as anteriores.

Resposta correta: (D)

Justificativa: Todas as práticas listadas são fundamentais para manter o controle do fluxo de caixa e tomar decisões financeiras embasadas.

Pontuação
- **5 acertos:** Excelente compreensão dos conceitos e práticas financeiras.
- **3-4 acertos:** Bom entendimento, mas recomenda-se revisar alguns conceitos.
- **0-2 acertos:** Necessidade de reforçar o aprendizado com materiais adicionais e prática.

Este teste fornece um panorama claro da compreensão do colaborador, reforçando os principais conceitos e garantindo que ele esteja preparado para aplicar o controle de caixa na prática

6-13) MAPA MENTAL DA TRILHA: CAIXA

GESTÃO DO CAIXA
- Passo 1: Implementação Inicial
- Passo 2: Revisões Financeiras Regulares
- Passo 3: Análise de indicadores
- Passo 4: Reuniões de Acompanhamento
- Passo 5: Ajuste e Melhorias Contínuas
- Passo 6: Produto Final - Relatório de Resultados

Aqui está o **Mapa Mental da Trilha: Fluxo de Caixa e Indicadores Financeiros**, destacando os componentes essenciais, como entradas, saídas, saldo atual, projeção de caixa, e os principais indicadores financeiros.

6-14) REFLETINDO SOBRE AS INCONSCIÊNCIAS NA AUSÊNCIA DO CONTROLE DO CAIXA

Refletindo sobre as Inconsciências na Ausência do Controle de Caixa

1. Contexto

A ausência de um controle de caixa eficaz em uma organização frequentemente cria inconsciências financeiras. Essas inconsistências podem se manifestar como decisões improvisadas, falta de planejamento financeiro e crises de liquidez que prejudicam a saúde e a resiliência organizacional.

Assim como o subconsciente humano age de forma automática, organizações sem controle de caixa operam "no piloto automático", com padrões ineficazes que muitas vezes passam despercebidos.

2. EXEMPLOS DE INCONSCIÊNCIAS NA AUSÊNCIA DO CONTROLE DE CAIXA

1. **Falta de Visibilidade Financeira**
   - **Inconsciência:** Não saber quanto dinheiro está entrando ou saindo diariamente.
   - **Impacto:** Decisões financeiras baseadas em suposições, levando a gastos excessivos ou falta de recursos para obrigações essenciais.

2. **Ausência de Planejamento para Sazonalidades**
   - **Inconsciência:** Ignorar a variação de receitas e despesas ao longo do tempo.
   - **Impacto:** Crises de liquidez durante períodos de baixa receita e acúmulo de dívidas para manter as operações.

3. **Endividamento Excessivo**
   - **Inconsciência:** Recorrer a empréstimos de forma recorrente sem analisar o impacto no longo prazo.

- **Impacto:** Aumento de custos financeiros devido a juros altos e redução da margem de lucro.

4. Tomada de Decisões Reativas
- **Inconsciência:** Decisões financeiras baseadas em emergências, em vez de planejamento proativo.
- **Impacto:** Perda de oportunidades estratégicas e priorização de problemas de curto prazo.

5. Desalinhamento Organizacional
- **Inconsciência:** Falta de clareza sobre as prioridades financeiras e suas implicações.
- **Impacto:** Conflitos internos sobre alocação de recursos e falta de engajamento da equipe.

3. Por que é importante?

1. Garante Liquidez
- **Com controle de caixa:** Recursos estão disponíveis para cumprir compromissos financeiros.
- **Sem controle de caixa:** A organização corre o risco de inadimplência e perda de confiança de fornecedores e parceiros.

2. Previne Endividamento Desnecessário
- **Com controle de caixa:** Planejamento adequado evita a necessidade de empréstimos frequentes.
- **Sem controle de caixa:** Dívidas acumuladas podem levar à insolvência.

3. Promove Decisões Estratégicas
- **Com controle de caixa:** Dados financeiros embasam decisões de investimento e expansão.
- **Sem controle de caixa:** Decisões são baseadas em intuições ou percepções, aumentando os riscos.

4. Melhora a Eficiência Operacional
- **Com controle de caixa:** Recursos são alocados de forma eficiente, maximizando o retorno sobre investimentos.

- **Sem controle de caixa:** Recursos são desperdiçados em áreas não prioritárias.

5. **Sustenta o Crescimento**
   - **Com controle de caixa:** A organização tem estabilidade financeira
   - para investir em inovação e expansão.
   - **Sem controle de caixa:** Crescimento desordenado leva a crises financeiras e operacionais.

Ligação com Neurociência

- **Hábitos Financeiros Automáticos:** Sem controle de caixa, a organização opera em padrões inconscientes que perpetuam erros financeiros.
- **Reprogramação:** Implementar ferramentas de controle de caixa reprograma a organização, promovendo decisões conscientes e embasadas.

REFLEXÃO FINAL

Reconhecer e tratar as inconsistências causadas pela ausência de controle de caixa é o primeiro passo para criar uma organização financeiramente saudável. Um controle eficaz transforma padrões prejudiciais em práticas conscientes que sustentam a liquidez, a eficiência e o crescimento organizacional.

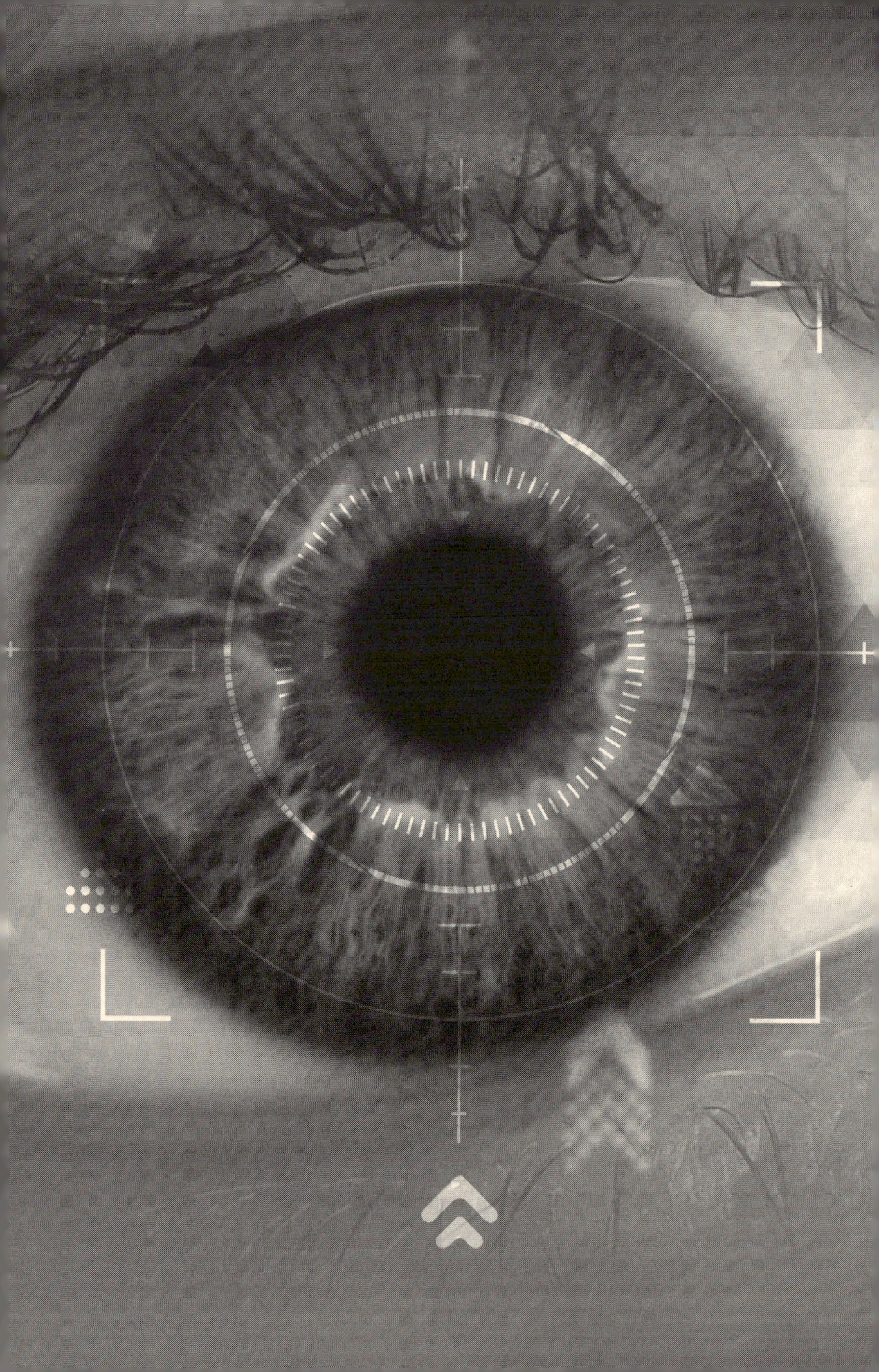

CAPÍTULO 7

A QUARTA TRILHA – PRECIFICAÇÃO

🔍 7-1) CONTEXTO

Precificação é uma das práticas mais estratégicas em uma organização, influenciando diretamente a lucratividade, competitividade e sustentabilidade. Uma precificação eficaz não é apenas sobre calcular custos, mas sobre compreender o valor percebido pelo cliente e posicionar a empresa de forma competitiva no mercado.

💡 7-2) METÁFORA

A balança que encontra o ponto de equilíbrio entre valor e custo:

- De um lado, temos os custos que precisam ser cobertos para que a operação seja sustentável.
- Do outro, o valor percebido pelo cliente, que define quanto ele está disposto a pagar.

Se o equilíbrio não for alcançado:

- Preços muito altos afastam clientes.
- Preços muito baixos comprometem a lucratividade.

⚙️ 7-3) ANALOGIA

Como precificar um serviço justo, que seja competitivo e rentável:

- Imagine um alfaiate que ajusta uma roupa sob medida. Ele leva em consideração o custo do tecido, o tempo de trabalho, e ainda precifica o serviço de acordo com o valor que o cliente atribui à exclusividade e qualidade do ajuste.

ⓘ 7-4) O QUE É?

A precificação é uma estratégia de definição de preços baseada em:

Custos: Custos diretos e indiretos envolvidos na produção e entrega de bens ou serviços.

Valor Percebido: Quanto o cliente está disposto a pagar com base nos benefícios percebidos.

Mercado: Análise da concorrência e das condições econômicas que influenciam o poder de compra.

🔊 7-5) POR QUE É IMPORTANTE?

1. Impacta diretamente na lucratividade
- Com precificação adequada: A empresa cobre custos, alcança margens saudáveis e gera lucros.
- Sem precificação adequada: Margens reduzidas comprometem a capacidade de investir e crescer.

2. Define a competitividade
- Com precificação estratégica: A empresa se posiciona de forma atraente no mercado, mantendo-se competitiva.
- Sem precificação estratégica: Preços desalinhados com o mercado afastam clientes ou levam à subvalorização.

3. Sustenta operações
- Com precificação equilibrada: A empresa gera receita suficiente para sustentar suas operações.
- Sem equilíbrio: Custos podem exceder receitas, levando a déficits financeiros.

4. Gera fidelização
- Preços justos, alinhados com o valor percebido, criam confiança e promovem a retenção de clientes.

5. Influencia decisões estratégicas
- Definição de preços impacta diretamente a rentabilidade de novos produtos, serviços ou expansões.

EXEMPLO PRÁTICO: O IMPACTO DE UM AUMENTO DE 1% NO PREÇO

Imagine uma empresa que fabrica bebedouros industriais com os seguintes números básicos:

- Preço unitário atual: R$ 1.000
- Custo unitário total (fixo + variável): R$ 800
- Margem de contribuição atual: R$ 200 (20% do preço de venda)
- Quantidade vendida mensal: 500 unidades
- Receita mensal atual: R$ 500.000 (500 x R$ 1.000)
- Lucro bruto mensal: R$ 100.000 (500 x R$ 200)

1% de aumento no preço de venda

Com um aumento de 1% no preço unitário, o novo preço será R$ 1.010. Vamos recalcular:

- Nova receita mensal: R$ 505.000 (500 x R$ 1.010)
- Novo lucro bruto mensal: R$ 105.000 (lucro adicional de R$ 5.000).

Equivalência em Redução de Custos

Agora, suponha que a empresa não possa aumentar os preços e precise alcançar o mesmo lucro adicional (R$ 5.000) por meio de redução de custos.

- Custo atual por unidade: R$ 800
- Lucro adicional necessário: R$ 5.000
- Quantidade vendida: 500 unidades

Para gerar os mesmos R$ 5.000, o custo por unidade precisa ser reduzido em:

Redução de Custo por Unidade = Lucro Adicional / Quantidade Vendida = 5.000 / 500 = R$10

Novo custo unitário:

R$800 – R$10 = R$790

CONCLUSÃO

Um aumento de apenas 1% no preço gera o mesmo impacto financeiro que uma redução de 1,25% nos custos (R$ 10 de R$ 800). Este exemplo demonstra que aumentar preços, mesmo marginalmente, pode ser uma alternativa poderosa para melhorar a lucratividade, especialmente em mercados onde a redução de custos já está no limite.

Esse exemplo destaca como pequenas alterações no preço podem gerar grandes impactos financeiros, muitas vezes com menor esforço operacional do que cortar custos.

7-6) LEVANTAMENTO DAS DORES PELA AUSÊNCIA DA PRECIFICAÇÃO ADEQUADA

Para identificar as dores associadas à falta de práticas eficazes de precificação, será aplicado um questionário de múltipla escolha. Todas as respostas são corretas, mas refletem diferentes níveis de impacto percebido pelos colaboradores. Isso permitirá priorizar as dores mais críticas.

Objetivo do Questionário

1. Identificar os problemas relacionados à precificação na percepção dos colaboradores.
2. Avaliar como a ausência de práticas adequadas afeta as margens de lucro e a sustentabilidade operacional.
3. Orientar a prescrição do "medicamento" com base nas respostas mais frequentes.

Questionário de Precificação

1. **Como a falta de estratégias de precificação afeta as margens de lucro da organização?**
   (A) Os preços não cobrem todos os custos envolvidos na produção e operação.
   (B) As margens de lucro são baixas, limitando a capacidade de reinvestir no negócio.
   (C) A empresa depende de grandes volumes para gerar lucro significativo.
   (D) Descontos frequentes reduzem ainda mais as margens.
2. **Quais desafios você percebe na definição de preços?**
   (A) Não há clareza sobre o valor agregado percebido pelos clientes.
   (B) Os preços não são competitivos em relação ao mercado.
   (C) Custos indiretos não são considerados na formação de preços.

(D) A empresa ajusta os preços com base em pressões externas, sem análise detalhada.

3. **Como a falta de precificação adequada impacta a sustentabilidade operacional?**

(A) A empresa enfrenta dificuldades em cobrir despesas fixas e variáveis.

(B) Produtos ou serviços menos rentáveis consomem recursos desproporcionalmente.

(C) O planejamento financeiro é prejudicado pela imprevisibilidade das margens.

(D) Há dificuldades em investir em inovação e melhorias.

4. **Quais são as consequências para a equipe devido à ausência de precificação estratégica?**

(A) Colaboradores enfrentam pressões para reduzir custos constantemente.

(B) Falta clareza sobre quais produtos ou serviços são mais rentáveis.

(C) Esforços de vendas são desperdiçados em produtos com margens baixas.

(D) A motivação da equipe diminui devido à falta de alinhamento estratégico.

5. **De que forma a ausência de uma análise de mercado afeta a definição de preços?**

(A) A empresa perde oportunidades de captar clientes dispostos a pagar mais pelo valor oferecido.

(B) Preços abaixo do mercado refletem falta de confiança no próprio produto ou serviço.

(C) Preços acima do mercado afastam clientes devido à falta de percepção de valor.

(D) A empresa não se posiciona de forma clara em relação aos concorrentes.

Próximos Passos

1. **Coleta de Dados:** Aplicar o questionário aos colaboradores dos três níveis organizacionais (estratégico, tático e operacional).
2. **Análise de Respostas:** Consolidar os resultados em uma tabela para identificar padrões e prioridades.
3. **Priorizar as Dores:** Focar nas dores mais mencionadas para prescrição do remédio.

Exemplo de Consolidação dos Dados

Pergunta	Opção Mais Selecionada	Frequência	Resumo da Dor Percebida
1. Impacto nas margens de lucro	Ex: "Preços não cobrem custos totais"	70%	Margens insuficientes para reinvestimentos.
2. Desafios na definição de preços	Ex: "Falta de análise de valor agregado"	65%	Falta de percepção de valor pelo cliente.
3. Sustentabilidade operacional	Ex: "Dificuldade em cobrir despesas fixas"	80%	Operação comprometida por baixa rentabilidade.
4. Impacto na equipe	Ex: "Pressão constante para reduzir custos"	75%	Motivação reduzida devido a falta de clareza.
5. Análise de mercado	Ex: "Perda de clientes dispostos a pagar mais"	60%	Falha em capturar valor premium.

Esse levantamento fornece uma visão clara e abrangente das dores associadas à precificação inadequada, facilitando a criação de soluções ajustadas às necessidades da organização.

7-7) PRESCRIÇÃO DO REMÉDIO: PRECIFICAÇÃO ESTRATÉGICA

1. Contexto

Com base nas dores identificadas (margens reduzidas, dificuldades de sustentar operações, falta de análise de mercado e valor), a prescrição do medicamento propõe ações práticas para implementar uma estratégia de precificação que seja sustentável e competitiva. Essa abordagem une o entendimento dos custos internos, o valor percebido pelo cliente e as condições do mercado.

2. Objetivo

Estabelecer uma estratégia de precificação que:

1. Garanta margens de lucro adequadas para a operação e crescimento.
2. Alinhe os preços ao valor percebido pelos clientes.
3. Posicione a organização de forma competitiva no mercado.

3. Missão do Aluno

O aluno deve desenvolver um plano de prescrição detalhado, incluindo:
- Análise de custos diretos e indiretos.
- Determinação do valor agregado percebido pelos clientes.
- Pesquisa de mercado para comparar preços e práticas da concorrência.

4. Fatores Críticos de Sucesso (FCS)
1. Diagnóstico Claro: Compreensão profunda dos custos, mercado e valor percebido.
2. Visão Sistêmica: Integração da precificação com a estratégia organizacional.
3. Colaboração: Envolvimento de equipes de vendas, marketing, finanças e operações.
4. Flexibilidade: Ajustar preços conforme as condições do mercado e feedback dos clientes.

5. Método
Elaborar uma tabela que aponte as dores levantadas pela ausência de um processo de precificação adequado e, ao lado, todos os benefícios de um processo de precificação implantado, tornando claro que a prescrição do medicamento é: **IMPLANTAÇÃO DE UM PROCESSO DE PRECIFICAÇÃO ADEQUADO**.

Tabela: Dores vs Benefícios de um Processo de Precificação de Qualidade

Dores (Precificação Inadequada)	Benefícios de uma Precificação de Qualidade
Margens reduzidas: Preços não cobrem os custos adequadamente.	Aumento das margens de lucro: Preços que garantem cobertura de custos e lucro.
Dificuldade para sustentar operações: Caixa insuficiente para despesas operacionais.	Sustentabilidade financeira: Melhor equilíbrio entre receita e despesas.
Falta de análise de mercado: Preços desalinhados com concorrência.	Competitividade no mercado: Preços ajustados às condições do mercado.
Desvalorização do produto ou serviço: Preços não refletem o valor percebido pelos clientes.	Maior percepção de valor: Preços que transmitem qualidade e diferenciação.
Inconsistência nos métodos: Falta de um padrão claro para precificar.	Padronização e clareza: Métodos consistentes e fáceis de aplicar.
Perda de clientes: Preços desalinhados levam à insatisfação ou fuga para concorrentes.	Fidelização de clientes: Preços alinhados às expectativas e ao valor entregue.
Decisões baseadas em intuição: Falta de dados concretos para justificar os preços.	Decisões baseadas em dados: Estratégias fundamentadas em análises claras.
Incapacidade de captar oportunidades: Não aproveitar segmentos premium ou econômicos.	Exploração de oportunidades: Estratégias ajustadas a diferentes públicos.
Receio de aumentar preços: Medo de perder clientes devido à falta de percepção do valor.	Confiança na precificação: Análises que sustentam decisões de aumento de preço.
Baixa lucratividade em produtos-chave: Produtos vendidos com margens muito pequenas.	Melhor gestão de portfólio: Precificação que maximiza margens nos produtos mais importantes.

Como Utilizar a Tabela:

1. **Identificar Dores:** Liste os problemas de precificação específicos enfrentados pela organização.
2. **Conectar Benefícios:** Relacione os benefícios que podem ser obtidos ao resolver essas dores.
3. **Prescrição de Ações:** Use os benefícios como base para definir estratégias e ações práticas no plano de precificação.

Agora devemos seguir o passo a passo:

Passo 1: Determinar os Custos Totais

- Identificar todos os custos associados à produção e entrega do produto ou serviço, incluindo:
    - Custos diretos: matéria-prima, mão de obra direta.
    - Custos indiretos: energia, manutenção, transporte.
    - Custos fixos e variáveis.

Passo 2: Avaliar o Valor Percebido

- Pesquisa com clientes atuais: Identificar os benefícios que eles mais valorizam no produto ou serviço.
- Questionário interno: Obter a percepção da equipe sobre os diferenciais competitivos.

Passo 3: Análise de Mercado

- Levantar informações sobre preços praticados pelos concorrentes.
- Identificar lacunas e oportunidades para capturar mais valor.

Passo 4: Estabelecer Métodos de Precificação

- Custo mais margem: Garantir que o preço cubra custos e forneça margem de lucro desejada.
- Baseado em valor: Ajustar o preço de acordo com o valor percebido pelo cliente.
- Competitivo: Considerar as condições do mercado para manter competitividade.

Passo 5: Desenvolver Simulações de Cenários

- Criar cenários de precificação com base em diferentes estratégias, como:
    - Preço premium (alto valor percebido).
    - Preço econômico (maximização de volume).
    - Preço de mercado (alinhamento com concorrentes).

Passo 6: Validar e Testar

- **Validar as estratégias com líderes e colaboradores.**
- **Implementar testes controlados em pequenos mercados ou segmentos.**

5. Produto

Documento de Prescrição de Precificação Estratégica, contendo:

1. **Diagnóstico:** Resumo das dores e análise do mercado.
2. **Estratégias:** Abordagem detalhada para precificação.
3. **Simulações de Cenários:** Análise de impacto financeiro para cada estratégia.
4. **Plano de Implementação:** Ações detalhadas com responsáveis e prazos.
5. **Indicadores:** Métricas para avaliar a eficácia da precificação (ex.: aumento na margem de lucro, percepção de valor pelos clientes).

Exemplo Prático

Produto: Bebedouro Industrial

- **Custo total por unidade: R$ 800**
- **Valor percebido pelo cliente: R$ 1.200**
- **Concorrência: Preço médio de R$ 1.000**

Estratégia Selecionada:

- **Preço sugerido: R$ 1.150** (entre o valor percebido e o mercado, com margem saudável).
- **Margem: R$ 350 por unidade (30,43%).**

Resultados Esperados

- Aumento das margens de lucro: Maior equilíbrio entre custos e valor percebido.
- Melhor posicionamento de mercado: Alinhamento com as condições de concorrência e percepção do cliente.
- Sustentabilidade financeira: Recursos para reinvestimento e crescimento.

Essa prescrição é um passo estratégico para transformar a precificação em uma alavanca de rentabilidade e competitividade.

🧪 7-8) FABRICAÇÃO DOS MEDICAMENTOS: PRECIFICAÇÃO ESTRATÉGICA

1. Contexto

A etapa de fabricação foca no desenvolvimento das soluções prescritas, como ferramentas e métodos que podem ser aplicados de forma prática para implementar uma estratégia de precificação eficaz. Isso inclui realizar pesquisas de mercado, identificar o valor agregado do produto/serviço e criar ferramentas adaptáveis.

2. Objetivo

Capacitar a equipe para:

1. Desenvolver ferramentas que considerem custos, valor percebido e mercado.
2. Aplicar métodos práticos para definir preços competitivos e rentáveis.
3. Criar um protótipo e validar estratégias de precificação antes da implementação em larga escala.

3. Missão do Aluno

O aluno deve:

- Participar de workshops para identificar o valor agregado e alinhar expectativas.
- Conduzir pesquisas de mercado para compreender o posicionamento dos concorrentes.
- Desenvolver ferramentas que facilitem a aplicação prática da estratégia de precificação.

4. Fatores Críticos de Sucesso (FCS)

1. **Recursos Adequados:** Acesso a dados financeiros, ferramentas de pesquisa e benchmarks de mercado.
2. **Engajamento:** Colaboração ativa entre equipes de vendas, marketing, operações e finanças.
3. **Flexibilidade:** Disponibilidade para ajustar ferramentas e métodos conforme feedback e validação.

5. Método

Passo 1: Pesquisa de Mercado

1. **Coleta de Dados:**
    Observar preços dos principais concorrentes.
    - Identificar produtos ou serviços similares em termos de qualidade e benefícios.

2. Ferramentas Utilizadas:
- Formulários para entrevistas com clientes e fornecedores.
- Planilha para registrar preços e diferenciais dos concorrentes.

Passo 2: Identificação de Valor Agregado

1. Workshops com Equipe Interna:
- Identificar benefícios exclusivos do produto ou serviço.
- Mapear como esses benefícios atendem às necessidades do cliente.

2. Feedback dos Clientes:
- Aplicar questionários ou conduzir entrevistas para entender o valor percebido.

Passo 3: Desenvolvimento de Ferramentas

1. Modelo de Precificação Baseada em Custos:
- Calcular custos diretos e indiretos para determinar o preço mínimo.

2. Modelo de Precificação Baseada em Valor:
- Ajustar preços conforme o valor agregado percebido pelos clientes.

3. Ferramenta de Simulação:
- Criar um simulador para avaliar diferentes cenários de preços e margens.

Passo 4: Prototipagem e Validação

1. Prototipagem:
- Desenvolver rascunhos de estratégias de precificação e aplicá-los a um pequeno segmento do mercado.

2. Validação:
- Coletar feedback dos clientes e resultados financeiros iniciais.
- Ajustar as estratégias conforme os dados e insights recebidos.

6. Produto

Kit de Ferramentas e Processos de Precificação Estratégica, incluindo:

1. Planilha de Análise de Custos:
- Ferramenta para calcular custos fixos e variáveis de produtos/serviços.

2. **Modelo de Valor Percebido:**
    - Estrutura para avaliar e registrar o valor percebido pelos clientes.
3. **Tabela de Benchmarking:**
    - Comparação detalhada de preços e diferenciais de mercado.
4. **Simulador de Preços:**
    - Ferramenta para calcular preços em diferentes cenários, considerando custos, valor agregado e mercado.

Exemplo Prático - Produto: Bebedouro Industrial
- **Custo total por unidade: R$ 800**
- **Valor percebido pelo cliente: R$ 1.200**
- **Concorrência: Preço médio de R$ 1.000**

Ferramenta Utilizada:
- **Planilha de Simulação:**
    - **Cenário 1:** Preço de R$ 1.050 (leve vantagem competitiva).
    - **Cenário 2:** Preço de R$ 1.200 (alinhado ao valor percebido).
    - **Cenário 3:** Preço de R$ 1.000 (competitividade máxima).

Resultados Esperados
1. Ferramentas Práticas: Kit adaptado às necessidades da empresa.
2. Validação Realista: Estratégias testadas e ajustadas antes de implementação ampla.
3. Capacitação: Equipe habilitada a replicar o processo para outros produtos/serviços.

Essa etapa garante que a organização tenha ferramentas e métodos prontos para aplicar estratégias de precificação eficazes, ajustadas ao mercado e ao valor percebido.

MÉTODOS PARA GARANTIR PRECIFICAÇÃO PRECISA

Precificar corretamente é essencial para manter a lucratividade, competitividade e sustentabilidade de uma organização. Abaixo estão os principais métodos que podem ser utilizados para garantir estratégias de precificação bem fundamentadas e eficazes:

1. Precificação Baseada em Custos

Descrição: Definir preços com base no custo total de produção de um produto ou serviço, somado a uma margem de lucro desejada.

- Como funciona:
    - Calcule os custos diretos (ex.: matéria-prima, mão de obra direta).
    - Inclua os custos indiretos (ex.: energia, manutenção).
    - Divida pelo resultado de (1- Margem de Lucro).
    - Exemplo: Custo total por unidade: R$800,00; Margem de Lucro desejada:50 % (0,50). Preço de venda= 800 / (1 – 0,50) = 1600
- Melhor para: Produtos com estruturas de custo claras e previsíveis.
- Limitações: Pode não levar em conta a percepção de valor ou a concorrência.

2. Precificação Baseada em Valor

Descrição: Os preços são determinados pelo valor percebido do produto ou serviço para o cliente, em vez de seus custos.

- Como funciona:
    - Realize pesquisas com clientes para entender sua disposição para pagar.
    - Destaque recursos e benefícios que diferenciam o produto.
    - Defina preços com base nos benefícios percebidos em relação às alternativas.
- Melhor para: Produtos ou serviços premium e de alta qualidade.
- Limitações: Exige profundo entendimento do mercado e da psicologia do cliente.

3. Precificação Orientada ao Mercado

Descrição: Alinhar os preços às tendências de mercado e aos benchmarks dos concorrentes.

- Como funciona:
    - Realize análises de concorrência para compreender padrões de preços.
    - Avalie as expectativas dos clientes no segmento de mercado.
    - Posicione o produto como premium, econômico ou médio, de acordo com a estratégia da marca.

- Melhor para: Mercados competitivos onde o preço influencia fortemente a escolha do cliente.
- Limitações: Pode gerar guerras de preços se não for gerido com cuidado.

4. Precificação Dinâmica

Descrição: Ajustar preços em tempo real com base na demanda, níveis de estoque e outros fatores do mercado.

- Como funciona:
    - Use ferramentas de análise e inteligência artificial para monitorar a demanda e o comportamento do cliente.
    - Ajuste os preços dinamicamente (ex.: preços por demanda alta ou descontos em períodos de baixa).
- Melhor para: Comércio eletrônico, hospitalidade e serviços com flutuação de demanda.
- Limitações: Pode frustrar os clientes se as mudanças parecerem arbitrárias.

5. Precificação em Camadas

Descrição: Oferecer múltiplos níveis de preço com base nos recursos ou necessidades do cliente.

- Como funciona:
    - Divida as ofertas em básica, padrão e premium.
    - Precifique cada camada de acordo com o valor que entrega.
- Melhor para: SaaS, assinaturas e indústrias onde a personalização é valorizada.
- Limitações: Pode aumentar a complexidade na gestão de várias camadas.

6. Precificação Psicológica

Descrição: Usar estratégias de precificação para influenciar a percepção e o comportamento do cliente.

- Técnicas incluem:
    - Preço psicológico: Colocar preços logo abaixo de números inteiros (ex.: R$ 9,99 em vez de R$ 10).

- Ancoragem: Mostrar um preço mais alto primeiro para tornar as opções seguintes mais atraentes.
- Preço por pacote: Oferecer descontos ao comprar vários itens juntos.
* Melhor para: Varejo, bens de consumo e indústrias de compras por impulso.
* Limitações: Requer equilíbrio cuidadoso para evitar parecer manipulação.

7. Precificação Geográfica

Descrição: Ajustar preços com base nas condições de mercado regionais.

* Como funciona:
  - Avalie fatores como demanda local, poder de compra e custos de logística.
  - Defina preços específicos para cada região para maximizar competitividade e lucratividade.
* Melhor para: Empresas que operam em áreas geográficas diversas.
* Limitações: Pode complicar a gestão de preços.

8. Precificação Premium e de Penetração

Descrição: Oferecer preços iniciais baixos ou gratuitos para atrair clientes e, posteriormente, cobrar por serviços adicionais ou upgrades.

* Como funciona:
  - Disponibilize uma versão básica do produto gratuitamente ou a preços reduzidos.
  - Cobrar preços premium por recursos avançados ou acesso contínuo.
* Melhor para: Entrantes em novos mercados e produtos que requerem adoção em massa.
* Limitações: Risco de subestimar o valor percebido.

9. Precificação Competitiva

Descrição: Definir preços ligeiramente acima, abaixo ou iguais aos concorrentes, com base na estratégia de posicionamento.

- Como funciona:
    - Compare com os concorrentes diretos.
    - Ajuste os preços para refletir a diferenciação em qualidade, serviço ou valor da marca.
- Melhor para: Mercados maduros com padrões de preços bem estabelecidos.
- Limitações: Pode limitar a inovação se focar apenas na competição de preços.

10. Precificação por Pacotes

Descrição: Combinar vários produtos ou serviços em um único pacote com preço reduzido.

- Como funciona:
    - Identifique ofertas complementares.
    - Crie pacotes que incentivem compras maiores.
- Melhor para: Varejo, software e indústrias de serviços.
- Limitações: Pode reduzir margens se os descontos forem muito altos.

Principais Conclusões

- Precificação precisa requer um equilíbrio entre análise de custos, avaliação de valor e condições de mercado.
- O melhor método depende do produto, setor e objetivos da organização.
- Combinar estratégias (ex.: custo e valor) frequentemente gera os melhores resultados.

Precificação é um processo contínuo, que exige monitoramento e ajustes constantes para refletir as tendências do mercado, as preferências dos clientes e os custos operacionais.

7-9) APLICAÇÃO E ACOMPANHAMENTO: MONITORAMENTO DE MARGEM DE LUCRO E AJUSTES CONFORME O MERCADO

1. Contexto

A aplicação eficaz das estratégias de precificação exige um monitoramento contínuo da margem de lucro e ajustes dinâmicos com base nas mudanças do mercado. Essa etapa transforma os planos em ação, assegurando que as metas financeiras sejam alcançadas e que a organização permaneça competitiva.

2. Objetivo

- Garantir que as estratégias de precificação implementadas gerem os resultados esperados em termos de lucratividade, competitividade e sustentabilidade.
- Ajustar preços de forma proativa para responder às condições de mercado e manter alinhamento com os objetivos organizacionais.

3. Missão do Aluno

- Monitorar indicadores financeiros, como margem de lucro e participação no mercado.
- Analisar os resultados da aplicação das estratégias.
- Propor ajustes sempre que necessário, alinhando-se às metas organizacionais.

4. Fatores Críticos de Sucesso (FCS)

1. Monitoramento Contínuo: Revisões regulares de dados financeiros e feedback de mercado.
2. Flexibilidade: Capacidade de ajustar estratégias rapidamente em resposta a mudanças.
3. Cooperação: Engajamento de equipes de vendas, marketing e operações para coletar insights relevantes.

5. Método

Monitoramento de Indicadores

Indicadores-Chave:

1. Margem de Lucro Bruta:

   Margem de Lucro Bruta (%) = ((Preço de Venda – Custo Total) / Preço de Venda) × 100
   - Objetivo: Garantir que a margem mínima definida seja mantida.

2. Receitas vs. Despesas:
   - Comparação mensal para assegurar fluxo financeiro positivo.

3. Elasticidade do Preço:
   - Medir como mudanças no preço impactam as vendas.

Passo 1: Feedback do Mercado

1. Revisão com Clientes:
> Pesquisas para avaliar se os preços refletem o valor percebido.
> Solicitar sugestões para ajustar preços ou ofertas.

2. Monitoramento de Concorrentes:
- Observar ajustes de preços feitos por concorrentes e sua reação do mercado.

Passo 2: Reuniões de Acompanhamento

1. Frequência:
- Semanal: Revisão rápida de dados financeiros e feedback interno.
- Mensal: Análise aprofundada dos indicadores e decisões estratégicas.

2. Agenda:
- Avaliar os resultados da precificação em termos de lucratividade e competitividade.
- Identificar e corrigir desvios das metas.
- Planejar ajustes com base nas tendências do mercado.

Passo 3: Ajustes Proativos

1. Ajustar Preços:
- Com base nos dados coletados, revisar preços para maximizar margens ou participação no mercado.

2. Rever Estratégias:
- Realizar simulações para prever o impacto financeiro de novos preços.

Passo 4: Documentação dos Resultados

Relatório Final:

1. Dados consolidados de margens de lucro e desempenho de vendas.
2. Insights coletados de clientes, colaboradores e mercado.
3. Medidas implementadas e seus impactos.
4. Recomendação para ações futuras.

6. Impactos no Alinhamento, Efetividade e Cultura

1. Alinhamento
- **Impacto Positivo:**
    - Decisões de precificação alinhadas com os objetivos estratégicos.
    - Colaboração entre áreas para integrar dados e insights no processo de precificação.

2. Efetividade
- **Impacto Positivo:**
    - Redução de desperdícios financeiros com preços mal definidos.
    - Foco em produtos e serviços que maximizam a margem de lucro.

3. Cultura
- **Impacto Positivo:**
    - Desenvolvimento de uma mentalidade orientada por dados.
    - Aumento do engajamento das equipes ao verem os resultados positivos das estratégias.

Produto Final

- **Relatório Final de Resultados:**
    - Indicadores financeiros e gráficos comparativos.
    - Análise do impacto das estratégias de precificação.
    - Recomendações para ajustes e melhorias contínuas.

Resultados Esperados

1. **Lucratividade Sustentada:** Margens de lucro saudáveis e crescimento financeiro.
2. **Competitividade Reforçada:** Preços ajustados para maximizar valor percebido.
3. **Tomada de Decisão Baseada em Dados:** Processos mais eficientes e menos subjetivos.

Este método assegura que a aplicação das estratégias de precificação seja consistente, eficaz e alinhada às metas organizacionais.

7-10) SAÍDAS DA TRILHA DE PRECIFICAÇÃO E PLANO DE AÇÃO

1. Saídas Esperadas

1. **Ferramentas de Precificação Eficazes:**
   - Planilha para análise de custos diretos e indiretos.
   - Modelo para precificação baseada em valor percebido e benchmarking de mercado.
   - Simulador de cenários para testar diferentes estratégias de precificação.

2. **Definição de Estratégias de Precificação:**
   - Preços ajustados para maximizar margem de lucro e competitividade.
   - Documentação clara das diretrizes de precificação.

3. **Indicadores de Acompanhamento:**
   - Margem de lucro bruta.
   - Elasticidade do preço.
   - Comparativo receitas vs. despesas.

4. **Capacitação da Equipe:**
   - Colaboradores treinados para aplicar os métodos de precificação.
   - Engajamento das áreas de vendas, marketing, e operações no processo.

5. **Relatório de Impacto:**
   - Resultados alcançados após a implementação das estratégias.
   - Recomendações para ajustes futuros.

2. Plano de Ação

Duração: 10 dias.

Dia	Atividade	Responsável	Como	Recursos	Saída Esperada
1	Lançamento da Trilha de Precificação	Diretor Financeiro	Apresentação inicial	Slides e ferramentas introdutórias	Alinhamento inicial da equipe
2	Treinamento sobre Análise de Custos	Facilitador Financeiro	Sessão online ou presencial	Planilha de custos	Equipe capacitada
3	Pesquisa de Mercado	Equipe de Marketing	Coleta de dados de concorrentes	Pesquisa online, relatórios de mercado	Benchmarking de preços
4	Identificação de Valor Percebido	Equipe Comercial	Feedback de clientes	Questionários, entrevistas	Mapa de valor agregado
5	Desenvolvimento de Simulações de Preços	Analista Financeiro	Uso de ferramentas de simulação	Modelos de simulação	Cenários de precificação
6	Validação de Estratégias com a Liderança	Diretor Financeiro	Apresentação de estratégias propostas	Relatório de validação	Aprovação de estratégias
7	Implementação Piloto	Equipe Comercial	Aplicação em segmentos menores	Estratégia de teste	Feedback inicial
8	Revisão dos Indicadores de Acompanhamento	Equipe Financeira	Análise de desempenho	Relatórios de vendas	Ajustes nas estratégias
9	Consolidação do Relatório Final	Analista Financeiro	Compilação de dados e resultados	Indicadores financeiros	Relatório final
10	Apresentação de Resultados e Encerramento da Trilha	Diretor Financeiro	Evento de encerramento	Relatório final, slides	Resultados documentados e próximos passos

2. Indicadores de Monitoramento

1. **Margem de Lucro Bruta:**
   - Meta: Manter acima de 30% em média.
2. **Elasticidade do Preço:**
   - Meta: Aumentar a receita em 5% sem impactar o volume de vendas.
3. **Receitas vs. Despesas:**
   - Meta: Garantir fluxo de caixa positivo mensalmente.
4. Participação no Mercado:

- Meta: Aumentar a participação em pelo menos 3% no segmento.

Resultados Esperados

1. Lucratividade Sustentável: Estratégias que equilibram valor, custos e competitividade.
2. Engajamento da Equipe: Colaboradores alinhados e treinados na aplicação de ferramentas.
3. Posicionamento Estratégico: Preços que refletem a qualidade e o valor percebido.
4. Cultura de Dados: Decisões baseadas em análises e indicadores concretos.

O plano de ação garante que as saídas esperadas da trilha sejam alcançadas de maneira prática e eficiente, promovendo impacto positivo nos pilares de alinhamento, efetividade e cultura organizacional.

7-11) RESUMO DA TRILHA: A PRECIFICAÇÃO GARANTE RENTABILIDADE E COMPETITIVIDADE

A trilha de precificação aborda um dos elementos mais críticos para a sustentabilidade de qualquer organização: a definição de preços que assegurem a rentabilidade enquanto fortalecem a competitividade no mercado. Por meio de práticas estruturadas, ferramentas eficazes e acompanhamento contínuo, a trilha transforma a precificação em um fator estratégico.

Principais Conceitos Abordados

1. **O que é Precificação?**
   - A definição de preços com base em custos, valor percebido e condições de mercado.
   - Integração de estratégias financeiras e posicionamento competitivo.

2. **Por que é Importante?**
   - Afeta diretamente a lucratividade.
   - Define a posição da organização em relação à concorrência.
   - Influencia a percepção de valor pelos clientes.

3. **Quais são os Benefícios?**
   - Lucratividade Sustentável: Margens saudáveis para suportar operações e crescimento.

- Fidelização do Cliente: Preços justos baseados no valor percebido aumentam a retenção.
- Decisões Baseadas em Dados: Monitoramento contínuo de indicadores financeiros.

Os Quatro Desafios da Trilha

1. Levantamento das Dores
- Identificação das dificuldades causadas pela ausência de estratégias de precificação.
- Principais dores: margens reduzidas, desequilíbrio entre custo e preço, falta de competitividade.

2. Prescrição do Remédio
- Desenvolvimento de estratégias claras com base em análise de custos, valor percebido e benchmarking.
- Criação de ferramentas para simular diferentes cenários de preços.

3. Fabricação do Medicamento
- Pesquisa de mercado para entender a concorrência.
- Identificação do valor agregado percebido pelos clientes.
- Desenvolvimento de planilhas, simuladores e modelos de precificação.

4. Aplicação e Acompanhamento
- Implementação de preços ajustados aos objetivos estratégicos.
- Monitoramento contínuo de margens e ajuste conforme o mercado.
- Relatórios consolidados para avaliação e melhorias contínuas.

Impacto nos Pilares Organizacionais

1. Alinhamento
- A precificação estratégica integra áreas como finanças, marketing e vendas, promovendo colaboração e clareza.

2. Efetividade
- Reduz desperdícios financeiros com produtos ou serviços precificados inadequadamente.
- Otimiza recursos e esforços com foco em maior retorno.

3. Cultura
- Cria uma mentalidade orientada por dados e estratégias claras.

- Aumenta o engajamento das equipes ao verem os resultados financeiros positivos.

Resultados Esperados

1. Lucratividade Sustentável: Margens ajustadas para cobrir custos e gerar lucro.
2. Competitividade Reforçada: Preços que refletem o valor percebido e posicionam a organização de forma sólida no mercado.
3. Foco Estratégico: Decisões embasadas por dados, com visão clara de curto e longo prazo.
4. Maior Engajamento: Colaboradores capacitados e alinhados com os objetivos organizacionais.

CONCLUSÃO

A trilha de precificação é um pilar essencial para a saúde financeira e a competitividade de uma organização. Ao integrar estratégias robustas, ferramentas práticas e monitoramento contínuo, essa trilha capacita a organização a maximizar sua lucratividade enquanto atende às expectativas do mercado e dos clientes.

7-12) TESTE DE CONHECIMENTO: ESTRATÉGIAS E MÉTODOS DE PRECIFICAÇÃO

Objetivo

Avaliar a compreensão dos conceitos, estratégias e métodos de precificação apresentados na trilha. As perguntas são de múltipla escolha, e a resposta correta vem acompanhada de uma justificativa para reforçar o aprendizado.

1. **Qual é o principal objetivo de uma estratégia de precificação baseada em valor?**
    - (A) Garantir que os preços cubram todos os custos diretos e indiretos.
    - (B) Refletir o valor percebido pelo cliente, mesmo que o custo de produção seja baixo.
    - (C) Oferecer preços competitivos alinhados ao mercado.
    - (D) Aumentar o volume de vendas com preços reduzidos.

Resposta correta: (B)

Justificativa: A estratégia baseada em valor foca no benefício percebido pelo cliente, permitindo cobrar preços que reflitam a qualidade ou exclusividade do produto.

2. O que significa elasticidade de preço?
- (A) A capacidade de ajustar preços com base em custos fixos.
- (B) A sensibilidade dos clientes às mudanças de preço de um produto ou serviço.
- (C) A variação no custo de produção em diferentes cenários econômicos.
- (D) O impacto da precificação no fluxo de caixa operacional.

Resposta correta: (B)

Justificativa: Elasticidade de preço mede como as mudanças de preço afetam a demanda por um produto ou serviço, sendo essencial para determinar o impacto das estratégias de precificação.

3. Qual é a melhor prática ao realizar pesquisas de mercado para precificação?
- (A) Focar apenas no preço médio praticado pelos concorrentes.
- (B) Analisar concorrentes, valor percebido pelos clientes e tendências de mercado.
- (C) Ajustar preços com base em feedback interno da equipe.
- (D) Considerar apenas os custos de produção ao determinar o preço final.

Resposta correta: (B)

Justificativa: Uma pesquisa de mercado eficaz inclui análise da concorrência, valor percebido pelos clientes e condições gerais de mercado para garantir uma precificação estratégica.

4. O que uma estratégia de precificação dinâmica permite?
- (A) Manter preços fixos, independentemente da demanda.
- (B) Ajustar preços em tempo real com base em fatores como demanda e sazonalidade.
- (C) Reduzir custos de produção ao longo do tempo.
- (D) Garantir margens de lucro consistentes em todos os períodos.

Resposta correta: (B)

Justificativa: Precificação dinâmica permite ajustar os preços de acordo com fatores como demanda, inventário e sazonalidade, maximizando receitas em diferentes cenários.

5. 5. **Qual é o risco de uma estratégia baseada exclusivamente em precificação por custos?**
   - (A) Não considerar a percepção de valor pelo cliente.
   - (B) Criar preços acima do praticado pela concorrência.
   - (C) Impactar negativamente as margens de lucro.
   - (D) Comprometer a estrutura de custos fixos da empresa.

Resposta correta: (A)

Justificativa: Focar apenas nos custos pode resultar em preços que ignoram o valor percebido pelos clientes, o que pode afastá-los, mesmo que o produto seja tecnicamente competitivo.

Pontuação
- 5 acertos: Excelente compreensão de estratégias e métodos de precificação.
- 3-4 acertos: Bom entendimento, mas sugere-se revisar conceitos específicos.
- 0-2 acertos: Necessidade de reforçar o aprendizado com materiais adicionais e práticas.

CONCLUSÃO

Este teste permite avaliar se os participantes compreenderam os conceitos fundamentais de precificação, preparando-os para aplicá-los na prática de forma estratégica e eficaz.

7-13) MAPA MENTAL DA TRILHA: PRECIFICAÇÃO

PRECIFICAÇÃO

- **Indicadores de Monitoramento**
  1. Margem de Lucro Bruta
  2. Elasticidade do Preço
  3. Receitas vs. Despesas
  4. Participação no Mercado

- **Saídas Esperadas**
  1. Ferramentas de Precificação Eficazes
  2. Definição de Estratégias de Precificação
  3. Indicadores de Acompanhamento
  4. Capacitação da Equipe
  5. Relatório de Impacto

- **Resultados Esperados**
  1. Lucratividade Sustentável
  2. Engajamento da Equipe
  3. Posicionamento Estratégico
  4. Cultura de Dados

Aqui está o Mapa Mental da Trilha: Estrutura de Precificação Baseada em Custo e Valor, destacando as duas principais abordagens: Precificação Baseada em Custo e Precificação Baseada em Valor, com seus subcomponentes organizados de forma clara e prática. Este mapa facilita a compreensão dos processos envolvidos na definição de preços.

7-14) REFLETINDO SOBRE AS INCONSCIÊNCIAS NA AUSÊNCIA DA PRECIFICAÇÃO

A ausência de estratégias eficazes de precificação cria inconsciências organizacionais que impactam diretamente a saúde financeira, competitividade e sustentabilidade da empresa. Esses padrões automáticos, muitas vezes não percebidos, resultam em decisões baseadas em suposições, desperdícios financeiros e perda de oportunidades de mercado.

1. **Inconsciências Identificadas**

    1.1. **Falta de Clareza no Valor Percebido**
    - Inconsciência: Não compreender como os clientes percebem o valor do produto ou serviço.
    - Impacto: Preços desalinhados com as expectativas do cliente, resultando em perda de vendas ou subvalorização do produto.

1.2. Subestimação dos Custos Totais
- Inconsciência: Não contabilizar corretamente todos os custos diretos e indiretos na formação do preço.
- Impacto: Margens de lucro reduzidas, colocando em risco a viabilidade financeira.

1.3. Tomada de Decisões Baseada em Pressão Externa
- Inconsciência: Ajustar preços reativamente, baseando-se apenas em movimentos da concorrência.
- Impacto: Desgaste financeiro e perda de diferenciação competitiva.

1.4. Negligência no Monitoramento Contínuo
- Inconsciência: Falha em revisar regularmente a eficácia dos preços aplicados.
- Impacto: Preços desatualizados que não refletem mudanças nos custos, no mercado ou no comportamento dos clientes.

1.5. Desalinhamento entre Áreas Funcionais
- Inconsciência: Comunicação insuficiente entre equipes de vendas, marketing e finanças.
- Impacto: Estratégias desconectadas e preços incoerentes com os objetivos organizacionais.

2. Como a Ausência de Precificação Afeta os Pilares Organizacionais

2.1. Alinhamento
- Problema: A falta de precificação clara gera desalinhamento entre as áreas funcionais.
- Impacto: Metas de vendas e operações podem entrar em conflito, gerando tensões internas.

2.2. Efetividade
- Problema: Preços incorretos resultam em esforços mal direcionados.
- Impacto: Recursos são desperdiçados em produtos ou serviços que não geram margens adequadas.

2.3. Cultura
- Problema: A ausência de critérios claros para precificação promove uma cultura de improvisação.

- Impacto: Redução da confiança interna e da motivação da equipe ao enfrentar frequentes crises financeiras.

3. Reflexão Neurocientífica

Assim como na mente humana, onde hábitos inconscientes controlam grande parte das ações, as organizações muitas vezes funcionam com "programas automáticos" de precificação que não são revistos ou questionados. A ausência de uma estratégia clara perpetua:

- Decisões reativas e automáticas: Ajustes de preços sem análise profunda.
- Falta de reflexão consciente: Incapacidade de conectar precificação aos objetivos estratégicos.

A Jornada de 100 Dias visa reprogramar essas inconscientes organizacionais, promovendo uma precificação estratégica que traga consciência, alinhamento e resultados sustentáveis

4. Como Evitar as Inconsciências
Passos Estratégicos:

1. Capacitação da Equipe: Ensinar conceitos de valor percebido, custos e análise de mercado.
2. Monitoramento Regular: Revisar continuamente os preços e ajustar conforme necessário.
3. Comunicação Interna: Garantir que todas as áreas estejam alinhadas com a estratégia de precificação.
4. Uso de Ferramentas: Aplicar planilhas e simuladores para embasar as decisões de precificação.

CONCLUSÃO

Reconhecer as inconsciências na ausência de estratégias de precificação é o primeiro passo para transformá-las. Implementar práticas estruturadas permite que a organização funcione de forma mais consciente, promovendo lucratividade, competitividade e sustentabilidade.

CAPÍTULO 8

A QUINTA TRILHA – ESTRATÉGIA

🔍 8-1) CONTEXTO

A estratégia é a bússola da organização, responsável por alinhar suas ações ao mercado e às oportunidades. Ela fornece clareza sobre onde estamos, para onde queremos ir e como chegaremos lá, garantindo que recursos sejam aplicados de forma inteligente e direcionada.

💡 8-2) METÁFORA

Um mapa que guia o caminho para o sucesso:

Assim como um viajante precisa de um mapa para chegar ao destino, as organizações precisam de uma estratégia para navegar pelos desafios do mercado e atingir suas metas.

⚙️ 8-3) ANALOGIA

Planejar uma viagem:

Ao organizar uma viagem, é necessário:

- Definir o destino (objetivo organizacional).
- Planejar a rota (ações estratégicas).
- Antecipar obstáculos (riscos e desafios).
- Garantir recursos adequados (tempo, dinheiro e equipe).

❓ 8-4) O QUE É?

A estratégia é um conjunto de ações e metas que guiam a organização ao longo do tempo.

- Metas estratégicas: Grandes objetivos de longo prazo.
- Planos de ação: Passos concretos para atingir as metas.

- Análise de mercado: Entendimento do ambiente externo e interno para tomada de decisão.

🔊 8-5) POR QUE É IMPORTANTE?

1. Direciona as Decisões
- Sem estratégia: Decisões são tomadas de forma improvisada.
- Com estratégia: Há clareza sobre prioridades e alinhamento com os objetivos.

2. Assegura a Sustentabilidade
- Sem estratégia: Recursos são desperdiçados e oportunidades não são aproveitadas.
- Com estratégia: A organização constrói um futuro sólido e resiliente.

3. Garante Competitividade
- Sem estratégia: A empresa se torna reativa às mudanças do mercado.
- Com estratégia: A empresa lidera mudanças e se posiciona de forma diferenciada.

💗 8-6) LEVANTAMENTO DAS DORES PELA AUSÊNCIA DE UMA ESTRATÉGIA

1. Falta de Direção
- Problema: Não há clareza sobre onde a organização quer chegar.
- Impacto: Equipes desmotivadas e perda de foco.

2. Desperdício de Recursos
- Problema: Esforços e investimentos não produzem resultados significativos.
- Impacto: Custos elevados e baixa produtividade.

3. Oportunidades Perdidas
- Problema: Falta de visão para identificar e capturar oportunidades.
- Impacto: A organização fica atrás dos concorrentes e perde mercado.

Objetivo do Questionário para o levantamento das dores.

Identificar as principais dores enfrentadas pela organização devido à falta de uma estratégia clara, categorizando-as em três áreas: direção, recursos e oportunidades. As respostas serão consolidadas em uma tabela para facilitar a priorização e o plano de ação.

QUESTIONÁRIO: LEVANTAMENTO DE DORES PELA AUSÊNCIA DA ESTRATÉGIA

Parte 1: Falta de Direção

1. **Como você percebe a clareza das metas organizacionais?**
    - (A) As metas são claras e conectadas às nossas prioridades.
    - (B) As metas existem, mas são confusas e pouco aplicáveis ao meu trabalho.
    - (C) Não há metas claras definidas para orientar nosso trabalho.
2. **Em sua opinião, as decisões na organização são tomadas de forma alinhada a um objetivo maior?**
    - (A) Sim, todas as decisões refletem um objetivo estratégico.
    - (B) Algumas decisões parecem desalinhadas.
    - (C) Não, as decisões são tomadas de forma improvisada.
3. **Você sente que entende como seu trabalho contribui para os objetivos da organização?**
    - (A) Sim, há uma conexão clara.
    - (B) Às vezes, mas essa conexão nem sempre é evidente.
    - (C) Não, não consigo ver como meu trabalho contribui.

Parte 2: Desperdício de Recursos

4. **A organização utiliza os recursos (tempo, equipe, dinheiro) de forma eficiente?**
    - (A) Sim, as alocações são bem planejadas e executadas.
    - (B) Às vezes, mas vejo esforços sendo desperdiçados.
    - (C) Não, os recursos são mal utilizados e frequentemente desperdiçados.
5. **Você percebe retrabalho ou redundância em processos ou projetos?**

- (A) Raramente, os processos são bem definidos.
- (B) Às vezes, mas isso não é frequente.
- (C) Sim, o retrabalho e a redundância são comuns.

6. **As iniciativas estratégicas da organização são frequentemente concluídas no prazo e dentro do orçamento?**
    - (A) Sim, a maioria é concluída conforme planejado.
    - (B) Algumas, mas muitas vezes os prazos ou orçamentos são ultrapassados.
    - (C) Não, raramente entregamos dentro do planejado.

Parte 3: Oportunidades Perdidas

7. **A organização é capaz de identificar e aproveitar oportunidades de mercado?**
    - (A) Sim, frequentemente antecipamos tendências e capturamos oportunidades.
    - (B) Às vezes, mas frequentemente perdemos oportunidades.
    - (C) Não, não identificamos ou exploramos oportunidades de forma proativa.

8. **Há uma visão clara sobre os concorrentes e as tendências de mercado?**
    - (A) Sim, estamos bem-informados e utilizamos isso em nossas decisões.
    - (B) Temos algumas informações, mas elas são insuficientes.
    - (C) Não, falta clareza sobre concorrência e tendências.

9. **A organização tem capacidade de inovar e responder às mudanças do mercado?**
    - (A) Sim, somos ágeis e inovadores.
    - (B) Às vezes, mas geralmente reagimos lentamente.
    - (C) Não, temos dificuldade em inovar e nos adaptar.

Consolidando as Respostas em uma Tabela

Pergunta	Resposta Mais Comum	Resumo da Dor Percebida
1. Clareza das metas	(B)	Metas confusas e pouco aplicáveis.
2. Decisões alinhadas a objetivos	(C)	Decisões tomadas sem objetivo estratégico claro.
3. Conexão do trabalho com objetivos	(B)	Conexão fraca entre atividades diárias e metas.
4. Uso eficiente de recursos	(C)	Recursos mal utilizados e frequentemente desperdiçados.
5. Retrabalho e redundância	(C)	Retrabalho comum devido à falta de processos claros.
6. Cumprimento de prazos e orçamentos	(B)	Projetos frequentemente ultrapassam prazos e custos.
7. Identificação de oportunidades de mercado	(B)	Perda de oportunidades por falta de visão proativa.
8. Conhecimento de concorrentes e tendências	(C)	Falta de clareza sobre o mercado e os concorrentes.
9. Inovação e agilidade	(B)	Lentidão na resposta às mudanças e na inovação.

Como Usar os Resultados

1. Priorizar as Dores Mais Críticas:
- Identifique as áreas que receberam mais respostas negativas (B ou C).

2. Planejar Soluções:
- Relacione as dores aos desafios da trilha e prescreva ações específicas para cada problema.

3. Acompanhar Melhorias:
- Repita o questionário periodicamente para medir avanços e ajustar estratégias.

Esse formato oferece uma estrutura prática para mapear as dores organizacionais e transformá-las em oportunidades de melhoria estratégica

8-7) A PRESCRIÇÃO DO REMÉDIO:

Estratégia bem elaborada e implantada que permita alcançar a visão e cumprir a missão, adotando comportamentos compatíveis com os valores da organização.

Contexto

A ausência de uma estratégia bem definida compromete o alinhamento organizacional, resultando em esforços dispersos, recursos desperdiçados e oportunidades perdidas. Antes de definir metas, é essencial criar um mapa estratégico claro que direcione a organização para alcançar a visão, cumprir a missão e adotar comportamentos compatíveis com seus valores.

Esse mapa estratégico funciona como o guia principal para alinhar todos os esforços, concentrando recursos e atenção nas prioridades que levarão ao sucesso.

Objetivo

Prescrever o medicamento: Uma estratégia clara, bem elaborada e bem implementada que:

1. **Direcione a organização:** Alinhando esforços para alcançar a visão e cumprir a missão.
2. **Integre valores organizacionais:** Garantindo que comportamentos estejam alinhados aos princípios fundamentais da organização.
3. **Otimize recursos:** Priorizando ações que maximizem impacto e resultados.
4. **Promova clareza e engajamento:** Facilitando a comunicação e o entendimento da estratégia em todos os níveis.

Missão do aluno / colaborador:

O aluno deverá elaborar uma tabela que contenha:

1. As dores levantadas pela ausência de uma estratégia clara.
2. Os benefícios tangíveis de uma estratégia bem elaborada e bem implementada.

Essa tabela deve evidenciar a importância de um mapa estratégico claro como base para alcançar a visão e cumprir a missão da organização.

Tabela: Dores vs Benefícios de uma Estratégia Bem Elaborada e Bem Implementada

Dores (Ausência de Estratégia)	Benefícios de uma Estratégia Bem Elaborada e Bem Implementada
Desalinhamento organizacional: Esforços dispersos e mal direcionados.	Alinhamento total: Todas as áreas trabalhando em sinergia para objetivos comuns.
Falta de foco nas prioridades: Ações desconexas e sem impacto significativo.	Foco estratégico: Concentração de esforços nas áreas que geram maior impacto.
Perda de tempo e recursos: Decisões ineficientes e desperdícios frequentes.	Otimização de recursos: Melhor uso de tempo, dinheiro e materiais.
Colaboradores desmotivados: Falta de propósito e clareza no trabalho.	Engajamento elevado: Funcionários motivados por metas claras e alinhadas.
Dificuldade em responder a mudanças: Organização lenta e reativa.	Agilidade estratégica: Capacidade de adaptação rápida às demandas do mercado.
Oportunidades perdidas: Falta de visão proativa e inovação.	Aproveitamento de oportunidades: Identificação e captação de novas possibilidades.
Conflitos internos: Áreas competindo por recursos e objetivos distintos.	Harmonia entre áreas: Alocação clara de recursos e alinhamento de prioridades.
Falta de credibilidade: Imagem de desorganização junto a clientes e parceiros.	Reputação fortalecida: Percepção de profissionalismo e confiabilidade.
Baixa performance financeira: Lucros insatisfatórios devido a decisões mal planejadas.	Resultados financeiros sólidos: Melhora na lucratividade e sustentabilidade.
Falta de inovação: Cultura organizacional estagnada.	Cultura de inovação: Estratégia que incentiva a criatividade e renovação contínua.

Fatores Críticos de Sucesso (FCS)

Os fatores críticos fundamentais para o sucesso da implementação da estratégia:

1. Diagnóstico Claro:
- Entender profundamente os desafios e oportunidades antes de construir o mapa estratégico.

2. Visão Sistêmica:
- Alinhar a estratégia com todos os níveis e áreas da organização.

3. Engajamento de Liderança:
- Envolver líderes estratégicos, táticos e operacionais para garantir adesão e alinhamento.

4. **Comunicação Efetiva:**
    - Garantir que a estratégia seja compreendida e aceita por todos na organização.

Como Utilizar a Tabela

1. Identificar Dores: Revise a situação atual da organização e relacione as dores específicas enfrentadas devido à ausência de uma estratégia clara.
2. Conectar Benefícios: Use os benefícios listados para mostrar o impacto positivo de uma estratégia bem elaborada e implementada.
3. Prescrever o Medicamento: Desenvolva um plano estratégico, integrando os FCS, e comunique-o de forma eficaz para todos os níveis da organização.

8-8) FABRICAÇÃO DO MEDICAMENTO: ESTRATÉGIA DE SUCESSO

1. Contexto

Desenvolver ferramentas práticas e adaptáveis para realizar análises estratégicas eficazes, integrando Análise SWOT e Análise das 5 Forças de Porter, de modo a identificar os Fatores Críticos de Sucesso (FCS) e criar uma narrativa estratégica clara e motivadora. Este processo permitirá que a organização alcance a visão, cumpra a missão e adote comportamentos alinhados aos seus valores.

2. Objetivo

Capacitar líderes e equipes a:

1. Realizar Análises SWOT: Identificar forças, fraquezas, oportunidades e ameaças.
2. Utilizar as 5 Forças de Porter: Mapear a dinâmica competitiva do setor.
3. Integrar SWOT e Porter: Identificar os FCS com base nas análises realizadas.
4. Desenvolver Narrativa Estratégica: Conectar metas e ações à visão e missão da organização.

3. Missão do Aluno

1. Participar ativamente na execução das análises estratégicas.

2. Identificar e priorizar os FCS da organização.
3. Criar uma narrativa estratégica alinhada à visão e missão, que inspire e motive.

4. Fatores Críticos de Sucesso (FCS)

1. **Recursos Adequados:** Acesso a dados confiáveis e ferramentas apropriadas.
2. **Engajamento:** Cooperação ativa entre equipes de diferentes áreas.
3. **Clareza Metodológica:** Aplicação correta das análises e interpretação objetiva dos resultados.

5. Métodos e Tutoriais

A Análise SWOT é uma ferramenta que avalia fatores internos e externos que impactam a organização.

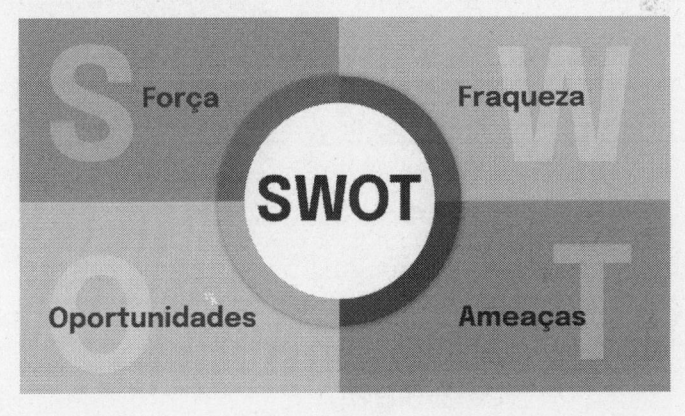

Etapas:

1. **Preparação:**
   - Formar uma equipe multidisciplinar.
   - Reunir dados sobre desempenho interno e ambiente externo.

2. **Preenchimento da Matriz SWOT:**
   - Forças (S): Recursos e capacidades que oferecem vantagens competitivas.
   - Fraquezas (W): Limitações internas que precisam ser resolvidas.
   - Oportunidades (O): Condições externas que podem beneficiar a organização.
   - Ameaças (T): Fatores externos que podem prejudicar a organização.

3. **Priorização:**
- Classificar os elementos por impacto e relevância.
- Selecionar os mais críticos para a formulação estratégica.

EXEMPLO PRÁTICO: UM FABRICANTE DE BEBEDOUROS INDUSTRIAIS PODE IDENTIFICAR COMO:

- **Força:** Equipe qualificada e capacidade de personalização.
- **Fraqueza:** Custos altos e tecnologia desatualizada.
- **Oportunidade:** Crescente demanda por produtos ecológicos.
- **Ameaça:** Concorrência internacional.

5.1 Tutorial: Análise SWOT Detalhada

A seguir, está o questionário estruturado para capturar informações que preencham a matriz SWOT e auxiliem na priorização de fatores. Cada pergunta tem opções de resposta múltipla, permitindo que o colaborador escolha as alternativas que mais se aplicam à sua organização. Essas respostas serão organizadas na tabela SWOT.

Questionário para Análise SWOT

A. Identificação de Forças (Strengths)

Objetivo: Mapear recursos e capacidades internas que oferecem vantagens competitivas.

1. **Quais são os principais pontos fortes da sua organização em termos de recursos humanos?**
   (A) Equipe altamente qualificada e experiente.
   (B) Colaboradores engajados e com boa comunicação.
   (C) Capacidade de rápida adaptação às mudanças.
   (D) Nenhuma das opções acima.

2. **Quais são os principais diferenciais dos produtos ou serviços oferecidos pela sua organização?**
   (A) Alta qualidade percebida pelo cliente.
   (B) Personalização de produtos/serviços para atender às necessidades específicas dos clientes.

(C) Preços competitivos.

(D) Inovação tecnológica.

3. A infraestrutura da sua organização apoia os objetivos estratégicos?

(A) Sim, temos tecnologia e instalações modernas.

(B) Sim, mas algumas áreas precisam de melhorias.

(C) Não, temos dificuldades devido a infraestrutura limitada.

4. Quais aspectos da marca ou reputação da sua organização se destacam?

(A) Reconhecimento de mercado.

(B) Confiança e credibilidade com clientes e parceiros.

(C) Proximidade e atendimento personalizado ao cliente.

B. Identificação de Fraquezas (Weaknesses)

Objetivo: Identificar limitações internas que precisam ser resolvidas.

1. Quais são os principais desafios enfrentados pela sua equipe interna?

(A) Falta de qualificação em áreas específicas.

(B) Dificuldade em reter talentos.

(C) Falta de comunicação ou integração entre departamentos.

(D) Outro: _____.

2. Quais são os maiores obstáculos na operação diária?

(A) Custos operacionais elevados.

(B) Processos ineficientes ou mal definidos.

(C) Falta de ferramentas ou tecnologia apropriada.

3. Como você avaliaria o posicionamento da sua organização no mercado?

(A) Estamos bem-posicionados, mas enfrentamos dificuldades com concorrentes locais.

(B) Estamos mal posicionados devido à baixa visibilidade.

(C) Temos dificuldade em diferenciar nossos produtos/serviços.

4. Há recursos financeiros ou tecnológicos que limitam o crescimento da organização?

(A) Sim, temos restrições de orçamento.

(B) Sim, precisamos atualizar ou adquirir novas tecnologias.

(C) Não enfrentamos restrições significativas.

C. Identificação de Oportunidades (Opportunities)

Objetivo: Mapear condições externas que podem beneficiar a organização.

1. Quais tendências de mercado podem beneficiar sua organização?

(A) Aumento da demanda por produtos/serviços sustentáveis.

(B) Expansão de mercados emergentes.

(C) Crescimento no uso de tecnologias digitais.

2. Existem incentivos governamentais ou mudanças regulatórias que favorecem sua organização?

(A) Sim, incentivos fiscais ou subsídios para o setor.

(B) Sim, regulamentações que promovem práticas sustentáveis.

(C) Não temos benefícios diretos atualmente.

3. Que oportunidades de parceria ou colaboração estão disponíveis?

(A) Parcerias estratégicas com fornecedores.

(B) Acesso a novos canais de distribuição.

(C) Programas de cooperação com outras empresas do setor.

4. Que novos segmentos de clientes podem ser explorados?

(A) Clientes que valorizam inovação tecnológica.

(B) Consumidores preocupados com sustentabilidade.

(C) Empresas buscando fornecedores confiáveis e personalizados.

D. Identificação de Ameaças (Threats)

Objetivo: Identificar fatores externos que podem prejudicar a organização.

1. Quais são as principais ameaças do mercado atual?

(A) Entrada de novos concorrentes.

(B) Produtos substitutos com preços mais baixos.

(C) Mudanças nas preferências dos consumidores.

2. Há desafios relacionados à cadeia de suprimentos?

(A) Aumento nos custos de matéria-prima.

(B) Dependência de poucos fornecedores.

(C) Instabilidade ou atrasos frequentes.

3. Que fatores econômicos afetam negativamente sua organização?

(A) Inflação ou custos crescentes.

(B) Desaceleração econômica ou queda na demanda.

(C) Taxas de câmbio instáveis.

4. Que mudanças regulatórias ou políticas representam riscos?

(A) Requisitos mais rigorosos de conformidade.

(B) Taxas ou impostos adicionais.

(C) Mudanças inesperadas em legislações do setor.

E. Priorização

Objetivo: Classificar elementos por impacto e relevância.

1. Quais fatores têm maior impacto positivo na organização?
- (A) Força 1.
- (B) Força 2.
- (C) Oportunidade 1.

2. Quais fatores representam as maiores barreiras ao sucesso?
- (A) Fraqueza 1.
- (B) Fraqueza 2.
- (C) Ameaça 1.

3. Se você tivesse que focar em um único elemento, qual seria?
- (A) Aproveitar uma oportunidade específica.
- (B) Resolver uma fraqueza crítica.
- (C) Mitigar uma ameaça urgente.

Como Usar o Questionário

1. Coleta de Respostas: Distribua o questionário entre os colaboradores envolvidos no processo estratégico.
2. Organização: Compile as respostas em uma matriz SWOT, categorizando-as como Forças, Fraquezas, Oportunidades e Ameaças.

3. Priorização: Analise as respostas para identificar os fatores mais mencionados ou de maior impacto, e concentre os esforços estratégicos nesses pontos.

Essa abordagem permite coletar dados de forma estruturada e envolver a equipe no processo, aumentando o engajamento e a qualidade das informações para a análise SWOT.

Exemplo Prático de Análise SWOT

Cenário: Empresa Fabricante de Bebedouros Industriais

A empresa busca expandir sua atuação no mercado e se tornar uma referência em sustentabilidade e inovação tecnológica.

1. Matriz SWOT Preenchida

Cenário: Fabricante de Bebedouros Industriais.

Forças (Strengths)	Fraquezas (Weaknesses)
- Equipe altamente qualificada e experiente. - Capacidade de personalizar produtos para clientes específicos. - Forte reputação por confiabilidade e durabilidade dos produtos.	- Custos operacionais elevados devido a processos ineficientes. - Tecnologia de fabricação desatualizada. - Baixa presença digital e marketing fraco.
Oportunidades (Opportunities)	Ameaças (Threats)
- Crescente demanda por produtos sustentáveis. - Incentivos governamentais para eficiência energética. - Expansão de mercados emergentes buscando tecnologia acessível.	- Concorrência internacional com preços mais baixos. - Aumento nos custos das matérias-primas. - Mudanças regulatórias que aumentam custos de conformidade.

Priorização dos Fatores

Após análise do impacto e relevância de cada fator, foram priorizados os seguintes elementos:

- **Forças prioritárias:**
    Capacidade de personalizar produtos.
    Forte reputação de confiabilidade.

- **Fraquezas prioritárias:**
    Custos operacionais elevados.

Baixa presença digital.

- **Oportunidades prioritárias:**
    Aumento da demanda por produtos sustentáveis.

    Incentivos governamentais para eficiência energética.

- **Ameaças prioritárias:**
    Concorrência crescente.

    Aumento nos custos das matérias-primas.

Análise SWOT com Insights e Ações
Forças para Aproveitar Oportunidades

- **Insight:**

A capacidade de personalizar produtos e a reputação de confiabilidade colocam a empresa em posição privilegiada para explorar o aumento da demanda por produtos sustentáveis.

- **Ação:**

Desenvolver uma linha de bebedouros sustentáveis e personalizados que atenda às demandas de clientes conscientes.

2. Fraquezas para Mitigar Ameaças

- **Insight:**

Custos operacionais elevados tornam a empresa vulnerável à concorrência e ao aumento de custos de matérias-primas.

- **Ação:**

Modernizar a tecnologia de fabricação para reduzir custos e aumentar a eficiência operacional.

3. Oportunidades para Superar Fraquezas

- **Insight:**

Incentivos governamentais para eficiência energética podem ajudar a financiar atualizações tecnológicas e compensar a fraqueza em processos desatualizados.

- **Ação:**

Solicitar subsídios ou créditos fiscais para investir em modernização de equipamentos.

4. Forças para Combater Ameaças

- **Insight:**

A forte reputação de confiabilidade pode diferenciar a empresa no mercado e minimizar o impacto da concorrência de baixo custo.

Ação:

Reforçar a comunicação com clientes sobre os benefícios de longo prazo dos produtos confiáveis e duráveis.

Ações Priorizadas

1. Lançar Linha Sustentável:

Focar no desenvolvimento de produtos que atendam à demanda por sustentabilidade.

2. Reduzir Custos Operacionais:

Modernizar processos para melhorar eficiência e reduzir impacto de custos de matérias-primas.

3. Investir em Presença Digital:

Ampliar esforços de marketing digital para captar novos clientes e competir no mercado global.

4. Parcerias Estratégicas:

Estabelecer parcerias com fornecedores para mitigar riscos de custos elevados e atrasos.

CONCLUSÃO

A análise SWOT evidenciou que a empresa possui forças significativas para explorar oportunidades no mercado sustentável, mas precisa superar fraquezas internas, como custos elevados e presença digital limitada.

A combinação dessas ações priorizadas permitirá que a empresa:

- Amplie sua base de clientes.
- Reduza vulnerabilidades.

- Aumente sua competitividade no mercado global.

Este exemplo demonstra como a análise SWOT, quando bem estruturada e priorizada, pode ser usada para direcionar ações práticas e estratégicas.

As cinco forças de Porter

O modelo das 5 Forças de Porter ajuda a entender o ambiente competitivo de um setor. A análise se dá em 5 etapas.

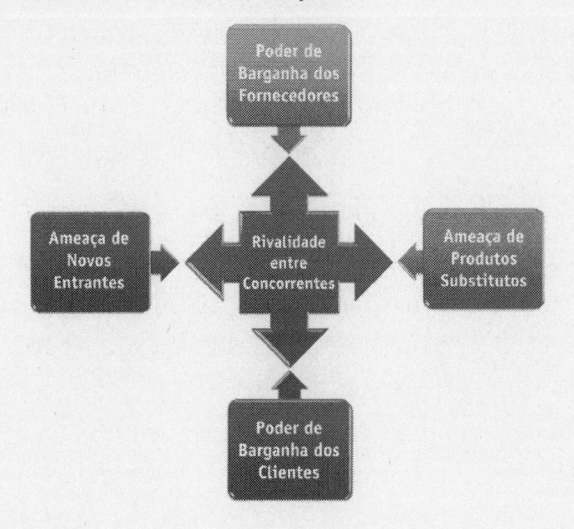

[Diagrama das 5 Forças de Porter: Poder de Barganha dos Fornecedores, Ameaça de Novos Entrantes, Rivalidade entre Concorrentes, Ameaça de Produtos Substitutos, Poder de Barganha dos Clientes]

Etapas:

1. Ameaça de Novos Entrantes:
O Barreiras à entrada (ex.: custos iniciais, regulamentações).

- Capacidade de novos players impactarem o mercado.

2. Poder de Barganha dos Fornecedores:
- Quantidade de fornecedores disponíveis.
- Dependência da organização em relação a eles.

3. Poder de Barganha dos Clientes:
- Sensibilidade ao preço e lealdade dos clientes.
- Disponibilidade de alternativas.

4. Ameaça de Produtos Substitutos:
- Existência de produtos que podem substituir a oferta atual.

- Grau de diferenciação da oferta.

5. **Rivalidade entre Concorrentes Existentes:**
   - Quantidade e força dos concorrentes.
   - Estrutura de mercado (monopólio, oligopólio, mercado fragmentado).

Questionário para Análise das 5 Forças de Porter

Este questionário tem como objetivo coletar informações para conduzir a análise das 5 Forças de Porter, permitindo que o colaborador escolha entre alternativas que melhor descrevam a situação da organização. As perguntas estão estruturadas para atender os cinco aspectos do modelo: ameaça de novos entrantes, poder de barganha dos fornecedores, poder de barganha dos clientes, ameaça de produtos substitutos e rivalidade entre concorrentes.

1. **Ameaça de Novos Entrantes**
    1. **Quão fáceis são as barreiras à entrada no seu setor?**
        (A) Muito fáceis de superar (baixo investimento e pouca regulação).
        (B) Moderadas (requer algum investimento e conhecimento técnico).
        (C) Difíceis (altos custos iniciais e regulamentações rigorosas).
    2. **Quão dependente o setor é de economias de escala?**
        (A) Não dependente (novos players podem competir facilmente).
        (B) Moderadamente dependente (economias de escala ajudam, mas não são essenciais).
        (C) Altamente dependente (economias de escala são uma barreira significativa).
    3. **A lealdade dos clientes a marcas já estabelecidas é alta?**
        (A) Não (clientes mudam facilmente para novos players).
        (B) Moderada (clientes consideram, mas não facilmente trocam).
        (C) Alta (os clientes preferem marcas estabelecidas).
    4. **Novos entrantes têm fácil acesso aos canais de distribuição?**
        (A) Sim, há muitos canais disponíveis.
        (B) Alguns canais estão disponíveis, mas é necessário esforço.
        (C) Não, os canais de distribuição são dominados por players estabelecidos.
2. **Poder de Barganha dos Fornecedores**
    1. **Quantos fornecedores estão disponíveis para os insumos necessários?**

(A) Muitos fornecedores (baixa dependência).

(B) Poucos fornecedores (alguma dependência).

(C) Apenas um ou dois fornecedores (alta dependência).

2. **Os custos de mudar de fornecedor são elevados?**

    (A) Não (a troca é simples e econômica).

    (B) Moderados (a troca requer algum investimento).

    (C) Sim, a troca é cara ou inviável.

3. **Os fornecedores têm capacidade de aumentar preços sem aviso?**

    (A) Não (a negociação é balanceada).

    (B) Moderadamente (aumentos ocasionais, mas negociáveis).

    (C) Sim, os fornecedores têm controle sobre os preços.

4. **Os insumos fornecidos são altamente especializados?**

    (A) Não (insumos são amplamente disponíveis no mercado).

    (B) Moderadamente especializados (algumas alternativas existem).

    (C) Sim, insumos são únicos e críticos para o negócio.

3. **Poder de Barganha dos Clientes**

    1. **Qual é a quantidade de clientes que representa a maior parte da receita?**

        (A) Muitos clientes pequenos (baixa dependência).

        (B) Alguns clientes grandes (alguma dependência).

        (C) Poucos clientes grandes (alta dependência).

    2. **Os clientes têm fácil acesso a alternativas?**

        (A) Não (as alternativas são limitadas ou inexistentes).

        (B) Moderadamente (algumas alternativas estão disponíveis).

        (C) Sim, há muitas alternativas disponíveis.

    3. **Os clientes são sensíveis ao preço?**

        (A) Não, eles priorizam qualidade e valor agregado.

        (B) Moderadamente, mas consideram outros fatores além do preço.

        (C) Sim, eles são altamente sensíveis ao preço.

    4. **Os clientes podem influenciar os termos de negociação?**

        (A) Não, a empresa define os termos.

        (B) Moderadamente, dependendo da relação comercial.

        (C) Sim, os clientes têm forte poder de barganha.

AMEAÇA DE PRODUTOS SUBSTITUTOS

1. Existem alternativas viáveis aos seus produtos/serviços?

(A) Não (não há substitutos relevantes).

(B) Sim, mas os substitutos oferecem benefícios limitados.

(C) Sim, há substitutos amplamente disponíveis.

2. Quão diferenciados são os seus produtos em relação aos substitutos?

(A) Muito diferenciados (únicos no mercado).

(B) Moderadamente diferenciados (algumas características exclusivas).

(C) Pouco diferenciados (substitutos atendem às mesmas necessidades).

3. Os clientes enfrentam altos custos para mudar para substitutos?

(A) Sim, os custos de mudança são significativos.

(B) Moderados, a troca requer algum esforço.

(C) Não, os custos de mudança são baixos ou inexistentes.

4. Os substitutos são mais baratos ou oferecem maior valor percebido?

(A) Não, seus produtos oferecem melhor custo-benefício.

(B) Moderados, substitutos têm preço semelhante ou valor comparável.

(C) Sim, os substitutos são mais baratos ou oferecem maior valor percebido.

5. Rivalidade entre Concorrentes

1. Quantos concorrentes existem no mercado?

(A) Poucos (mercado concentrado).

(B) Moderado (alguns concorrentes significativos).

(C) Muitos (mercado altamente fragmentado).

2. O mercado está em crescimento ou estagnado?

(A) Crescimento rápido (menos competição).

(B) Crescimento moderado (competição equilibrada).

(C) Estagnado ou em declínio (alta competição).

3. Os produtos/serviços oferecidos são diferenciados?

(A) Sim, os produtos são claramente diferenciados.

(B) Moderadamente diferenciados.

(C) Não, produtos são muito similares.

4. Os custos fixos são altos, forçando empresas a competir por volume?

(A) Não, os custos fixos são baixos.

(B) Moderados, mas controláveis.

(C) Sim, os custos fixos são altos e forçam a competição.

Como Utilizar o Questionário

1. Coleta de Respostas: Distribuir o questionário entre colaboradores envolvidos na análise estratégica.
2. Categorização: Organizar as respostas em uma matriz de intensidade para cada força (baixa, moderada, alta).
3. Análise: Avaliar os fatores mais críticos e desenvolver estratégias para mitigar ameaças ou aproveitar oportunidades.

Essa abordagem garante que as percepções dos colaboradores sejam sistematicamente traduzidas em uma análise estruturada e prática das 5 Forças de Porter.

Exemplo Prático: Análise das 5 Forças de Porter

Cenário: Uma empresa de bebedouros industriais avalia sua posição no mercado para melhorar sua competitividade e identificar áreas estratégicas para crescimento.

1. Ameaça de Novos Entrantes

Análise:

- O setor apresenta barreiras técnicas moderadas, como a necessidade de expertise em fabricação e regulamentações para produtos industriais.
- O investimento inicial é considerável, mas não proibitivo.
- Novos entrantes podem enfrentar dificuldades para construir uma reputação confiável e acessar canais de distribuição dominados por players estabelecidos.

Conclusão:

Intensidade Moderada.

Embora novos competidores possam entrar no mercado, empresas estabelecidas têm vantagens significativas em termos de marca, canais de distribuição e know-how técnico.

Estratégias Sugeridas:

- Investir em inovação tecnológica para criar barreiras competitivas.
- Fortalecer parcerias com distribuidores para dificultar a entrada de novos players.

2. Poder de Barganha dos Fornecedores

Análise:

- A empresa depende de poucos fornecedores especializados para componentes como sistemas de refrigeração e aço inoxidável.
- Os custos de mudança de fornecedor são moderados, mas podem afetar a qualidade do produto.
- Fornecedores têm alta capacidade de negociar preços devido à sua especialização e à limitação de alternativas.

Conclusão:

Intensidade Alta.

Os fornecedores têm um poder significativo, o que pode impactar os custos de produção.

Estratégias Sugeridas:

- Diversificar a base de fornecedores para reduzir dependência.
- Negociar contratos de longo prazo para garantir estabilidade nos custos e fornecimento.
- Explorar alternativas locais para insumos críticos.

3. Poder de Barganha dos Clientes

Análise:

- A maioria dos clientes são indústrias e empresas que compram em grandes quantidades, o que aumenta seu poder de negociação.
- Os clientes têm acesso a alternativas no mercado, mas valorizam produtos de alta qualidade e confiabilidade.
- Sensibilidade ao preço é moderada, mas diferenciação pode reduzir o poder de barganha dos clientes.

Conclusão:

Intensidade Moderada.

Os clientes exercem poder, mas a lealdade à marca e a percepção de valor podem mitigar essa influência.

Estratégias Sugeridas:
- Desenvolver produtos diferenciados, como bebedouros sustentáveis e energeticamente eficientes.
- Oferecer serviços de personalização para atender necessidades específicas.
- Melhorar o atendimento ao cliente para construir relacionamentos de longo prazo.

4. Ameaça de Produtos Substitutos

Análise:
- Produtos substitutos, como sistemas de filtragem direta e dispensadores de água engarrafada, estão amplamente disponíveis.
- Substitutos têm custos iniciais menores, mas podem ser menos econômicos a longo prazo em comparação com os bebedouros industriais.
- A percepção de valor e os benefícios diferenciados dos bebedouros podem ajudar a mitigar essa ameaça.

Conclusão:

Intensidade Alta.

Os substitutos são uma ameaça significativa, especialmente para clientes sensíveis ao preço.

Estratégias Sugeridas:
- Reforçar os benefícios de longo prazo dos bebedouros industriais, como economia operacional e sustentabilidade.
- Destacar a confiabilidade e a durabilidade dos produtos em campanhas de marketing.

5. Rivalidade entre Concorrentes

Análise:
- O mercado é altamente fragmentado, com muitos concorrentes locais e internacionais.
- A taxa de crescimento do mercado é estável, o que intensifica a competição por participação de mercado.

- Os produtos são relativamente homogêneos, levando a uma concorrência baseada em preço.
- Custos fixos elevados forçam as empresas a competirem agressivamente por volumes maiores.

Conclusão:

Intensidade Alta.

A competição é acirrada e exige eficiência e diferenciação para se destacar.

Estratégias Sugeridas:

- Investir em branding e fortalecer a lealdade do cliente.
- Focar em nichos de mercado menos atendidos, como produtos sustentáveis e personalizados.
- Melhorar a eficiência operacional para competir de forma mais eficaz em preços.

Resumo da Análise para a Empresa de Bebedouros Industriais

Força	Intensidade	Fatores Identificados	Estratégias Sugeridas
Ameaça de Novos Entrantes	Moderada	Barreiras técnicas moderadas; reputação estabelecida.	Investir em inovação e fortalecer parcerias com distribuidores.
Poder dos Fornecedores	Alta	Dependência de poucos fornecedores especializados.	Diversificar fornecedores e negociar contratos de longo prazo.
Poder dos Clientes	Moderada	Clientes industriais têm poder de negociação moderado.	Oferecer personalização e reforçar o atendimento ao cliente.
Ameaça de Substitutos	Alta	Sistemas de filtragem direta e dispensadores são amplamente disponíveis.	Destacar benefícios de longo prazo e sustentabilidade dos produtos.
Rivalidade na Indústria	Alta	Mercado fragmentado e com pouca diferenciação de produtos.	Investir em branding, atender nichos específicos e melhorar eficiência operacional.

CONCLUSÃO

A análise revelou que a empresa enfrenta desafios significativos relacionados ao poder dos fornecedores, ameaça de substitutos e rivalidade na indústria. No entanto, ela pode se diferenciar ao:

1. Explorar produtos sustentáveis e personalizados.
2. Aumentar a eficiência operacional.
3. Fortalecer sua marca e o relacionamento com clientes.

Essa abordagem estratégica permitirá que a empresa melhore sua posição competitiva e aumente sua resiliência no mercado.

INTEGRAÇÃO DE SWOT E 5 FORÇAS DE PORTER

A integração das análises SWOT (Forças, Fraquezas, Oportunidades e Ameaças) e das 5 Forças de Porter (Ameaça de Novos Entrantes, Poder de Barganha dos Fornecedores, Poder de Barganha dos Clientes, Ameaça de Substitutos e Rivalidade na Indústria) permite uma visão estratégica holística. Essa combinação une a análise de fatores internos com as pressões externas do ambiente competitivo, proporcionando um caminho claro para identificar os Fatores Críticos de Sucesso (FCS).

Como se dá a integração?

1. Relacionar Forças Internas com as 5 Forças Externas

O primeiro passo é identificar como as forças internas da organização podem ser utilizadas para mitigar ou explorar as forças externas do mercado.

- **Exemplo prático:**
    - Força interna: Relacionamentos sólidos com fornecedores.
    - Força externa: Poder de barganha dos fornecedores é alto.
    - Ação: Usar relacionamentos existentes para negociar melhores contratos e garantir estabilidade no fornecimento.
- **Como fazer:**
    Liste as forças internas identificadas na análise SWOT.
    Conecte-as às forças externas das 5 Forças que elas podem influenciar.
    Desenvolva ações específicas para aproveitar essas conexões.

2. Endereçar Fraquezas com Base no Ambiente Competitivo

O próximo passo é avaliar como as fraquezas internas podem ser mitigadas em função das pressões externas identificadas.

- **Exemplo prático:**
    - Fraqueza interna: Tecnologia de fabricação desatualizada.
    - Força externa: Rivalidade alta no setor devido à eficiência dos concorrentes.
    - Ação: Modernizar processos de produção para aumentar competitividade e reduzir custos.
- **Como fazer:**
    Liste as fraquezas internas.

    Relacione-as com as forças externas que amplificam ou exploram essas fraquezas.

    Priorize ações para corrigir as fraquezas mais críticas.

3. Aproveitar Oportunidades Alinhadas ao Mercado

As oportunidades identificadas na análise SWOT devem ser cruzadas com as forças externas das 5 Forças para garantir que sejam alinhadas às condições competitivas.

- **Exemplo prático:**
    - Oportunidade externa: Aumento da demanda por produtos sustentáveis.
    - Força interna: Capacidade de personalizar produtos.
    - Ação: Lançar uma linha de produtos sustentáveis personalizados para capturar a oportunidade.
- **Como fazer:**
    Liste as oportunidades externas.

    Relacione-as com forças internas que possam ser alavancadas para capturá-las.

    Desenvolva iniciativas que combinem essas condições.

4. Mitigar Ameaças com Foco nos FCS

A última etapa é identificar ameaças externas e desenvolver estratégias específicas para minimizá-las, aproveitando as forças internas ou corrigindo fraquezas.

- **Exemplo prático:**
  - Ameaça externa: Custos crescentes de matérias-primas.
  - Fraqueza interna: Dependência de poucos fornecedores.
  - Ação: Diversificar fornecedores para reduzir o impacto de flutuações nos custos.
- **Como fazer:**

    Liste as ameaças externas.

    Conecte-as com forças ou fraquezas internas.

    Desenvolva estratégias para mitigar os impactos e proteger a organização.

LEVANTANDO OS FATORES CRÍTICOS DE SUCESSO (FCS)

Os Fatores Críticos de Sucesso (FCS) são os poucos e importantes pontos nos quais a organização deve concentrar seus esforços para alcançar a visão, cumprir a missão e adotar comportamentos coerentes com os valores. Eles emergem do cruzamento das análises SWOT e 5 Forças.

1. **Identificação dos FCS**
   - **Forças e Oportunidades:**
   - Identificar quais forças internas podem ser utilizadas para maximizar as oportunidades externas.
     - Exemplo: Equipe qualificada e crescimento da demanda por inovação.
     - FCS: Foco em P&D para criar produtos inovadores.
   - **Fraquezas e Ameaças:**
   - Identificar quais fraquezas devem ser corrigidas para minimizar as ameaças externas.
     - Exemplo: Dependência de poucos fornecedores e aumento de custos.
     - FCS: Reduzir dependência com novos contratos e alternativas locais.

2. **Priorização dos FCS**
   - **Critérios para priorização:**

- Impacto direto na visão e missão.
- Alinhamento com os valores organizacionais.
- Viabilidade e custo-benefício.
- **Exemplo de FCS Priorizado:**

    Diferenciação de produtos sustentáveis.

    Redução de custos operacionais com modernização.

    Fortalecimento do marketing digital para capturar novos mercados.

3. FCS no Dia a Dia
- **Integração com as operações:**
    - Os FCS devem ser traduzidos em metas claras, acompanhadas de indicadores-chave de desempenho (KPIs).
    - **Exemplo:**
    - FCS: Redução de custos operacionais.
    - Meta: Reduzir custos em 10% até o próximo ano.
    - KPI: Custo médio de produção por unidade.

Conclusão

A integração das análises SWOT e 5 Forças de Porter permite que a organização identifique seus FCS de forma clara e estruturada. Esses poucos pontos se tornam o foco dos esforços diários, alinhando todas as áreas da empresa com a visão e missão organizacional, enquanto garantem que os valores sejam traduzidos em ações concretas.

Resultados Esperados:

1. Clareza estratégica: Definição de prioridades.
2. Foco direcionado: Concentração de recursos nas áreas de maior impacto.
3. Alinhamento organizacional: Engajamento de toda a equipe com os objetivos da organização

4. Produto Final

Kit de Ferramentas Estratégicas, incluindo:

1. **Matriz SWOT preenchida.**
2. **Análise detalhada das 5 Forças de Porter.**

3. **Lista de FCS priorizados.**
4. **Narrativa estratégica clara e motivadora.**

Resultados Esperados

1. Clareza Estratégica: Identificação de prioridades para atingir a visão organizacional.
2. Engajamento da Equipe: Colaboradores alinhados em torno de metas claras e inspiradoras.
3. Ações Direcionadas: Recursos alocados para os fatores que geram maior impacto estratégico.

Essa abordagem garante que a fabricação do medicamento seja prática, alinhada e impactante, promovendo saúde organizacional e resiliência estratégica.

PRODUTO FINAL: KIT DE FERRAMENTAS ESTRATÉGICAS

O Kit de Ferramentas Estratégicas é o resultado consolidado das análises SWOT e 5 Forças de Porter, culminando na identificação dos Fatores Críticos de Sucesso (FCS) e na criação de uma narrativa estratégica clara e motivadora. Abaixo, apresentamos um exemplo detalhado de cada item do produto final.

1. Matriz SWOT Preenchida

Cenário: Fabricante de Bebedouros Industriais.

Forças (Strengths)	Fraquezas (Weaknesses)
- Equipe altamente qualificada e experiente. - Capacidade de personalizar produtos para clientes específicos. - Forte reputação por confiabilidade e durabilidade dos produtos.	- Custos operacionais elevados devido a processos ineficientes. - Tecnologia de fabricação desatualizada. - Baixa presença digital e marketing fraco.
Oportunidades (Opportunities)	Ameaças (Threats)
- Crescente demanda por produtos sustentáveis. - Incentivos governamentais para eficiência energética. - Expansão de mercados emergentes buscando tecnologia acessível.	- Concorrência internacional com preços mais baixos. - Aumento nos custos das matérias-primas. - Mudanças regulatórias que aumentam custos de conformidade.

2. Análise Detalhada das 5 Forças de Porter

Força	Intensidade	Fatores Identificados	Estratégias Sugeridas
Ameaça de Novos Entrantes	Moderada	Barreiras técnicas moderadas; reputação estabelecida.	Investir em inovação e fortalecer parcerias com distribuidores.
Poder dos Fornecedores	Alta	Dependência de poucos fornecedores especializados.	Diversificar fornecedores e negociar contratos de longo prazo.
Poder dos Clientes	Moderada	Clientes industriais têm poder de negociação moderado.	Oferecer personalização e reforçar o atendimento ao cliente.
Ameaça de Substitutos	Alta	Sistemas de filtragem direta e dispensadores amplamente disponíveis.	Destacar benefícios de longo prazo e sustentabilidade dos produtos.
Rivalidade na Indústria	Alta	Mercado fragmentado e com pouca diferenciação de produtos.	Investir em branding, atender nichos específicos e melhorar eficiência operacional.

Lista de FCS Priorizados

Fatores Críticos de Sucesso (FCS):

Os pontos abaixo foram priorizados com base nas análises SWOT e 5 Forças de Porter.

1. Diferenciação de Produtos Sustentáveis:
- Desenvolver uma linha de bebedouros industriais energeticamente eficientes e sustentáveis para capturar a crescente demanda no mercado.

2. Redução de Custos Operacionais:
- Modernizar processos de fabricação para aumentar eficiência e reduzir dependência de fornecedores caros.

3. Fortalecimento do Marketing Digital:
- Expandir presença online para alcançar novos clientes em mercados emergentes.

4. Gestão de Riscos com Fornecedores:
- Diversificar fornecedores para reduzir vulnerabilidades e negociar contratos mais favoráveis.

Narrativa Estratégica Clara e Motivadora

Estrutura da Narrativa Estratégica

1. Início: Descrição do propósito e estado atual da organização.

Exemplo:

"Nossa empresa é reconhecida pela confiabilidade e personalização de seus produtos. No entanto, enfrentamos desafios como custos elevados e uma crescente pressão competitiva no mercado global. Nossa missão é superar essas barreiras e oferecer soluções inovadoras e sustentáveis que atendam às necessidades de nossos clientes."

2. Meio: Destacar os FCS e as ações estratégicas que serão implementadas.

Exemplo:

"Focaremos em quatro pilares estratégicos:

- Diferenciação de produtos sustentáveis para capturar novas oportunidades.
- Modernização de processos de fabricação para melhorar eficiência.
- Fortalecimento da presença digital para expandir nosso alcance de mercado.
- Gestão de riscos com fornecedores para garantir estabilidade e competitividade."

3. Fim: Mostrar o impacto futuro das ações e a conexão com a visão organizacional.
- Exemplo:

"Com estas iniciativas, seremos líderes no mercado de bebedouros industriais sustentáveis, entregando valor superior aos nossos clientes, promovendo inovação e sustentabilidade, e construindo uma organização resiliente e orientada para o futuro."

Conclusão

O Kit de Ferramentas Estratégicas combina insights analíticos e estratégias práticas que alinham a organização com sua visão e missão. Ele fornece:

- Clareza e foco estratégico: A organização sabe onde concentrar esforços.
- Engajamento da equipe: A narrativa conecta colaboradores à estratégia.
- Resultados tangíveis: Os FCS guiam ações que maximizam impacto.

Esse exemplo demonstra como as ferramentas são integradas para criar um plano estratégico robusto e aplicável.

8-9) APLICAÇÃO E ACOMPANHAMENTO DO MEDICAMENTO: ESTRATÉGIA

1. Contexto

A etapa de aplicação do medicamento é a transição das soluções planejadas para ações práticas, garantindo que a estratégia implementada produza os resultados esperados. Além disso, é essencial monitorar os impactos nos pilares de Alinhamento, Efetividade e Cultura Organizacional para ajustar as ações conforme necessário.

2. Objetivo

- Implementar as soluções definidas durante a fase de fabricação do medicamento.
- Garantir que as ações estejam alinhadas aos Fatores Críticos de Sucesso (FCS).
- Medir e ajustar continuamente os resultados para maximizar os impactos positivos.

3. Missão do Aluno / colaborador

1. Aplicar as ferramentas e métodos desenvolvidos.
2. Acompanhar os resultados por meio de indicadores definidos.
3. Identificar ajustes necessários para aprimorar a execução.

4. Fatores Críticos de Sucesso (FCS)

1. Monitoramento Contínuo: Uso de indicadores para avaliar o progresso.

2. Flexibilidade: Capacidade de ajustar ações rapidamente com base nos resultados.
3. Engajamento dos Líderes: Supervisão contínua para garantir que todos os níveis organizacionais estejam alinhados.

5. Método
5.1. Implementação das Ações

1. **Divisão de Tarefas:**
   - Delegar responsabilidades específicas para líderes e equipes.
2. **Comunicação:**
   - Reforçar a importância das metas estratégicas em todas as interações.
3. **Cronograma de Ações:**
   - Seguir um plano detalhado com prazos claros para cada atividade.

5.2. Monitoramento

1. **Indicadores de Alinhamento:**
   - Percentual de metas estratégicas compreendidas e seguidas pelas equipes.
   - Avaliação da coerência das decisões com a visão e missão organizacional.

Indicadores de Efetividade:
   - Tempo médio para execução de processos críticos.
   - Redução de custos ou aumento de produtividade.

Indicadores de Cultura:
   - Engajamento medido por pesquisas de clima organizacional.
   - Frequência de sugestões de melhoria recebidas e implementadas.

5.3. Reuniões de Acompanhamento
Semanais:
   - Revisão do progresso com base nos indicadores.
   - Discussão de desafios e ajustes necessários.

Mensais:

- Avaliação abrangente dos impactos nos pilares de alinhamento, efetividade e cultura.
- Registro das lições aprendidas para replicação ou ajustes futuros.

6. Produto
Relatório Final de Resultados

1. Estrutura do Relatório:
- Introdução: Contexto das ações realizadas.
- Resultados Alcançados: Dados quantitativos e qualitativos dos indicadores.
- Impactos nos Pilares Organizacionais

    Alinhamento: Evidências de maior coerência entre visão e ações.

    Efetividade: Reduções de custos, prazos e desperdícios.

    Cultura: Aumento no engajamento e participação das equipes.

- Ajustes Realizados: Ações corretivas implementadas.
- Recomendações: Passos futuros para garantir a continuidade dos resultados.

Formato Visual:
- Gráficos e tabelas para representar os dados.
- Destaques narrativos de histórias de sucesso (ex.: casos de equipes ou projetos que exemplificaram a mudança).

2. Impactos no Alinhamento, Efetividade e Cultura Organizacional

2.1. Alinhamento

- **Impacto Positivo:**
    - Maior clareza nos objetivos estratégicos e no papel de cada equipe.
    - Decisões mais consistentes com os valores organizacionais.

Exemplo: Equipes de vendas e operações trabalhando em sinergia para atender clientes estratégicos.

2.2. Efetividade
- **Impacto Positivo:**
  - Redução de desperdícios em processos e melhor uso dos recursos.
  - Execução mais rápida de atividades críticas.

Exemplo: Otimização do tempo de entrega de projetos devido a uma estratégia clara de alocação de recursos.

2.3. Cultura
- **Impacto Positivo:**
  - Aumento do engajamento das equipes, que se sentem mais conectadas à missão.
  - Maior colaboração e inovação devido a uma comunicação mais transparente.
- Exemplo: Colaboradores sugerindo melhorias alinhadas aos valores organizacionais e tendo suas ideias reconhecidas.

CONCLUSÃO

A aplicação do medicamento e o acompanhamento dos resultados são passos fundamentais para consolidar as mudanças estratégicas. Por meio de monitoramento contínuo, flexibilidade e revisões regulares, a organização não apenas alcança seus objetivos imediatos, mas também estabelece as bases para um crescimento sustentável e uma cultura organizacional robusta.

8-10) SAÍDAS DA TRILHA E PLANO DE AÇÃO: ESTRATÉGIA

1. Saídas Esperadas da Trilha de Estratégia
1.1. Documento Estratégico Completo
- Saída: Um documento consolidado contendo a análise SWOT, a análise das 5 Forças de Porter, os Fatores Críticos de Sucesso (FCS) e o plano estratégico detalhado.
- Objetivo: Garantir que a organização tenha uma direção clara para alinhar esforços e recursos.

1.2. Metas Estratégicas Definidas

- Saída: Metas SMART (Específicas, Mensuráveis, Atingíveis, Relevantes e Temporais) para orientar equipes e departamentos.
- Objetivo: Estabelecer prioridades claras para todos os níveis da organização.

1.3. Ferramentas Estratégicas

- Saída: Conjunto de ferramentas práticas, como modelos para revisão estratégica, dashboards para monitoramento e indicadores-chave de desempenho (KPIs).
- Objetivo: Facilitar a execução e o acompanhamento da estratégia.

1.4. Engajamento Organizacional

- Saída: Colaboradores engajados e alinhados com a estratégia definida.
- Objetivo: Criar um ambiente de colaboração e responsabilidade compartilhada.

1.5. Impactos nos Pilares Organizacionais

- Saída: Relatórios iniciais demonstrando melhorias no alinhamento, na efetividade e na cultura organizacional.
- Objetivo: Validar o progresso da estratégia com evidências tangíveis.

2. Plano de Ação para Implementar as Saídas

O plano de ação será dividido em 10 dias, com atividades e responsáveis definidos para garantir eficiência e clareza.

3. Plano de Ação Detalhado

Dia	Atividade	Responsável	Como Fazer	Recursos Necessários
1	Reunião de alinhamento para apresentação da análise SWOT e 5 Forças.	Diretor Estratégico	Preparar apresentação com resultados das análises.	Slides, SWOT e 5 Forças finalizadas.
2	Definição dos FCS prioritários.	Equipe de Liderança	Realizar brainstorming e priorizar FCS com base nas análises.	Ferramentas de brainstorming (Miro, etc.).
3	Estabelecimento das metas SMART para cada FCS.	Líderes Departamentais	Dividir metas em categorias (estratégicas, táticas, operacionais).	Modelos de metas SMART.
4	Criação das ferramentas estratégicas (dashboards e KPIs).	Equipe de Planejamento	Configurar dashboards digitais e definir indicadores de desempenho.	Ferramentas digitais (Excel, Power BI).
5	Planejamento de comunicação estratégica para engajar colaboradores.	Departamento de Comunicação	Definir canais e mensagens para comunicar a estratégia a todos os níveis.	WhatsApp, e-mails, reuniões presenciais.
6	Sessões de treinamento para líderes sobre implementação e monitoramento da estratégia.	Departamento de Recursos Humanos	Realizar workshops interativos sobre como lidar com base na estratégia definida.	Salas de reunião, materiais didáticos.
7	Simulação e validação das metas e ferramentas estratégicas.	Líderes de Equipes	Aplicar metas e ferramentas em cenários hipotéticos para validar viabilidade.	Cenários de teste e feedback das equipes.
8	Lançamento oficial da estratégia e das metas para toda a organização.	Diretor Geral	Realizar evento ou reunião geral para apresentar a estratégia e as metas a todos os colaboradores.	Espaço para evento, apresentação digital.
9	Implementação inicial com acompanhamento contínuo.	Todos os Departamentos	Aplicar a estratégia e começar a monitorar os resultados iniciais.	Ferramentas de monitoramento.
10	Revisão e ajustes iniciais com base no feedback e primeiros resultados.	Equipe de Planejamento	Analisar dados coletados e ajustar as metas e estratégias conforme necessário.	Relatórios de desempenho.

3. Indicadores de Sucesso para o Plano de Ação

1. Participação:

- Percentual de líderes e colaboradores envolvidos nas atividades (meta: >90%).

2. **Compreensão:**
    - Resultados de pesquisas internas sobre clareza e entendimento da estratégia (>85% de compreensão).

3. **Execução:**
    - Número de metas implementadas com sucesso (>80% das metas definidas).

4. **Impacto nos Pilares Organizacionais:**
    - Alinhamento: Percentual de decisões coerentes com a visão estratégica.
    - Efetividade: Redução de retrabalho ou desperdícios (>10%).
    - Cultura: Aumento na colaboração e engajamento (>15% em pesquisas de clima).

4. **Conclusão**

O plano de ação de 10 dias para a Trilha Estratégica garante que a organização esteja alinhada, engajada e equipada para executar e monitorar a estratégia de forma eficaz. Com responsabilidades claras e atividades bem definidas, a implementação será ágil e eficiente, maximizando o impacto nos pilares organizacionais.

8-11) RESUMO DA TRILHA: ESTRATÉGIA

A estratégia é a espinha dorsal que direciona a organização ao longo do tempo, orientando decisões e ações para alcançar os objetivos desejados. Ela conecta a visão, missão e valores organizacionais às metas concretas e práticas diárias, garantindo a sustentabilidade e o crescimento contínuo.

1. **Objetivo da Trilha**

Definir um plano estratégico claro e robusto que:

- Alinhe a organização com as oportunidades e desafios do mercado.
- Otimize recursos para obter os melhores resultados.
- Crie um senso de propósito compartilhado entre todos os níveis da organização.

2. **Principais Elementos da Trilha**
    1. **Análises Fundamentais:**

- Utilização de ferramentas como SWOT e as 5 Forças de Porter para identificar forças, fraquezas, oportunidades e ameaças.

2. Identificação dos Fatores Críticos de Sucesso (FCS):
- Priorizar as áreas-chave onde a organização deve focar para alcançar vantagem competitiva e sustentabilidade.

3. Definição de Metas SMART:
- Estabelecimento de metas específicas, mensuráveis, atingíveis, relevantes e temporais.

4. Planejamento Colaborativo:
- Envolvimento de líderes e colaboradores para alinhar estratégias às realidades organizacionais.

3. Impactos Esperados nos Pilares Organizacionais

3.1. Alinhamento:
- Decisões coerentes com os objetivos estratégicos.
- Equipes sincronizadas com a visão e missão da organização.

3.2. Efetividade:
- Melhoria na alocação de recursos, evitando desperdícios.
- Otimização de processos, aumentando a produtividade.

3.3. Cultura:
- Maior engajamento dos colaboradores, que passam a entender e contribuir para a estratégia.
- Estímulo à colaboração e inovação, com todos trabalhando para um objetivo comum.

4. Benefícios da Estratégia

1. **Direção Clara:** Garante que a organização saiba para onde está indo e como chegar lá.
2. **Foco Prioritário:** Concentra esforços nas áreas mais impactantes, maximizando resultados.
3. **Sustentabilidade:** Cria um ciclo contínuo de planejamento, execução e ajuste, adaptando-se às mudanças do mercado.

4. Engajamento: Fortalece o senso de propósito e alinhamento em todos os níveis da organização.

5. Conclusão

A Trilha Estratégica não apenas define o caminho para o sucesso, mas também constrói uma base sólida para resiliência organizacional, garantindo que a empresa esteja preparada para enfrentar desafios futuros e aproveitar oportunidades. Com essa trilha, a organização transforma a visão em realidade, alinhando pessoas, processos e recursos para um impacto duradouro.

8-12) TESTE DE CONHECIMENTO: PERGUNTAS SOBRE DESENVOLVIMENTO E EXECUÇÃO DE ESTRATÉGIA

O teste de conhecimento é composto por questões de múltipla escolha. Todas as opções estão corretas, mas cada uma reflete um nível diferente de compreensão e aplicação prática. Após o teste, as respostas serão avaliadas para identificar o nível de entendimento do aluno.

Questão 1: Qual é o principal objetivo de uma estratégia organizacional?

A) Garantir que a organização tenha metas claras para todos os níveis.

B) Alinhar a visão e missão às atividades diárias.

C) Proporcionar um plano sustentável para enfrentar desafios e aproveitar oportunidades.

D) Promover engajamento e colaboração entre as equipes.

Justificativa: Todas as opções são objetivos da estratégia, mas a alternativa C destaca o aspecto de sustentabilidade, essencial para o sucesso a longo prazo.

Questão 2: O que são Fatores Críticos de Sucesso (FCS)?

A) Áreas-chave que a organização deve dominar para alcançar seus objetivos.

B) Indicadores que medem o impacto das decisões estratégicas.

C) Elementos que conectam a análise SWOT à execução prática.

D) Fatores que definem onde alocar atenção e recursos para obter vantagem competitiva.

Justificativa: Todas as opções estão corretas, mas a alternativa A reflete a essência dos FCS como áreas-chave para o sucesso organizacional.

Questão 3: Qual é a função da análise SWOT no processo estratégico?

A) Identificar pontos fortes e fracos internos.

B) Mapear oportunidades e ameaças externas.

C) Fornecer insights para priorizar ações e FCS.

D) Ajudar na definição de metas alinhadas às capacidades organizacionais.

Justificativa: A análise SWOT cumpre todos esses papéis, mas a alternativa C sintetiza sua principal utilidade no planejamento estratégico.

Questão 4: Como a análise das 5 Forças de Porter complementa a SWOT?

A) Oferecendo uma visão detalhada do ambiente competitivo externo.

B) Identificando ameaças e oportunidades específicas no mercado.

C) Ajudando a mitigar riscos e alocar recursos estratégicos.

D) Fornecendo informações para ajustar metas e estratégias.

Justificativa: Embora todas as respostas sejam verdadeiras, a alternativa A destaca o papel principal das 5 Forças como uma ferramenta de análise do ambiente competitivo.

Questão 5: Qual é a importância de definir metas SMART no planejamento estratégico?

A) Facilitar o acompanhamento e a medição do progresso.

B) Garantir que as metas sejam específicas e realizáveis.

C) Alinhar objetivos estratégicos a prazos e recursos claros.

D) Evitar ambiguidades e falhas de comunicação na execução.

Justificativa: A definição de metas SMART abrange todos esses pontos, mas a alternativa A ressalta a importância do acompanhamento contínuo.

8-13) MAPA MENTAL DA TRILHA: ESTRATÉGIA

Visão Gráfica

Abaixo está a descrição de como o Mapa Mental seria estruturado:

1. **Título Principal: "Trilha Estratégica"**
   - Subtítulo: "Etapas da Definição e Execução"
2. **Primeira Ramificação: Análises Fundamentais**
   - **SWOT**
     - Forças
     - Fraquezas
     - Oportunidades
     - Ameaças
   - **5 Forças de Porter**
     - Ameaça de novos entrantes
     - Poder de barganha dos fornecedores
     - Poder de barganha dos clientes
     - Ameaça de substitutos
     - Rivalidade na indústria
3. **Segunda Ramificação: Identificação de FCS**
   - Definição: Áreas-chave para o sucesso.
   - Conexão: Relacionamento entre SWOT e 5 Forças para identificar FCS prioritários.
4. **Terceira Ramificação: Planejamento Estratégico**
   - **Definição de Metas SMART**
     - Específicas
     - Mensuráveis
     - Atingíveis
     - Relevantes
     - Temporais
   - **Plano de Ação**
     - Responsáveis
     - Recursos necessários
     - Cronograma

5. Quarta Ramificação: Execução e Acompanhamento
- **Monitoramento Contínuo**
  - Indicadores de Alinhamento
  - Indicadores de Efetividade
  - Indicadores de Cultura
- **Reuniões de Acompanhamento**
  - Frequência
  - Análise de resultados
  - Ajustes necessários

6. Quinta Ramificação: Impactos nos Pilares Organizacionais
- Alinhamento: Decisões conectadas à visão e missão.
- Efetividade: Uso otimizado de recursos.
- Cultura: Engajamento e colaboração das equipes.

Esse Mapa Mental proporciona uma visão clara e integrada de todo o processo estratégico, desde a análise até a execução e os resultados esperados. Ele serve como uma referência rápida e prática para reforçar o entendimento da trilha.

Mapa Mental: Estratégia

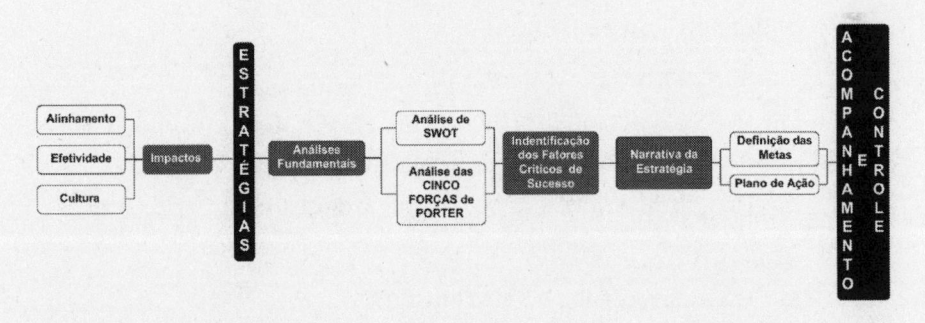

Aqui está o Mapa Mental da Trilha Estratégica, representando graficamente as etapas desde as análises até os impactos nos pilares organizacionais. Cada ramificação detalha um elemento chave, conectando todos os aspectos do processo estratégico de forma clara e prática.

📍 8-14) REFLETINDO SOBRE AS INCONSCIÊNCIAS NA AUSÊNCIA DA ESTRATÉGIA

A ausência de uma estratégia bem definida gera lacunas que frequentemente passam despercebidas no dia a dia organizacional. Isso acontece porque os hábitos automáticos e ações desconexas podem se tornar a norma, deixando a organização presa a comportamentos reativos e limitando sua capacidade de evolução e resiliência.

1. **Principais Inconsciências na Ausência da Estratégia**
   1.1. **Falta de Direção e Propósito**
   - **Comportamento Inconsciente:**
     - Decisões são tomadas de forma improvisada e reativa, sem conexão clara com a visão ou missão.
     - Os colaboradores frequentemente perguntam: "Por que estamos fazendo isso?"
   - **Impacto:**
     - Desmotivação das equipes devido à falta de clareza e propósito.
     - Recursos desperdiçados em iniciativas que não contribuem para os objetivos organizacionais.

   1.2. **Desperdício de Recursos**
   - **Comportamento Inconsciente:**
     - Alocação de tempo e orçamento em atividades ou projetos desalinhados com prioridades estratégicas.
     - Repetição de esforços ou retrabalho devido à falta de coordenação.
   - **Impacto:**
     - Custos elevados e baixa eficiência.
     - Oportunidades perdidas por falta de foco nos recursos críticos.

   1.3. **Falta de Alinhamento Organizacional**
   - **Comportamento Inconsciente:**
     - Departamentos ou equipes operam de forma isolada, seguindo objetivos próprios e desconexos.

- Falta de comunicação entre os níveis estratégico, tático e operacional.

- **Impacto:**
  - Dificuldade em alcançar metas coletivas.
  - Clima organizacional fragmentado, com baixa colaboração.

1.4. Reatividade Excessiva

- **Comportamento Inconsciente:**
  - A organização está constantemente "apagando incêndios" em vez de planejar para o futuro.
  - Decisões de curto prazo prevalecem sobre iniciativas de longo prazo.

- **Impacto:**
  - Perda de competitividade no mercado devido à falta de inovação.
  - Incapacidade de se adaptar às mudanças do ambiente externo.

1.5. Fragilidade diante de Mudanças

- **Comportamento Inconsciente:**
  - A organização resiste a mudanças, mantendo processos antiquados por falta de visão estratégica.
  - Líderes têm dificuldade em tomar decisões sob incerteza.

- **Impacto:**
  - Vulnerabilidade frente a crises e tendências de mercado.
  - Dificuldade em atrair e reter talentos, pois a empresa não demonstra progresso ou inovação.

2. Reflexão: Como Tornar o Inconsciente Consciente?

Para superar as inconsistências geradas pela ausência de estratégia, é essencial adotar uma abordagem estruturada que desperte a organização para os impactos negativos e promova a mudança de hábitos:

1. Treinamento e Consciência:

- Promover workshops para explicar o papel da estratégia na saúde organizacional.
- Capacitar líderes a identificar comportamentos automáticos que prejudicam a organização.

2. **Definição Clara de Metas:**
    - Estabelecer metas específicas que conectem as ações diárias aos objetivos estratégicos.
    - Utilizar ferramentas visuais, como mapas estratégicos, para reforçar a compreensão.
3. **Monitoramento Regular:**
    - Criar ciclos de revisão estratégica para avaliar o progresso e identificar desvios.
    - Implementar indicadores que medem alinhamento, efetividade e cultura.

3. Exemplos de Transformação ao Tornar o Inconsciente Consciente

Inconsciência	Mudança Consciente
Falta de Direção	Definição de metas claras que conectem tarefas diárias à visão estratégica.
Desperdício de Recursos	Priorização de iniciativas com base nos FCS e alocação inteligente de recursos.
Falta de Alinhamento	Comunicação regular sobre objetivos estratégicos entre todos os níveis organizacionais.
Reatividade Excessiva	Planejamento estratégico para antecipar tendências e desafios do mercado.
Fragilidade diante de Mudanças	Criação de uma cultura de inovação e resiliência organizacional.

Parte inferior do formulário

3. Impactos no Alinhamento, Efetividade e Cultura

3.1. Alinhamento

- Antes: Decisões inconsistentes e desconexas.
- Depois: Clareza nas prioridades e maior coerência entre as ações e os objetivos.

3.2. Efetividade

- Antes: Desperdício de recursos e retrabalho frequente.

- Depois: Melhor uso do tempo e dos recursos, resultando em maior produtividade.

3.3. Cultura

- Antes: Colaboradores desengajados e resistindo à mudança.
- Depois: Engajamento elevado e espírito de colaboração impulsionado pela visão estratégica.

4. Conclusão

A ausência de estratégia não é apenas um problema técnico, mas uma falha de consciência organizacional. Transformar hábitos automáticos e ações reativas em comportamentos intencionais e alinhados exige treinamento, reflexão e comprometimento. Ao despertar líderes e equipes para os impactos de suas decisões (ou falta delas), a organização pode avançar para um estado de resiliência e sucesso sustentável.

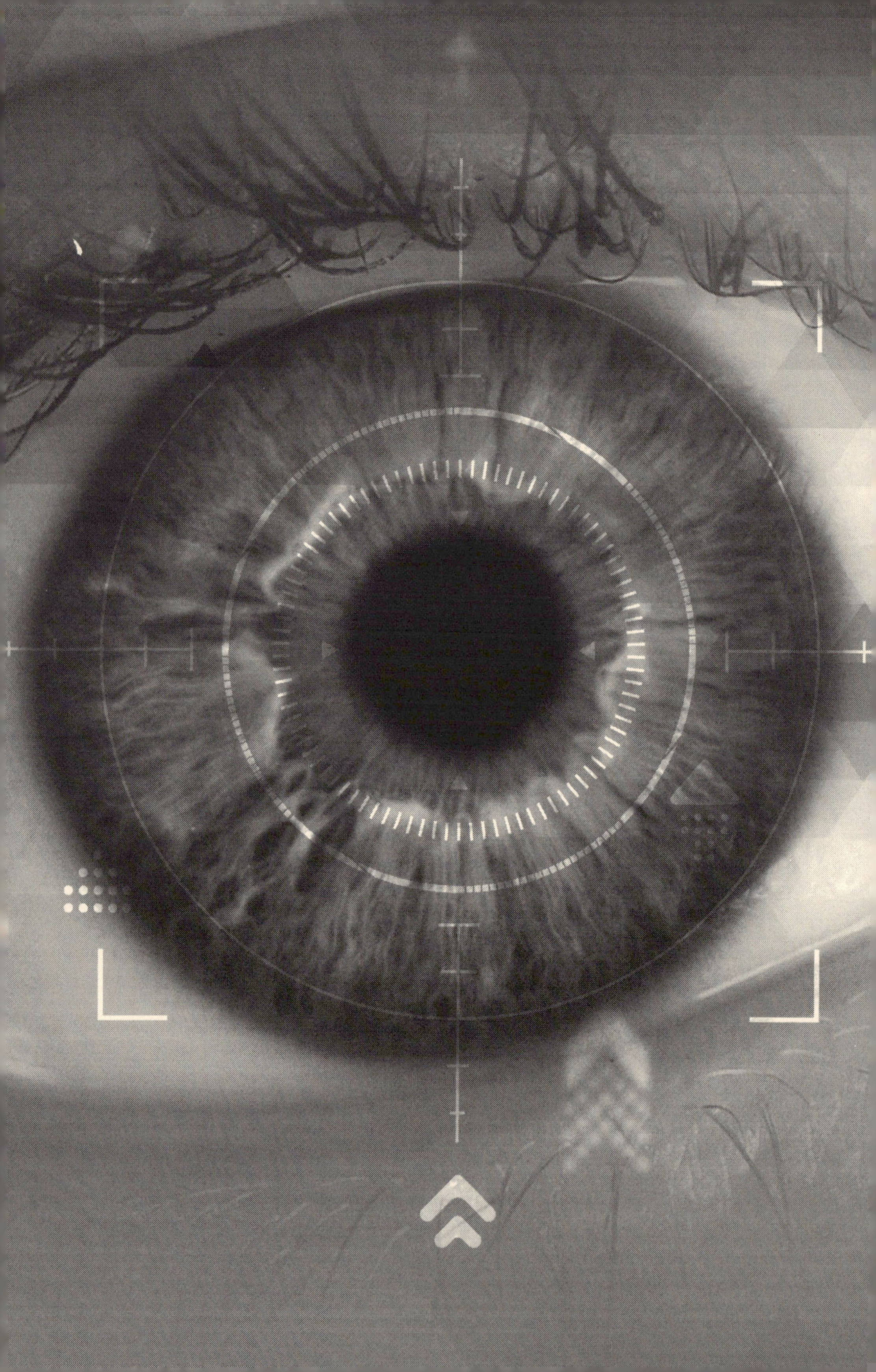

CAPÍTULO 9

A SEXTA TRILHA – PROCESSOS

🔍 9-1) CONTEXTO

Processos bem definidos são a espinha dorsal da eficiência organizacional. Eles permitem que as atividades ocorram de maneira estruturada, evitando desperdícios e erros, enquanto garantem qualidade e consistência nos resultados.

💡 9-2) METÁFORA

- Uma linha de montagem bem sincronizada:

Assim como uma linha de produção onde cada etapa flui para a próxima sem interrupções, processos organizacionais otimizados garantem fluidez e resultados previsíveis.

⚙️ 9-3) ANALOGIA

- Como uma receita de culinária:

Cada passo da receita é essencial para o sucesso do prato. Pular etapas ou executá-las fora de ordem pode comprometer o resultado final, assim como acontece com processos organizacionais mal definidos.

❓ 9-4) O QUE É?

Explorando o Conceito de Processo

Definição Detalhada de Processo

Um processo pode ser entendido como a forma estruturada de realizar um trabalho, composta por uma sequência de atividades ou tarefas interconectadas. Ele é desenhado para transformar entradas (insumos como dados, materiais ou estados) em saídas (produtos, serviços ou resultados) que agregam valor.

Anatomia de um Processo

1. Componentes Fundamentais

1. Entradas:
- Representam o ponto de partida do processo.
- Exemplos: Dados, materiais, ou o estado inicial de um item (ex.: pedido de um cliente).

2. Transformação:
- O processo em si é uma transformação.
- Exemplo: Um pedido de cliente é processado, validado e atendido.

3. Saídas:
- Resultado final do processo.
- Exemplos: Produto entregue, relatório gerado, ou serviço concluído.

4. Guias (Regras e Governança):
- As diretrizes que controlam como o processo deve ser executado.
- Exemplos: Políticas organizacionais, regulamentações legais, conhecimento técnico.

5. Possibilitadores (Pessoas, Tecnologia e Infraestrutura):
- Recursos que tornam o processo operacional.
- Exemplos: Sistemas tecnológicos, equipamentos, papéis e responsabilidades.

6. Eventos:
- Triggers que iniciam o processo.
- Exemplo: Recebimento de um pedido ou registro de uma solicitação.

Representação Visual (Fluxograma Básico)

O processo pode ser representado graficamente com a seguinte estrutura:

- Entrada (Seta): O insumo que será transformado.
- Processo (Retângulo): O conjunto de atividades ou tarefas que fazem a transformação.
- Saída (Seta): O resultado gerado.
- Guias (Seta Superior): Regras, governança e conhecimento que orientam o processo.

- Possibilitadores (Seta Inferior): Recursos, tecnologia e infraestrutura que suportam o processo.
- Eventos (Seta de Gatilho): Ações ou condições que iniciam o processo.

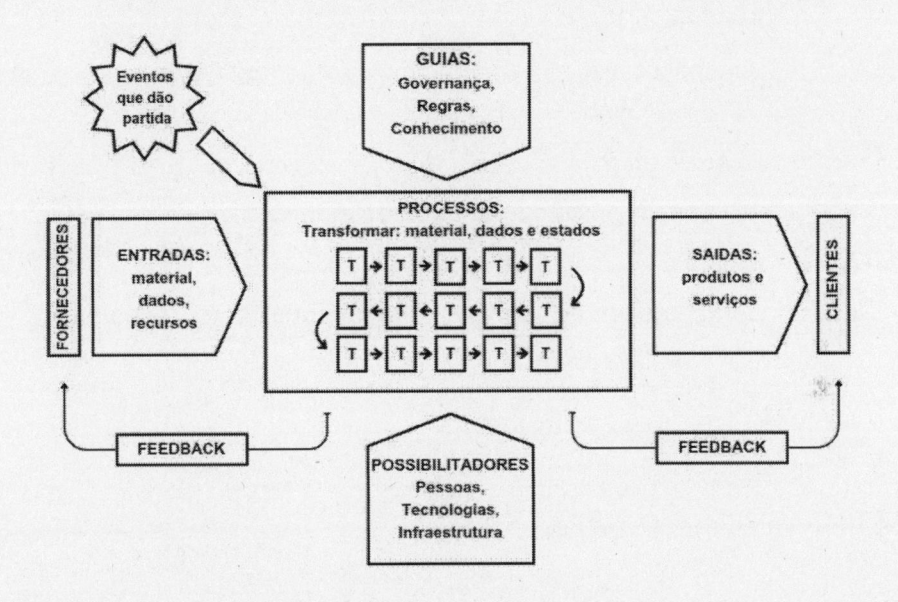

```
        Eventos              GUIAS:
        que dão           Governança,
        partida              Regras,
                          Conhecimento

FORNECEDORES  ENTRADAS:      PROCESSOS:           SAÍDAS:      CLIENTES
              material,   Transformar: material,  produtos e
              dados,        dados e estados       serviços
              recursos

              FEEDBACK    POSSIBILITADORES       FEEDBACK
                              Pessoas,
                             Tecnologias,
                            Infraestrutura
```

Desenhando Processos Alinhados à Estratégia

Uma vez que os Fatores Críticos de Sucesso (FCS) são definidos com base na estratégia, o próximo passo é mapear os processos que os suportam e garantir que esses processos sejam desenhados para atingir o desempenho necessário. Isto é, definir a sequência de atividades ou tarefas interconectadas que vai transformar as entradas em saídas que irão permitir que a organização vá alcançar o seu objetivo maior a visão e cumprir com sua missão.

1. **Passos para Mapear Processos**

   1.1 Identificar os Processos Relacionados aos FCS:

   - Exemplo: Para o FCS "Reduzir custos operacionais em 10%", mapear processos de compras, produção e entrega.

   1.2. Definir as Tarefas Críticas (TC):

   - Identificar as atividades específicas que têm maior impacto nos resultados do processo.
   - Exemplo: Negociação com fornecedores no processo de compras.

1.3. Visualizar o Fluxo de Atividades:
- Criar um diagrama que mostre as etapas do processo, entradas, saídas, guias e possibilitadores.

1.4. Analisar e Otimizar:
- Identificar gargalos, redundâncias e tarefas sem valor agregado.
- Propor melhorias para maximizar eficiência e eficácia.

Exemplo de Aplicação

Cenário: Pequena Empresa de Bebedouros Industriais

FCS Alinhado à Estratégia:

"Reduzir o tempo de entrega para atender pedidos em até 48 horas."

Processo Mapeado: Atendimento de Pedidos

Componente	Descrição
Evento	Recebimento de pedido do cliente.
Entradas	Detalhes do pedido, estoque disponível, dados do cliente.
Guias	Políticas de atendimento ao cliente, regulamentos de transporte.
Transformação	- Verificar estoque. - Separar produto. - Processar pagamento.
Possibilitadores	Sistema ERP, equipe de logística, infraestrutura de armazenagem.
Saídas	Pedido enviado e rastreamento disponível para o cliente.

Tarefas Críticas (TC):

Atualização em tempo real do estoque no sistema ERP.

Comunicação rápida entre logística e atendimento.

Garantir agilidade na separação e envio do produto.

Benefícios do Mapeamento de Processos

1. **Clareza:** Ajuda a visualizar como as atividades estão conectadas e onde há oportunidades de melhoria.
2. **Otimização:** Reduz gargalos, retrabalho e ineficiências.
3. **Alinhamento:** Conecta os processos operacionais aos objetivos estratégicos, garantindo que cada atividade contribua para os resultados desejados.

4. Controle: Facilita o monitoramento de desempenho por meio de indicadores específicos.

CONCLUSÃO

Um processo bem definido é essencial para garantir a eficiência e a consistência nas operações organizacionais. Quando alinhados à estratégia e focados nos FCS, os processos se tornam ferramentas poderosas para alcançar os objetivos organizacionais, otimizando recursos e promovendo uma cultura de melhoria contínua.

9-5) POR QUE É IMPORTANTE?

- Reduz Custos: Evita desperdícios de tempo, materiais e esforços.
- Aumenta a Produtividade: Organiza atividades para serem executadas com mais eficiência.
- Garante Qualidade: Cria consistência nos resultados, reduzindo erros e retrabalho.
- Promove Alinhamento: Conecta equipes e áreas ao longo de uma cadeia de valor integrada.

9-6) LEVANTAMENTO DAS DORES PELA AUSÊNCIA DE PROCESSOS LUBRIFICADOS.

Contexto e Objetivo

- Contexto: Este questionário é essencial para identificar lacunas causadas por processos mal definidos.
- Objetivo: Tornar as dores tangíveis e claras para que possam ser priorizadas no mapeamento e na melhoria dos processos.

Missão do Aluno

- Realizar a aplicação do questionário com os colaboradores de diferentes áreas.
- Compilar os resultados em uma tabela para análise conjunta.

Fatores Críticos de Sucesso (FCS)

1. Escuta Ativa: Garantir que os colaboradores se sintam ouvidos e confortáveis para compartilhar suas percepções.

2. **Participação de Todos os Níveis:** Envolver colaboradores estratégicos, táticos e operacionais.

Produto Final

Uma tabela consolidada com as dores organizacionais levantadas. Essa tabela servirá de base para o próximo passo: prescrição do remédio e mapeamento dos processos.

Questionário para Levantamento das Dores dos Processos

Este questionário é projetado para identificar as principais dores enfrentadas pelos colaboradores devido à ausência de processos bem definidos. Todas as respostas são corretas, mas cada uma reflete diferentes percepções. As respostas serão compiladas em uma tabela para análise.

1. **Com que frequência você encontra atrasos em suas tarefas devido a problemas em outras áreas?**

    (A) Sempre.

    (B) Frequentemente.

    (C) Raramente.

    (D) Nunca.

2. **Quantas vezes por mês ocorre retrabalho em suas atividades?**

    (A) Mais de 10 vezes.

    (B) Entre 5 e 10 vezes.

    (C) Menos de 5 vezes.

    (D) Nunca.

3. **Você percebe que há etapas desnecessárias ou redundantes nos processos da sua área?**

    (A) Sim, constantemente.

    (B) Às vezes.

    (C) Raramente.

    (D) Não.

4. **Como você descreveria a clareza das responsabilidades no processo?**

    (A) Muito confusa; frequentemente há dúvidas sobre quem deve fazer o quê.

    (B) Confusa em algumas situações, mas geralmente clara.

(C) Bem definida, com raras exceções.

(D) Totalmente clara e bem estabelecida.

5. Você percebe gargalos que atrasam o andamento do trabalho?

(A) Sim, em várias etapas do processo.

(B) Sim, mas apenas em algumas etapas críticas.

(C) Raramente, e em situações pontuais.

(D) Não, o processo flui bem.

Tabela de Dores Levantadas

Situação/Problema	Impacto/Dor Gerado	Categoria
Atraso frequente de produtos	Frustração por não conseguir cumprir prazos e perda de motivação.	Frustração e Baixa Moral
	Sensação de improdutividade e dificuldade em planejar.	
Retrabalho frequente	Estresse, desperdício de tempo e esforço.	Frustração e Baixa Moral
	Exaustão e percepção de ineficiência.	
Etapas desnecessárias ou redundantes	Irritação e percepção de trabalho ineficiente.	Frustração e Baixa Moral
	Desmotivação e falta de engajamento.	
Falta de clareza das responsabilidades	Insegurança e hesitação na tomada de decisões.	Insegurança e Falta de Autonomia
	Confusão sobre papéis e escopo do trabalho.	
Gargalos de produção	Atrasos frequentes e dependência excessiva de outras áreas.	Insegurança e Falta de Autonomia
	Estresse por falta de controle sobre o ritmo de trabalho.	
Pressão constante por prazos	Ambiente de trabalho estressante, afetando a saúde física e mental.	Impacto na Qualidade de Vida
Sobrecarga de trabalho	Diminuição da produtividade e aumento do desgaste.	Impacto na Qualidade de Vida
Falta de propósito no trabalho	Desmotivação e busca por novas oportunidades fora da organização.	Impacto na Qualidade de Vida

Análise das Dores da Tabela

Descrição por Categorias

1. Frustração e Baixa Moral:

- Relacionada a atrasos, retrabalho e etapas desnecessárias, que geram desmotivação e percepção de ineficiência.

2. **Insegurança e Falta de Autonomia:**
    - Causada pela falta de clareza sobre responsabilidades e dependência de outras áreas, limitando a confiança e o controle do trabalho.

3. **Impacto na Qualidade de Vida:**
    - Resultado de estresse constante, sobrecarga e sensação de falta de propósito no trabalho, afetando o bem-estar geral.

Essa organização torna mais clara a relação entre os problemas específicos e as dores geradas, facilitando a análise e priorização de soluções.

4. **Conclusão**

As dores identificadas vão além de desafios operacionais, refletindo-se na saúde mental e na motivação dos colaboradores. Ao enfrentar essas questões, a organização não apenas melhora o ambiente de trabalho, mas também aumenta sua produtividade e capacidade de reter talentos. O mapeamento e a otimização dos processos devem ser priorizados, garantindo uma transição para um ambiente de trabalho mais eficiente e satisfatório.

9-7) PRESCRIÇÃO DO MEDICAMENTO

Prescrição do Medicamento: Processos Bem Desenhados e "Lubrificados"

Para resolver as dores levantadas, a organização precisa de processos bem estruturados, que promovam fluidez nas atividades, eliminem gargalos e reduzam ineficiências. Processos otimizados garantem que as tarefas sejam executadas com eficiência, proporcionando benefícios tangíveis para os colaboradores e para a organização.

Benefícios de Processos Bem Desenhados

1. **Eficiência Operacional:**
    - Redução de atrasos e retrabalho.
    - Otimização do uso de recursos e tempo.
2. **Clareza e Alinhamento:**
    - Papéis e responsabilidades bem definidos.

- Minimização de conflitos entre equipes.

3. Engajamento e Moral Elevados:
- Colaboradores mais motivados, com um senso de propósito claro.
- Redução do estresse e aumento da satisfação no trabalho.

4. Redução de Custos:
- Menor desperdício de materiais e tempo.
- Economia ao eliminar redundâncias.

5. Qualidade Melhorada:
- Produtos e serviços mais consistentes e alinhados às expectativas dos clientes.

6. Adaptabilidade:
- Maior capacidade de responder rapidamente a mudanças no mercado.

A seguir a tabela com as dores levantadas e os benefícios que são alcançados por meio da implantação de processos bem desenhados.

Da tabela, podemos concluir que a prescrição do medicamento para sanar as dores levantadas é a implementação de processos bem desenhados.

Tabela de Dores e Benefícios

Dores Identificadas	Benefícios de Processos Bem Desenhados
Atraso frequente de produtos	- Redução de atrasos com fluxo de trabalho contínuo. - Melhoria na entrega dentro dos prazos estabelecidos.
Retrabalho frequente	- Eliminação de erros com etapas bem definidas e monitoradas. - Diminuição de desperdício de tempo e recursos.
Etapas desnecessárias ou redundantes	- Simplificação dos fluxos, eliminando tarefas sem valor agregado. - Otimização do tempo para focar em atividades estratégicas.
Falta de clareza das responsabilidades	- Papéis e tarefas bem definidos, promovendo confiança e segurança. - Redução de conflitos e retrabalho por falta de coordenação.
Gargalos de produção	- Identificação e mitigação de gargalos críticos no fluxo. - Maior fluidez nos processos, aumentando a produtividade.
Pressão constante por prazos	- Planejamento mais eficiente, reduzindo estresse em situações críticas.
Sobrecarga de trabalho	- Distribuição equilibrada das tarefas, aliviando a carga dos colaboradores.
Falta de propósito no trabalho	- Clareza nos objetivos do processo, aumentando o engajamento.

Para solucionar as dores, recomendamos:

1. Mapeamento dos Processos Atuais:
- Identificar os gargalos, etapas redundantes e lacunas.

2. Redesenho dos Processos:
- Criar fluxos otimizados com base nas melhores práticas.

3. Treinamento dos Colaboradores:
- Capacitar equipes para entender e executar os processos redesenhados.

4. Monitoramento Contínuo:
- Implementar indicadores de desempenho para acompanhar o progresso e identificar melhorias contínuas.

5. Automatização Sempre que Possível:
- Usar ferramentas tecnológicas para reduzir o esforço manual e aumentar a eficiência.

Fatores Críticos de Sucesso (FCS)

1. **Engajamento das Equipes:** Garantir que todos compreendam os benefícios do redesenho e estejam comprometidos com as mudanças.
2. **Clareza no Planejamento:** Documentar detalhadamente os processos e suas interdependências.
3. **Flexibilidade:** Ajustar os processos conforme feedbacks e mudanças no ambiente interno ou externo.

Essa abordagem conecta as dores identificadas aos benefícios desejados, promovendo uma transição eficaz para processos mais eficientes e produtivos. A implementação trará impacto positivo tanto para os colaboradores quanto para os resultados organizacionais

9-8) FABRICAÇÃO DOS MEDICAMENTOS:

1. Contexto

O desenvolvimento de soluções para melhorar os processos é essencial para transformar as dores levantadas em oportunidades de eficiência e qualidade. Essa etapa se concentra em criar ferramentas e métodos práticos para que os colaboradores possam aplicar as soluções prescritas de maneira eficaz.

Objetivo

1. Desenhar processos claros e eficientes para atender aos Fatores Críticos de Sucesso (FCS) identificados.
2. Identificar a Tarefa Crítica (TC) de cada processo, garantindo que o trabalho seja realizado com alta eficiência.
3. Elaborar Procedimentos Operacionais Padrão (POP) para as tarefas críticas, padronizando ações e minimizando erros.

Missão do Colaborador/Aluno no Desafio

O colaborador/aluno terá um papel ativo no desafio de desenhar, otimizar e monitorar processos críticos associados aos Fatores Críticos de Sucesso (FCS). Sua missão será dividida em etapas práticas que contribuem diretamente para garantir o alto desempenho dos processos e das tarefas críticas.

Missão Principal:

Desenvolver, implementar e acompanhar processos claros, otimizados e monitoráveis para garantir o sucesso dos FCS.

Missões Específicas:

1. **Mapear os Processos Críticos:**
   - Descrição: Identificar as etapas de cada processo associado aos FCS e representá-las de maneira clara e visual.
   - Atividades:
     - Participar de reuniões para levantar dados sobre os processos.
     - Utilizar ferramentas como fluxogramas para mapear as etapas.
     - Garantir que o mapeamento seja compreensível para toda a equipe.

2. **Identificar a Tarefa Crítica (TC):**
   - Descrição: Determinar qual etapa do processo tem maior impacto no desempenho e no resultado final.
   - Atividades:

- Realizar análises para identificar gargalos ou pontos sensíveis no processo.
- Priorizar a tarefa mais crítica para otimização.

3. Desenhar o Processo Ideal:
- Descrição: Propor melhorias no processo atual, alinhando-o às melhores práticas e às metas organizacionais.
- Atividades:
    - Revisar o mapeamento inicial e eliminar redundâncias.
    - Garantir que o processo seja eficiente, claro e exequível.

4. Elaborar Procedimentos Operacionais Padrão (POP):
- Descrição: Criar documentação padronizada para a execução da Tarefa Crítica (TC) e outras etapas relevantes.
- Atividades:
    - Detalhar as atividades, responsáveis, prazos e ferramentas.
    - Validar o POP com os responsáveis pelo processo.

5. Implementar Ferramentas de Monitoramento:
- Descrição: Acompanhar o desempenho dos processos por meio de indicadores e sistemas de controle.
- Atividades:
    - Definir KPIs para medir a eficiência e a qualidade do processo.
    - Utilizar dashboards ou planilhas para registrar e acompanhar os dados.

6. Promover a Melhoria Contínua:
- Descrição: Sugerir ajustes no processo com base em resultados e feedbacks, garantindo que ele permaneça eficaz e atualizado.
- Atividades:
    - Participar de reuniões de avaliação de desempenho.
    - Apresentar ideias para otimizar ainda mais o processo.

Resultados Esperados do Colaborador/Aluno
- Processos bem mapeados: Com etapas claras e visualizadas em fluxogramas.

- Tarefa Crítica definida: Priorizada e com ações detalhadas para sua execução eficiente.
- POP criado e validado: Facilmente compreendido e utilizável pelos responsáveis.
- Monitoramento eficaz: Indicadores estabelecidos e acompanhados regularmente.
- Melhorias contínuas: Propostas e implementadas para manter ou elevar o desempenho dos processos.

Essa missão capacita o colaborador/aluno a ser um agente de transformação dentro da organização, contribuindo diretamente para o sucesso dos FCS e para a excelência operacional.

Como Desenhar um Processo?

Desenhar um processo envolve mapear visualmente as etapas necessárias para alcançar um objetivo, considerando eficiência, clareza e alinhamento estratégico.

Passo a Passo para Desenhar um Processo

1. **Definir o Objetivo do Processo:**
   - Pergunta-chave: O que o processo deve alcançar?
   - Exemplo: Garantir a personalização de produtos sustentáveis.

2. **Identificar as Entradas e Saídas:**
   - Pergunta-chave: Quais recursos entram no processo e quais resultados saem dele?
   - Exemplo:
     - Entrada: Requisitos do cliente e insumos.
     - Saída: Produto sustentável personalizado.

3. **Listar as Etapas do Processo:**
   - Pergunta-chave: Quais são as atividades necessárias para transformar as entradas nas saídas?
   - Exemplo:
     - Receber especificações do cliente.
     - Validar viabilidade técnica.

- Produzir protótipos.
- Aprovar protótipo e iniciar produção.

4. Definir os Responsáveis:
- Pergunta-chave: Quem é responsável por cada etapa?
- Exemplo:
  - Validação técnica: Departamento de P&D.
  - Produção: Equipe de fábrica.

5. Mapear Fluxo de Trabalho:
Utilize uma linguagem gráfica, como fluxogramas:

- Elementos básicos:
  - **Oval:** Início e fim do processo.
  - **Retângulo:** Atividades ou tarefas.
  - **Romboide:** Decisões.
  - **Setas:** Fluxo de ações.

6. Identificar a Tarefa Crítica (TC):
- Pergunta-chave: Qual etapa é essencial para o sucesso do processo?
- Exemplo: Produção do protótipo pode ser a Tarefa Crítica (TC), pois impacta diretamente a personalização.

7. Analisar Riscos e Gargalos:
- Pergunta-chave: Quais etapas são mais suscetíveis a falhas ou atrasos?
- Exemplo: Validação técnica pode ser um gargalo se demorar demais.

8. Definir Indicadores de Desempenho (KPIs):
- Pergunta-chave: Como medir o sucesso do processo?
- Exemplo: Taxa de aprovação do protótipo na primeira tentativa.

Linguagem dos Processos

- **Simbologia Padrão:**
  - Oval: Início ou fim do processo.
  - Retângulo: Tarefas ou atividades.

- Romboide: Decisão ou ponto de escolha.
- Setas: Sequência de ações.
- **Elementos do Processo:**
    - Entradas: Recursos necessários para iniciar o processo.
    - Saídas: Resultados do processo.
    - Responsáveis: Quem executa cada etapa.
    - Pontos de Decisão: Lugares onde alternativas são avaliadas.

Perguntas para Desenhar o Processo e Identificar a Tarefa Crítica

1. **Sobre o Objetivo:**
    - O que o processo deve alcançar?
    - Quais são os resultados esperados?
2. **Sobre as Entradas e Saídas:**
    - Quais recursos ou informações são necessários para iniciar o processo?
    - Quais são os produtos, serviços ou informações resultantes?
3. **Sobre as Etapas:**
    - Quais atividades precisam ser realizadas?
    - Existe alguma sequência obrigatória?
4. **Sobre a Tarefa Crítica (TC):**
    - Qual etapa tem maior impacto no sucesso do processo?
    - Qual etapa é mais sensível a falhas?
5. **Sobre Riscos e Gargalos:**
    - Quais etapas apresentam maior risco de erro?
    - Onde ocorrem os maiores atrasos?
6. **Sobre Responsabilidades:**
    - Quem é responsável por cada etapa?
    - Existem decisões que precisam de aprovação específica?
7. **Sobre Melhoria Contínua:**
    - Como o processo pode ser simplificado?
    - Existem etapas redundantes que podem ser eliminadas?

Exemplo de Processo: Personalização de Produtos Sustentáveis

Descrição do FCS:

Garantir a personalização de produtos sustentáveis para atender às demandas específicas dos clientes.

Etapas do Processo:

1. Receber pedido do cliente.
2. Validar requisitos técnicos com P&D.
3. Criar protótipo sustentável.
4. Submeter protótipo para aprovação do cliente.
5. Produção final.
6. Entrega ao cliente.

Tarefa Crítica Identificada:

- Produção do protótipo sustentável, pois a sua qualidade e viabilidade técnica definem o sucesso do processo.

Fluxograma do Processo:

1. Início → Receber Pedido → Validar Requisitos → Produzir Protótipo → Aprovar Protótipo?
    - Sim → Produção Final → Entrega → Fim.
    - Não → Revisar Protótipo → Repetir Aprovação.

POP para a Tarefa Crítica (Produção do Protótipo Sustentável) (POP = Procedimento Operacional Padrão)

1. Título: POP para Produção de Protótipo Sustentável.
2. Objetivo: Garantir que o protótipo seja produzido com eficiência e qualidade.
3. Responsável: Equipe de P&D e Produção.
4. Etapas:
    - Receber requisitos do cliente.
    - Selecionar materiais sustentáveis.
    - Ajustar processo de fabricação para atender às especificações.
    - Testar protótipo quanto à durabilidade e funcionalidade.

5. **Indicadores de Qualidade:**
    - Tempo médio para produção do protótipo.
    - Taxa de aprovação do protótipo.

Esse modelo sistemático garante que os processos relacionados aos FCS sejam otimizados e que as tarefas críticas sejam realizadas com excelência.

Como garantir que os Colaboradores Possam Mapear, Otimizar e Monitorar Processos Críticos

Para que os colaboradores possam mapear, otimizar e monitorar processos críticos, é necessário fornecer ferramentas, conhecimentos e estruturas práticas que facilitem o entendimento e a aplicação desses conceitos. Abaixo estão os passos essenciais para alcançar esse objetivo:

1. Capacitação dos Colaboradores

Objetivo: Certificar-se de que todos os colaboradores envolvidos tenham conhecimento sobre como mapear, otimizar e monitorar processos.

Como Fazer:

- Treinamentos práticos:

Ensinar a utilização de ferramentas como fluxogramas, diagramas de processos e sistemas de monitoramento.

- Exemplo: Workshops sobre mapeamento de processos e identificação de gargalos.
- Manual de processos:

Desenvolver e distribuir materiais de apoio que expliquem os conceitos básicos de processos, tarefas críticas (TC), e monitoramento.

- Simulações:

Realizar simulações de processos críticos para treinar os colaboradores em situações reais.

2. Ferramentas para Mapear Processos

Objetivo: Oferecer ferramentas que simplifiquem o mapeamento e a visualização dos processos críticos.

Como Fazer:

- Utilização de Software: Ferramentas como Lucidchart, Bizagi ou Microsoft Visio podem ser utilizadas para criar fluxogramas e diagramas de processos.
- Modelo Padrão de Fluxograma: Criar um modelo padrão que inclua:
    - Início e fim do processo (oval).
    - Tarefas e atividades (retângulo).
    - Pontos de decisão (losango).
    - Fluxos (setas).
- Templates de processos: Oferecer templates para diferentes tipos de processos, permitindo que os colaboradores os adaptem à realidade da organização.

3. Métodos para Otimizar Processos

Objetivo: Identificar gargalos e propor melhorias para tornar os processos mais eficientes.

Como Fazer:

- Perguntas-chave para Otimização:
    - Existem etapas redundantes que podem ser eliminadas?
    - A sequência das tarefas pode ser ajustada para aumentar a eficiência?
    - Os recursos estão sendo utilizados de forma otimizada?
- Técnicas de Otimização:
    - Análise de Gargalos: Identificar etapas que atrasam ou complicam o processo.
    - Automatização: Identificar tarefas manuais que podem ser automatizadas.
    - Benchmarking: Comparar o desempenho do processo com as melhores práticas do setor.
- Indicadores de Eficiência:
    - Tempo total do processo.
    - Taxa de erro em etapas críticas.
    - Satisfação dos stakeholders.

4. Estruturas para Monitorar Processos

Objetivo: Garantir que os processos sejam executados de acordo com os padrões estabelecidos e que problemas sejam identificados rapidamente.

Como Fazer:

- Definição de Indicadores-Chave de Desempenho (KPIs):
    - Eficiência: Tempo de conclusão do processo.
    - Qualidade: Taxa de conformidade com padrões.
    - Engajamento: Feedback de colaboradores e clientes.
- Painéis de Controle (Dashboards):
    - Implementar dashboards que apresentem os KPIs em tempo real, facilitando o acompanhamento.
- Revisões Periódicas:
    - Realizar reuniões para revisar o desempenho dos processos, identificar desvios e planejar correções.
- Ferramentas de Monitoramento:
    - Softwares como Trello, Monday.com ou ferramentas mais robustas como SAP e BPMN podem ser usados para acompanhar o status de cada etapa.

5. Incentivar a Cultura de Melhoria Contínua

Objetivo: Criar um ambiente em que os colaboradores se sintam capacitados e motivados a melhorar os processos continuamente.

Como Fazer:

- Reconhecimento e Recompensa:
    - Criar um sistema de incentivo para colaboradores que proponham ou implementem melhorias bem-sucedidas.
- Feedback Regular:
    - Encorajar os colaboradores a darem feedback sobre os processos e discutir abertamente desafios e soluções.
- Comunicação Clara:
    - Garantir que todos entendam os objetivos estratégicos relacionados aos processos críticos.

Exemplo Prático

Processo Crítico: Produção do protótipo sustentável.

Tarefa Crítica: Validação técnica para garantir que os requisitos do cliente sejam atendidos.

1. **Mapeamento:**
   - Utilizar fluxogramas para desenhar as etapas do processo desde a solicitação do cliente até a entrega do protótipo.

2. **Otimização:**
   - Reduzir o tempo de validação técnica ao implementar ferramentas de automação para testes de viabilidade.

3. **Monitoramento:**

   Utilizar dashboards para acompanhar:
   - Taxa de conformidade técnica (meta: 95%).
   - Tempo médio de aprovação do protótipo (meta: 48 horas).

4. **Melhoria Contínua:**
   - Revisar o processo trimestralmente para eliminar gargalos e ajustar padrões com base no feedback dos clientes.

Resultado Esperado

- Mapeamento completo dos processos críticos.
- Tarefas críticas claramente identificadas e otimizadas.
- Monitoramento em tempo real para manter alta eficiência e qualidade.
- Engajamento dos colaboradores na melhoria contínua dos processos.

Essa abordagem garante que os processos críticos estejam alinhados com os objetivos organizacionais e desempenhem no mais alto nível.

Tutorial: Mapeamento de Processos para Reduzir o Tempo de Entrega

Passo 1: O que é o Mapeamento de um Processo?

O mapeamento de um processo é uma **representação visual ou textual das etapas e atividades necessárias para transformar entradas em saídas**. Ele inclui o fluxo de trabalho, os recursos utilizados, as responsabilidades envolvidas e os resultados esperados.

Objetivo do Mapeamento:

1. Entender como o trabalho é feito atualmente.
2. Identificar ineficiências, gargalos e redundâncias.
3. Proporcionar clareza para os colaboradores e gestores.
4. Criar uma base para melhorias e otimizações.

Passo 2: Como Obter o Mapa de um Processo?

Definir o Escopo do Processo

Objetivo: Identificar o ponto inicial e final do processo para determinar os limites da análise.

Perguntas para Definir o Início e o Fim do Processo:

1. **Qual evento dá início ao processo?**
   - Exemplo: O cliente faz um pedido
   - Exemplo: Um pedido de material é registrado no sistema
2. **Qual é o resultado final esperado do processo?**
   - Exemplo: A entrega do pedido ao cliente
   - Exemplo: A aprovação de um relatório final
3. **Quem são os principais envolvidos no início e no final do processo?**
   - Exemplo: O atendente que recebe o pedido e o entregador que finaliza o serviço.
4. **Quais são as entradas e saídas do processo?**
   - Exemplo: Entrada: Pedido do cliente. Saída: Produto entregue.
5. **O que deve estar concluído para considerar o processo finalizado?**
   - Exemplo: O cliente recebeu e validou o pedido entregue.

Reunir Informações:

1. **Entrevistar Colaboradores Envolvidos no Processo**

Objetivo: Obter insights detalhados sobre as atividades realizadas.

Perguntas para Dirigir a Entrevista:

- Quais são as etapas que você executa diariamente neste processo?
- Quais ferramentas ou recursos você utiliza em cada etapa?
- Quais dificuldades você enfrenta regularmente?

- Há etapas que você considera desnecessárias ou repetitivas?
- Se houvesse uma mudança, qual melhoria você acredita que teria mais impacto?
- Como você sabe que a sua parte do processo foi concluída com sucesso?

2. Observar o Fluxo de Trabalho no Ambiente Operacional

Objetivo: Compreender o processo em ação.

Como Orientar Estas Observações:

- **Defina um Foco Específico:**
    - Observe uma etapa de cada vez para não perder detalhes.
- **Registre o que é Realizado:**
    - Use um bloco de notas para anotar ações, tempos e interações.
- **Questione Durante a Observação:**
    - Pergunte por que cada etapa é feita da maneira atual.
- **Avalie o Tempo de Cada Atividade:**
    - Cronometre o tempo necessário para etapas repetitivas.
- **Observe os Recursos Utilizados:**
    - Identifique máquinas, sistemas ou ferramentas empregadas.

3. Analisar Documentos e Dados Existentes:

Objetivo: Validar informações observadas e coletadas.

Documentos Importantes para Serem Analisados:

- **Manuais de Procedimentos:**
    - Para entender como o processo deveria ser executado.
- **Relatórios Operacionais:**
    - Para identificar gargalos ou atrasos registrados.
- **Registros de Pedidos ou Ordens de Serviço:**
    - Para avaliar fluxos e tempos de processamento.
- **Relatórios de Retrabalho ou Erros:**

- Para identificar pontos críticos no processo.
  - **Relatórios de Desempenho:**
    - Para comparar a performance esperada com a real.

4. Identificar as Etapas:
Objetivo: Listar todas as atividades envolvidas no processo.
Ações Recomendadas:

1. **Liste cada atividade em ordem cronológica.**
   - Exemplo:
     - Receber o pedido.
     - Conferir estoque.
     - Separar produtos.
     - Embalar e despachar.
2. **Verifique se há etapas redundantes ou que não agregam valor.**
3. **Divida etapas complexas em partes menores para maior clareza.**

5. Criar o Fluxograma
Objetivo: Representar o processo visualmente.
Como Criar o Fluxograma:

1. **Use Ferramentas Simples:**
   - Papel e caneta, Lucidchart, Visio ou Excel.
2. **Inclua os Elementos Chave:**
   - **Entradas:** Insumos que iniciam o processo.
     - Exemplo: Pedido de cliente, lista de estoque.
   - **Atividades:** Ações que transformam entradas em saídas.
     - Exemplo: Separação de itens no estoque.
   - **Saídas:** Resultados esperados.
     - Exemplo: Produto entregue ao cliente.
   - **Guias:** Regras, políticas ou conhecimento que governam o processo.
     - Exemplo: Políticas de frete, normas de qualidade.

- **Possibilitadores:** Recursos e tecnologias que suportam o processo.
  - Exemplo: Software ERP, scanners de código de barras.

Exemplo de Fluxograma Simplificado:

1. Entrada: Pedido de Cliente.
2. Atividade 1: Conferir estoque disponível.
3. Atividade 2: Separar produtos.
4. Atividade 3: Embalar e etiquetar.
5. Saída: Produto despachado para o cliente.

Este detalhamento cobre os pontos principais do mapeamento de processos, fornecendo um roteiro claro para realizar o trabalho com eficiência e precisão.

Passo 3: O que este mapa nos mostra?

Um mapa de processo oferece uma visão clara e detalhada do fluxo de trabalho. Ele permite identificar:

1. **Pontos de Decisão:**
   - Exemplo: Conferir se o estoque está disponível antes de processar o pedido.
2. **Fluxos Redundantes:**
   - Exemplo: Separação manual repetida para pedidos duplicados.
3. **Pontos de Conexão Entre Áreas:**
   - Exemplo: Integração entre logística e atendimento ao cliente.
4. **Entradas e Saídas Não Alinhadas:**
   - Exemplo: Falta de coordenação entre o estoque físico e o sistema ERP.

Passo 4: Como utilizar este mapa para tornar o processo mais "lubrificado"?

1. **Identificar Atividades de Valor e Não Valor:**
   - Valor: Atividades que contribuem diretamente para o resultado final.

- Não Valor: Atividades que não agregam ao cliente e podem ser eliminadas ou otimizadas.

2. Simplificar o Fluxo:
- Remova etapas desnecessárias ou redundantes.
- Exemplo: Automatize a separação de pedidos com scanners de código de barras.

3. Reduzir a Variabilidade:
- Padronize as atividades críticas para evitar erros e inconsistências.

4. Melhorar a Comunicação:
- Inclua guias claras e automações para reduzir atrasos causados por falhas de informação.

5. Medir Desempenho:
- Utilize indicadores para monitorar o tempo de ciclo de cada etapa e ajustar conforme necessário.

Passo 5: Como identificar os gargalos?

1. Observar os Atrasos:
- Identifique etapas que frequentemente causam atrasos.
- Exemplo: Conferência manual de estoque.

2. Analisar o Tempo de Ciclo:
- Compare o tempo necessário para cada etapa com os tempos estimados.
- Exemplo: Separação de pedidos demorando mais que o planejado.

3. Medir Taxas de Retrabalho:
- Verifique onde ocorrem erros que exigem correções ou repetições.

4. Avaliar Recursos Insuficientes:
- Identifique áreas com falta de recursos, como pessoal ou tecnologia.

5. Coletar Feedback dos Colaboradores:
- Entenda as dificuldades enfrentadas pelos executores do processo.

EXEMPLO PRÁTICO: REDUZINDO O TEMPO DE ENTREGA EM UMA EMPRESA DE BEBEDOUROS INDUSTRIAIS

1. **Mapeamento do Processo:**
   - Fluxograma:

     Receber o pedido → Conferir estoque → Separar produtos → Embalar → Despachar.

2. **Identificação de Gargalos:**
   - A conferência de estoque é manual e consome muito tempo.

3. **Soluções Propostas:**
   - Introduzir automação para conferência de estoque.
   - Treinar os colaboradores para usar scanners e sistemas ERP.

4. **Resultados Esperados:**
   - Redução do tempo de separação e envio em até 30%.
   - Melhoria na precisão dos pedidos.

CONCLUSÃO

Este tutorial permite que os colaboradores entendam como mapear processos, identifiquem gargalos e proponham melhorias de maneira sistemática e prática. O resultado é um processo mais fluido, eficiente e alinhado aos objetivos estratégicos da organização.

9-9) APLICAÇÃO E ACOMPANHAMENTO: MEDICAMENTO PARA PROCESSOS

1. **Contexto**

A aplicação do medicamento significa implementar os processos otimizados criados durante a fabricação. Este é o momento em que as soluções passam da teoria para a prática. O monitoramento contínuo garante que os resultados esperados sejam alcançados, ajustando o curso conforme necessário.

2. **Objetivo**
   - Garantir a execução adequada dos novos processos otimizados.
   - Monitorar os resultados para avaliar o impacto sobre as dores levantadas e os Fatores Críticos de Sucesso (FCS).

- Ajustar os processos e práticas conforme o feedback e os indicadores.

3. Missão do Aluno / Colaborador
- Executar: Aplicar os novos fluxos e ferramentas desenvolvidas no ambiente real.
- Monitorar: Usar indicadores para medir a eficácia dos processos.
- Ajustar: Identificar e corrigir possíveis desvios para maximizar os benefícios.

4. Fatores Críticos de Sucesso (FCS)
1. Monitoramento Contínuo:
- Acompanhar os indicadores regularmente para identificar rapidamente gargalos ou ineficiências.

2. Flexibilidade:
- Adaptar os processos com base em mudanças no ambiente ou feedback dos colaboradores.

5. Método
Passo 1: Implementar os Processos Otimizados
- Treine os colaboradores sobre as mudanças no fluxo.
- Forneça ferramentas e recursos necessários para executar os novos processos.

Passo 2: Definir e Acompanhar Indicadores
- Exemplos de indicadores:
  - Tempo Médio de Ciclo: Quanto tempo o processo leva do início ao fim.
  - Taxa de Retrabalho: Porcentagem de tarefas que precisam ser refeitas.
  - Nível de Satisfação do Cliente: Avaliar o impacto na percepção do cliente.

Passo 3: Realizar Reuniões de Acompanhamento
- Frequência: Semanal ou quinzenal.
- Objetivo: Discutir os resultados dos indicadores e propor ajustes.
- Participantes: Líderes, colaboradores e responsáveis pelos processos.

Passo 4: Ajustar com Base no Feedback
- Use as reuniões para identificar obstáculos e implementar melhorias.

Passo 5: Registrar os Resultados
- Documente os progressos e ajustes feitos em um relatório final.

6. Impactos no Alinhamento, Efetividade e Cultura

6.1. Alinhamento
- Benefício: Processos otimizados tornam os objetivos mais claros e conectados às metas organizacionais.
- Impacto:
  - Reduz conflitos entre áreas devido à definição clara de papéis e responsabilidades.
  - Garante que as ações de todos estejam alinhadas aos FCS.

6.2. Efetividade
- Benefício: Aumento da eficiência operacional e redução de desperdícios.
- Impacto:
  - Melhor uso dos recursos disponíveis.
  - Maior capacidade de entrega dentro dos prazos, atendendo às expectativas dos clientes.

6.3. Cultura
- Benefício: Promove uma mentalidade de melhoria contínua e responsabilidade.
- Impacto:
  - Cria um ambiente de trabalho colaborativo, onde os colaboradores se sentem parte do sucesso.
  - Reduz a resistência às mudanças, promovendo inovação e adaptação.

7. Produto: Relatório Final de Resultados
- Conteúdo do Relatório:
  - Indicadores de Sucesso: Apresente os valores antes e depois da implementação (ex.: redução no tempo médio de ciclo).

- Feedback dos Colaboradores: Insumos qualitativos sobre o impacto das mudanças.
- Ajustes Realizados: Quais foram as alterações feitas durante o processo.
- Impacto nos FCS: Como os processos otimizados contribuíram para o sucesso organizacional.

EXEMPLO PRÁTICO: APLICAÇÃO E ACOMPANHAMENTO DOS PROCESSOS EM UMA PEQUENA EMPRESA DE BEBEDOUROS INDUSTRIAIS

Contexto

Na empresa, um gargalo identificado é o **processo de separação de pedidos**. A separação manual gera atrasos e erros, impactando o tempo de entrega e a satisfação do cliente. O objetivo é reduzir o tempo médio de separação em 20% e diminuir a taxa de erros em 10%.

Passo a Passo: Aplicação e Acompanhamento

1. Implementar os Processos Otimizados

Ação:

1. **Treinamento:** Treinar a equipe operacional sobre o uso de scanners de código de barras para automatizar a separação.
   - Duração: 1 dia.
   - Método: Demonstração prática e simulações.
2. **Ferramentas:** Instalar scanners e atualizar o software de gestão para registrar as etapas do processo em tempo real.
3. **Execução Inicial:** Testar o novo fluxo em pedidos reais para ajustar eventuais falhas.

Impacto Percebido:

- Alinhamento: O treinamento alinhou toda a equipe ao novo objetivo: priorizar precisão e velocidade.
- Efetividade: O scanner reduziu etapas manuais, tornando o processo mais ágil.

- Cultura: Os colaboradores relataram maior confiança na execução, reforçando a mentalidade de melhoria contínua.

2. Definir e Acompanhar Indicadores

Indicadores Selecionados:

1. **Tempo Médio de Separação:** Tempo gasto para separar e preparar um pedido.
   - Meta: Reduzir de 15 minutos para 12 minutos.
2. **Taxa de Erros:** Número de pedidos com itens incorretos.
   - Meta: Reduzir de 15% para 5%.
3. **Satisfação do Cliente:** Avaliação do cliente após a entrega.
   - Meta: Aumentar de 85% para 92%.

Impacto Percebido:

- Alinhamento: Indicadores compartilhados em reuniões ajudam todos a entender como seu trabalho impacta o objetivo maior.
- Efetividade: Os dados mostram melhorias imediatas, motivando a equipe a continuar.
- Cultura: Os indicadores visíveis criam um senso de responsabilidade coletiva.

3. Realizar Reuniões de Acompanhamento

Frequência: Semanais.

Participantes: Líderes operacionais, supervisores e operadores.

Pauta da Reunião:

1. Revisar os indicadores da semana.
2. Discutir desafios enfrentados no novo processo.
3. Propor ajustes necessários.

Exemplo de Discussão:

- Um operador relatou que o scanner apresentava problemas de leitura em etiquetas desgastadas.
- A solução foi substituir as etiquetas antigas por novas mais resistentes.

Impacto Percebido:

- Alinhamento: As reuniões garantem que todos saibam o progresso e desafios, promovendo clareza de propósito.
- Efetividade: Soluções são discutidas e implementadas rapidamente.
- Cultura: A equipe percebe que suas sugestões são valorizadas, fortalecendo o engajamento.

4. Ajustar com Base no Feedback
Ajustes Realizados:

1. Equipamento: Substituição de etiquetas e calibração dos scanners.
2. Fluxo: Reorganização da área de separação para reduzir deslocamentos desnecessários.

Impacto Percebido:

- Alinhamento: A equipe entende que mudanças são feitas para facilitar seu trabalho.
- Efetividade: Redução adicional no tempo de separação.
- Cultura: O feedback contínuo fortalece a confiança entre líderes e colaboradores.

5. Registrar os Resultados
Indicadores Após Implementação:

1. Tempo Médio de Separação: Reduzido para 11 minutos (meta superada).
2. Taxa de Erros: Diminuída para 4% (meta atingida).
3. Satisfação do Cliente: Aumentada para 93% (meta superada).

Relatório Final de Resultados:

- **Resumo dos Benefícios:**
  - Agilidade no processo.
  - Redução de retrabalho.
  - Maior precisão nos pedidos.

Impactos no Piso de Fábrica

1. **Alinhamento:**

- **Por que ficamos mais alinhados?**
    - O treinamento e as reuniões garantiram que todos compreendessem o objetivo e suas responsabilidades.
- **Como estamos percebendo isso?**
    - Os operadores relatam maior clareza em como suas ações impactam o sucesso da entrega.

2. **Efetividade:**
- **Por que estamos mais efetivos?**
    - As novas ferramentas e ajustes eliminaram tarefas manuais e gargalos.
- **Como estamos percebendo isso?**
    - O tempo médio de separação caiu, permitindo que mais pedidos sejam processados por dia.

3. **Cultura:**
- **Por que fortalecemos nossa cultura?**
    - O engajamento da equipe e a valorização do feedback criaram um ambiente de melhoria contínua.
- **Como estamos percebendo isso?**
    - A satisfação interna aumentou, com colaboradores sugerindo melhorias espontaneamente.

Resumo: Lições para os Líderes Operacionais e Operadores

1. Entender o Processo: O mapeamento e os indicadores tornam claro o impacto das ações individuais no resultado final.
2. Adaptar-se às Mudanças: Ajustes contínuos melhoram a eficácia e aumentam a confiança da equipe.
3. Construir uma Cultura de Melhoria: O sucesso é alcançado quando todos se sentem parte da solução.

Este exemplo mostra como a aplicação estruturada de um processo bem definido impacta positivamente o alinhamento, a efetividade e a cultura organizacional, transformando o "piso de fábrica" em um local de eficiência e colaboração.

9-10) SAÍDAS DA TRILHA E PLANO DE AÇÃO: PROCESSOS

1. Saídas Esperadas da Trilha

A aplicação bem-sucedida da trilha de processos resultará em:

1. **Processos Mapeados e Documentados:**
   - Fluxogramas de processos críticos, mostrando entradas, saídas, guias e possibilitadores.
   - Documentação de Procedimentos Operacionais Padrão (POPs) para tarefas críticas.

2. **Redução de Gargalos:**
   - Identificação e eliminação de etapas redundantes ou ineficientes.
   - Melhoria na fluidez dos processos.

3. **Indicadores de Desempenho Implementados:**
   - Monitoramento contínuo do tempo de ciclo, taxa de retrabalho e eficiência operacional.

4. **Cultura de Melhoria Contínua:**
   - Engajamento dos colaboradores em identificar e sugerir melhorias nos processos.

5. **Impacto no Alinhamento, Efetividade e Cultura Organizacional:**
   - Alinhamento: Maior clareza de papéis e responsabilidades.
   - Efetividade: Melhor uso dos recursos disponíveis e aumento da produtividade.
   - Cultura: Criação de um ambiente colaborativo e inovador.

PLANO DE AÇÃO PARA GARANTIR AS SAÍDAS

O plano de ação detalhado a seguir orienta a implementação e o acompanhamento das saídas esperadas, com duração de 10 dias.

Tabela: Plano de Ação para a Trilha de Processos

Dia	Atividade	Responsável	Como Fazer	Recursos Necessários
1	Reunião de Alinhamento Inicial	Líder de Processos	Apresentar os objetivos da trilha e o cronograma.	Sala de reunião, material de apresentação
2	Levantamento de Processos Críticos	Líder de Equipe	Identificar os processos relacionados aos Fatores Críticos de Sucesso.	Entrevistas, dados históricos
3	Mapeamento dos Processos Existentes	Colaboradores	Criar fluxogramas detalhados das etapas atuais.	Software de mapeamento ou papel e caneta
4	Identificação de Gargalos	Colaboradores e Líderes	Usar checklists e dados para localizar gargalos no fluxo.	Checklist, relatórios operacionais
5	Redesenho de Processos	Equipe de Planejamento	Propor soluções para otimizar os processos.	Sessão de brainstorming
6	Criação de Procedimentos Operacionais Padrão (POPs)	Equipe de Documentação	Detalhar as tarefas críticas em formatos padronizados.	Template de POP
7	Treinamento e Capacitação	Líderes de Área	Capacitar colaboradores para executar os novos processos.	Manual de treinamento
8	Implementação dos Processos Otimizados	Colaboradores	Aplicar os novos fluxos no ambiente real.	Recursos operacionais
9	Monitoramento Inicial e Coleta de Feedback	Líder de Processos	Usar indicadores para medir os resultados e ajustar conforme necessário.	Indicadores de desempenho
10	Reunião de Encerramento e Relatório de Resultados	Equipe de Liderança	Revisar os resultados e documentar os aprendizados.	Relatório final

INDICADORES DE SUCESSO

1. Tempo Médio de Ciclo:
- Redução no tempo necessário para completar os processos críticos.

2. Taxa de Retrabalho:
- Redução de erros e repetições em tarefas críticas.

3. Engajamento dos Colaboradores:
- Número de sugestões de melhoria recebidas e implementadas.

CONCLUSÃO

Este plano de ação detalhado garante a implementação bem-sucedida dos processos otimizados, entregando as saídas esperadas. Ao final dos 10 dias, a organização terá processos mais eficientes, colaboradores alinhados e engajados e uma cultura fortalecida pela melhoria contínua.

📚 9-11) RESUMO DA TRILHA: PROCESSOS

"Processos eficientes garantem a consistência"

O PAPEL DOS PROCESSOS NA ORGANIZAÇÃO

Processos bem definidos são a base para a eficiência e a qualidade organizacional. Eles garantem que tarefas sejam executadas de maneira consistente, previsível e com o menor desperdício de recursos possível. A clareza nos processos permite que colaboradores saibam exatamente o que fazer, como fazer e por que fazer, resultando em alinhamento, maior efetividade e uma cultura organizacional fortalecida.

RESULTADOS ALCANÇADOS NA TRILHA DE PROCESSOS

1. **Melhor Alinhamento:**
   - A documentação clara dos processos reduziu dúvidas e conflitos entre áreas.
   - A equipe compreende como suas ações individuais impactam os objetivos estratégicos.

2. **Maior Efetividade:**
   - Eliminação de gargalos e etapas redundantes.
   - Implementação de indicadores de desempenho para monitorar e ajustar os processos continuamente.

3. **Cultura Organizacional Fortalecida:**
   - A colaboração entre áreas promoveu um ambiente de trabalho mais coeso.
   - A mentalidade de melhoria contínua foi incorporada ao "piso de fábrica".

9-13) POR QUE PROCESSOS EFICIENTES GARANTEM CONSISTÊNCIA?

1. Padronização:
- Tarefas críticas são realizadas de forma uniforme, reduzindo variações e erros.

2. Previsibilidade:
- Processos bem mapeados permitem prever resultados e planejar melhor as operações.

3. Confiabilidade:
- Clientes internos e externos podem confiar na qualidade e nos prazos estabelecidos.

4. Adaptabilidade:
- Processos bem documentados facilitam ajustes rápidos para responder a mudanças no mercado.

Impactos Organizacionais
- Na Operação: Redução de desperdícios, maior agilidade e aumento da produtividade.
- No Cliente: Melhor experiência devido à entrega consistente de produtos e serviços.
- Nos Colaboradores: Maior clareza de papéis e responsabilidades, resultando em motivação e engajamento.

Conclusão

A trilha de processos demonstrou que, ao investir na eficiência e na clareza, uma organização pode alcançar consistência e previsibilidade em suas operações. Processos bem desenhados não apenas resolvem problemas operacionais, mas também promovem uma transformação cultural, fortalecendo o alinhamento e a efetividade em todos os níveis organizacionais.

🎓 9-12) TESTE DE CONHECIMENTO: OTIMIZAÇÃO E MONITORAMENTO DE PROCESSOS

Este teste foi elaborado para avaliar o entendimento dos conceitos, ferramentas e práticas relacionadas à otimização e monitoramento de processos organizacionais. Escolha a alternativa que você considera mais correta.

1. **Qual é o principal objetivo do mapeamento de processos?**
   - (A) Entender como o trabalho é realizado atualmente e identificar melhorias.
   - (B) Documentar todas as etapas de um processo para garantir conformidade.
   - (C) Reduzir custos operacionais e aumentar a eficiência.
   - (D) Facilitar a comunicação entre diferentes áreas da organização.

Resposta correta: (A)

Justificativa: O mapeamento de processos tem como objetivo principal entender o fluxo de trabalho, identificando pontos de melhoria e eliminando gargalos ou redundâncias.

2. **Qual métrica é mais apropriada para medir a eficiência de um processo?**
   - (A) Tempo médio de ciclo.
   - (B) Satisfação do cliente.
   - (C) Taxa de erros por etapa.
   - (D) Rotatividade de colaboradores.

Resposta correta: (A)

Justificativa: O tempo médio de ciclo mede o tempo necessário para completar um processo, sendo uma métrica direta de eficiência.

3. **O que deve ser feito ao identificar um gargalo em um processo?**
   - (A) Realocar recursos para resolver o gargalo temporariamente.
   - (B) Eliminar o gargalo imediatamente, sem uma análise profunda.
   - (C) Analisar o impacto do gargalo no fluxo geral e propor soluções viáveis.
   - (D) Registrar o gargalo e monitorar para avaliar se ele se resolve sozinho.

Resposta correta: (C)

Justificativa: Analisar o impacto do gargalo no fluxo geral e propor soluções baseadas em dados garante que as mudanças sejam eficazes e sustentáveis.

4. Qual é o principal benefício de monitorar indicadores de desempenho em processos?
- (A) Automatizar todas as tarefas críticas.
- (B) Garantir que os colaboradores sejam avaliados com precisão.
- (C) Observar tendências e ajustar processos para melhorar resultados.
- (D) Eliminar a necessidade de reuniões de acompanhamento.

Resposta correta: (C)

Justificativa: Monitorar indicadores permite identificar tendências, ajustar processos e tomar decisões informadas para melhorar os resultados.

5. Por que Procedimentos Operacionais Padrão (POPs) são importantes em processos?
- (A) Garantem que todas as tarefas críticas sejam realizadas de forma uniforme.
- (B) Substituem a necessidade de treinamento de colaboradores.
- (C) Automatizam a execução das etapas do processo.
- (D) Reduzem o número de colaboradores necessários para executar um processo.

Resposta correta: (A)

Justificativa: Os POPs padronizam as tarefas críticas, garantindo consistência e minimizando erros operacionais.

6. Como os indicadores de desempenho contribuem para a cultura de melhoria contínua?
- (A) Tornando os processos mais transparentes e focados em resultados.
- (B) Reduzindo a necessidade de monitoramento humano.
- (C) Garantindo que os colaboradores sejam mais produtivos.
- (D) Facilitando a automação de processos.

Resposta correta: (A)

Justificativa: Indicadores de desempenho fornecem dados claros e objetivos que ajudam a equipe a identificar pontos de melhoria, promovendo uma cultura de aperfeiçoamento contínuo.

Conclusão

O teste aborda aspectos fundamentais sobre otimização e monitoramento de processos. Ele auxilia no diagnóstico da compreensão dos conceitos e práticas, reforçando a importância de aplicar esses conhecimentos no ambiente organizacional para alcançar maior alinhamento, efetividade e fortalecimento da cultura.

9-13) MAPA MENTAL DA TRILHA: PROCESSOS

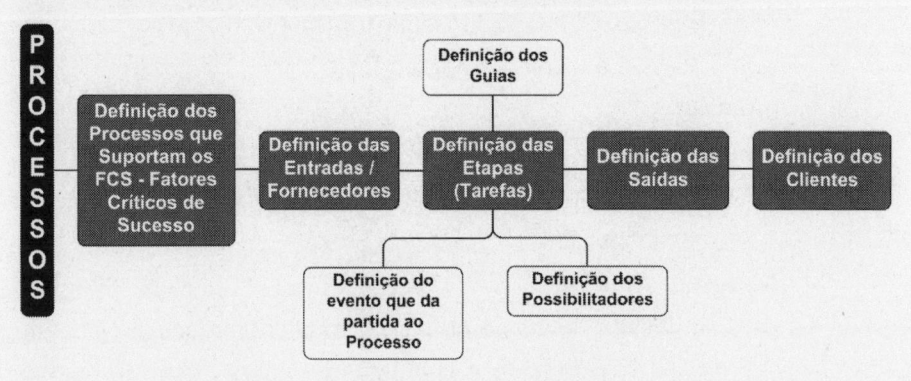

PROCESSOS
- Definição dos Processos que Suportam os FCS - Fatores Críticos de Sucesso
- Definição das Entradas / Fornecedores
- Definição das Etapas (Tarefas)
  - Definição dos Guias
  - Definição do evento que da partida ao Processo
  - Definição dos Possibilitadores
- Definição das Saídas
- Definição dos Clientes

Aqui está o Mapa Mental da Trilha, representando os principais componentes do processo e pontos de otimização. Ele destaca:

1. **Início do Processo:** Identifica o ponto de partida.
2. **Entradas:** Insumos que alimentam o processo.
3. **Atividades:** As etapas realizadas para transformar as entradas em saídas.
4. **Saídas:** Resultados gerados pelo processo.
5. **Guias:** Regras e governança que orientam o processo.
6. **Possibilitadores:** Recursos e tecnologias que apoiam o processo.
7. **Indicadores de Desempenho:** Métricas que monitoram o sucesso do processo.
8. **Pontos de Otimização:** Áreas onde melhorias podem ser aplicadas para maximizar a eficiência.

Este mapa pode ser utilizado como base para treinamentos e discussões estratégicas sobre como melhorar a eficiência dos processos na organização.

📍 9-14) REFLETINDO SOBRE AS INCONSCIÊNCIAS NA AUSÊNCIA DOS PROCESSOS

A ausência de processos bem definidos em uma organização não é apenas um problema operacional — é um desafio que impacta diretamente o alinhamento, a efetividade e a cultura organizacional. Abaixo, exploramos as principais "inconsciências" que surgem dessa falta e seus efeitos.

1. **Falta de Clareza e Consistência**
   - **Inconsciência:** Colaboradores não têm clareza sobre suas responsabilidades ou a sequência de tarefas.
   - **Impacto:**
     - Retrabalho frequente devido à interpretação errada de tarefas.
     - Resultados inconsistentes, prejudicando a qualidade do produto ou serviço.
   - **Exemplo:**
     - Em um processo de atendimento ao cliente, a ausência de um guia claro pode levar a respostas diferentes para problemas semelhantes.

2. **Decisões Baseadas em Intuições e Não em Dados**
   - **Inconsciência:** Líderes tomam decisões reativas sem dados estruturados.
   - **Impacto:**
     - Prioridades conflitantes entre departamentos.
     - Dificuldade em identificar áreas de melhoria ou gargalos.
   - **Exemplo:**
     - Sem métricas de tempo de ciclo ou taxa de erro, um gerente pode ignorar um gargalo crítico que afeta toda a operação.

3. **Dependência de Colaboradores Específicos**
   - **Inconsciência:** O conhecimento do processo está "preso" em pessoas, não documentado.
   - **Impacto:**
     - Perda de eficiência quando um colaborador-chave sai ou está ausente.

- Resistência à mudança, pois os processos não são acessíveis a todos.
- **Exemplo:**
  - Um operador veterano é o único que sabe como realizar uma tarefa crítica, mas não há documentação para treinar novos colaboradores.

4. Ineficiência e Perda de Tempo
- **Inconsciência:** Atividades desnecessárias ou redundantes são realizadas sem percepção de desperdício.
- **Impacto:**
  - Processos desnecessariamente longos, aumentando os custos operacionais.
  - Colaboradores desmotivados por tarefas que não agregam valor.
- **Exemplo:**
  - Conferências manuais repetitivas em várias etapas, que poderiam ser eliminadas com automação.

5. Cultura de "Apagar Incêndios"
- **Inconsciência:** A ausência de processos cria um ambiente de reatividade, onde problemas são resolvidos somente quando se tornam críticos.
- **Impacto:**
  - Estresse elevado entre colaboradores e gestores.
  - Incapacidade de planejar ou executar melhorias estratégicas.
- **Exemplo:**
  - Focar em corrigir erros de última hora em pedidos ao invés de melhorar a causa raiz do problema.

6. Resistência à Melhoria Contínua
- **Inconsciência:** Sem processos claros, os colaboradores não conseguem visualizar o impacto positivo de mudanças.
- **Impacto:**
  - Estagnação da organização, dificultando inovações.
  - Perda de competitividade no mercado.

- **Exemplo:**
  - A resistência dos colaboradores a novos métodos surge porque não há referência ou padrão claro para comparar os ganhos.

Como Essas Inconsciências Impactam a Organização?

No Alinhamento:

- Falta de processos definidos cria desconexões entre áreas e níveis hierárquicos.
- Colaboradores têm dificuldades em entender como seu trabalho contribui para os objetivos organizacionais.

Na Efetividade:

- A ausência de padrões reduz a eficiência e aumenta custos.
- Processos desorganizados geram retrabalho, gargalos e perda de produtividade.

Na Cultura:

- Cria um ambiente de frustração e desmotivação.
- A mentalidade de curto prazo ("apagar incêndios") enfraquece o engajamento e a inovação.

CONCLUSÃO

Refletir sobre as inconsistências causadas pela ausência de processos bem definidos é fundamental para qualquer organização. Identificar e corrigir essas falhas promove um ambiente de trabalho mais alinhado, eficiente e colaborativo. A implementação de processos claros não apenas reduz as dores operacionais, mas também fortalece a saúde e a resiliência organizacional.

CAPÍTULO 10

A SÉTIMA TRILHA – PESSOAS

🔍 10-1) CONTEXTO: A IMPORTÂNCIA DAS PESSOAS

As pessoas são o **motor da organização**, movendo estratégias e processos rumo aos objetivos. Um colaborador motivado e capacitado desempenha seu papel de forma eficaz, garantindo que os processos relacionados aos Fatores Críticos de Sucesso (FCS) sejam executados com excelência.

💡 10-2) METÁFORA

"O motor que dá movimento à organização."

Assim como um motor precisa de energia e manutenção, os colaboradores necessitam de motivação e desenvolvimento contínuo para manterem alta performance.

⚙️ 10-3) ANALOGIA

"Como uma equipe esportiva."

Cada jogador, com suas habilidades e posições, é essencial para o sucesso do time. Do mesmo modo, na organização, cada colaborador tem um papel fundamental para alcançar os objetivos.

❓ 10-4) O QUE É?

Gestão de pessoas é o conjunto de práticas para:

- Atrair, desenvolver e reter talentos.
- Aumentar a motivação, o engajamento e a performance.
- Promover o alinhamento entre os objetivos da organização e as aspirações individuais.

🔊 10-5) POR QUE É IMPORTANTE?

- Engajamento: Aumenta a conexão do colaborador com os objetivos da organização.
- Retenção: Reduz a rotatividade, preservando o capital intelectual.

Alta Performance: Garante que as tarefas críticas sejam executadas com eficiência e qualidade.

💠 10-6) LEVANTAMENTO DAS DORES PELA AUSÊNCIA DE UMA GESTÃO DE PESSOAS DE QUALIDADE

QUESTIONÁRIO PARA LEVANTAMENTO DE DORES:

Seção 1: Fatores Motivacionais

Objetivo: Identificar lacunas nos fatores que afetam a motivação dos colaboradores.

1. **Como você avalia o reconhecimento pelo seu trabalho na organização?**

    (A) Muito bom: Sempre me sinto valorizado.

    (B) Bom: Às vezes sinto reconhecimento.

    (C) Regular: Sinto que poderia ser mais valorizado.

    (D) Ruim: Não me sinto reconhecido.

2. **O ambiente de trabalho contribui para sua motivação?**

    (A) Muito: É inspirador e colaborativo.

    (B) Moderadamente: Às vezes sinto apoio.

    (C) Pouco: Falta colaboração e estímulo.

    (D) Nada: É desmotivador.

3. **Quão desafiadoras você considera suas atividades no dia a dia?**

    (A) Muito desafiadoras: Estou sempre aprendendo.

    (B) Moderadamente desafiadoras: Há desafios ocasionais.

    (C) Pouco desafiadoras: As atividades são repetitivas.

    (D) Nada desafiadoras: Meu trabalho é monótono.

4. **Como você avalia as oportunidades de crescimento na organização?**

    (A) Excelentes: Vejo muitas chances de desenvolvimento.

(B) Boas: Existem algumas oportunidades.

(C) Poucas: É difícil crescer aqui.

(D) Inexistentes: Não vejo possibilidades de avanço.

Seção 2: Desalinhamento de Expectativas
Objetivo: Identificar se há divergências entre as expectativas de líderes e liderados.

5. Seu líder deixa claro o que espera de você no dia a dia?

(A) Sempre: Sei exatamente o que fazer.

(B) Frequentemente: Geralmente recebo orientações claras.

(C) Raramente: Nem sempre sei o que meu líder espera.

(D) Nunca: Não há clareza nas expectativas.

6. Você sente que seu líder compreende suas expectativas em relação ao trabalho?

(A) Sim: Nossas expectativas estão alinhadas.

(B) Parcialmente: Algumas expectativas estão claras.

(C) Pouco: Meu líder não entende minhas necessidades.

(D) Nada: Estamos completamente desalinhados.

7. Há conversas regulares para alinhar objetivos e desafios entre você e seu líder?

(A) Sempre: Temos diálogos constantes e produtivos.

(B) Frequentemente: Algumas vezes por mês.

(C) Raramente: Apenas quando há problemas.

(D) Nunca: Essas conversas não ocorrem.

Seção 3: Capacitação
Objetivo: Identificar lacunas entre as habilidades e o conhecimento necessários para o trabalho.

8. Você acredita ter o conhecimento necessário para realizar suas tarefas?

(A) Sim: Tenho todo o conhecimento que preciso.

(B) Parcialmente: Às vezes sinto falta de informações.

(C) Pouco: Preciso de mais conhecimento técnico.

(D) Nada: Nunca recebi treinamento adequado.

9. **Como você avalia suas habilidades para executar suas atividades com eficiência?**

    (A) Excelentes: Tenho total domínio das habilidades necessárias.

    (B) Boas: Na maior parte do tempo, consigo realizar as tarefas.

    (C) Insuficientes: Enfrento dificuldades frequentes.

    (D) Inexistentes: Não recebi treinamento prático.

10. **A organização oferece treinamento e suporte para desenvolver suas competências?**

    (A) Sempre: Há suporte contínuo para o meu desenvolvimento.

    (B) Frequentemente: Algumas vezes, mas não o suficiente.

    (C) Raramente: Treinamentos são escassos.

    (D) Nunca: Não há iniciativas para capacitação.

Como Utilizar os Resultados

1. **Consolidar as Respostas em uma Tabela:** Organizar os dados por categorias (motivação, alinhamento de expectativas e capacitação).
2. **Identificar Padrões:** Avaliar as áreas mais críticas para priorizar ações.
3. **Planejar Soluções:** Criar planos específicos para melhorar os fatores motivacionais, alinhar expectativas e oferecer capacitação adequada. Este questionário ajudará a identificar e abordar os fatores que impactam a motivação, o alinhamento entre líderes e liderados, e a capacitação dos colaboradores, promovendo maior engajamento e desempenho organizacional.

Tabela de Dores Levantadas

A partir do questionário aplicado, as respostas indicam as principais dores relacionadas à desmotivação, desalinhamento de expectativas e falta de capacitação. Abaixo, as dores foram organizadas em uma tabela com o problema identificado e seu impacto na organização.

Tabela: Dores, Impactos e Categorias Organizacionais

Categoria	Dores Levantadas	Impacto na Organização
Desmotivação	Falta de reconhecimento pelo trabalho realizado.	Redução do engajamento e produtividade.
	Ambiente de trabalho pouco inspirador e colaborativo.	Aumento do turnover e conflitos entre equipes.
	Atividades repetitivas e sem desafios.	Queda na inovação e no interesse dos colaboradores.
	Poucas ou nenhuma oportunidade de crescimento profissional.	Perda de talentos e baixa retenção de colaboradores qualificados.
Desalinhamento de Expectativas	Falta de clareza nas expectativas do líder em relação ao liderado.	Confusão sobre prioridades e aumento do retrabalho.
	O líder não compreende as necessidades e aspirações do liderado.	Sentimento de desvalorização e frustração.
	Ausência de conversas regulares para alinhar objetivos.	Falta de alinhamento estratégico e operações desalinhadas.
Falta de Capacitação	Deficiência no conhecimento técnico necessário para as tarefas.	Erros frequentes e baixa qualidade na execução.
	Habilidades insuficientes para lidar com demandas do dia a dia.	Atrasos nos processos e aumento da carga de trabalho.
	Falta de treinamentos e suporte para desenvolvimento.	Estagnação no desenvolvimento dos colaboradores e da organização.

Análise das Dores

- **Motivação Insuficiente:** Grande parte das dores está relacionada à percepção de desvalorização e à falta de estímulos no ambiente de trabalho. Reconhecer os esforços dos colaboradores e criar um ambiente mais dinâmico são essenciais para reverter este quadro.
- **Desalinhamento de Expectativas:** A ausência de clareza nas relações entre líderes e liderados resulta em frustração e perda de eficiência. Promover conversas regulares e ajustadas às necessidades individuais ajudará a mitigar essa dor.

- Falta de Capacitação: Lacunas no CHA (Conhecimento, Habilidades e Atitudes) são críticas para o desempenho. Investir em treinamentos práticos e programas de desenvolvimento é necessário para alinhar competências e demandas.

Este quadro será a base para criar um plano de ação para tratar as dores identificadas e transformar os desafios em oportunidades de crescimento organizacional.

10-7) PRESCRIÇÃO DO MEDICAMENTO

Prescrição do Medicamento: Desenvolver uma Gestão de Pessoas de Qualidade

1. Contexto

A ausência de uma gestão de pessoas eficaz resulta em desmotivação, desalinhamento de expectativas e lacunas de capacitação, comprometendo o desempenho individual e organizacional. Implementar uma **Gestão de Pessoas de Qualidade** visa sanar essas dores e criar um ambiente que promova motivação, alinhamento e desenvolvimento contínuo.

2. Objetivo

Proporcionar ferramentas e práticas que garantam o engajamento, o alinhamento e a capacitação dos colaboradores, fortalecendo a saúde organizacional.

3. Missão do Aluno/Colaborador no Desafio: Desenvolver uma Gestão de Pessoas de Qualidade

A missão do colaborador/aluno neste desafio é **propor, implementar e acompanhar práticas e ferramentas de gestão de pessoas** que promovam engajamento, alinhamento e desenvolvimento contínuo. Esse papel será crucial para garantir a motivação dos colaboradores e o alinhamento com os objetivos organizacionais.

4. Missão Principal:

Desenvolver um modelo prático e eficiente de Gestão de Pessoas que maximize o potencial humano, promova alinhamento estratégico e incentive o aprendizado contínuo.

5. Missões Específicas:
1. **Identificar as Principais Dores Relacionadas à Gestão de Pessoas:**
   - Descrição: Levantar os problemas existentes que impactam a motivação, o alinhamento e a capacitação dos colaboradores.
   - Atividades:
     - Realizar entrevistas com colaboradores para entender suas percepções e desafios.
     - Aplicar questionários para identificar desalinhamentos e lacunas de capacitação.
     - Analisar métricas existentes, como turnover, engajamento e desempenho.
2. **Propor Ferramentas para Alinhar Expectativas:**
   - Descrição: Criar mecanismos para comunicar de forma clara os objetivos organizacionais e alinhar as expectativas de líderes e colaboradores.
   - Atividades:
     - Desenvolver um modelo de Planejamento de Carreira alinhado à visão e missão da organização.
     - Criar Planos de Desenvolvimento Individual (PDI) que contemplem metas específicas para cada colaborador.
     - Implementar ferramentas de comunicação interna para reforçar a visão e os valores organizacionais.
3. **Elaborar Estratégias de Engajamento:**
   - Descrição: Implementar ações que aumentem a motivação e o senso de pertencimento dos colaboradores.
   - Atividades:
     - Planejar iniciativas de reconhecimento e recompensas.
     - Criar programas de engajamento, como reuniões regulares de feedback e trocas interdepartamentais.
     - Estabelecer canais para ouvir sugestões e ideias dos colaboradores.
4. **Planejar Programas de Capacitação:**
   - Descrição: Criar um plano contínuo de desenvolvimento profissional e pessoal.

- Atividades:
  - Identificar competências críticas para os FCS organizacionais.
  - Desenvolver treinamentos focados em soft skills e habilidades técnicas.
  - Promover workshops e sessões de coaching para líderes e equipes.

5. **Definir Indicadores de Gestão de Pessoas:**
   - Descrição: Acompanhar o impacto das ações implementadas por meio de métricas.
   - Atividades:
     - Estabelecer KPIs como:
       - Taxa de engajamento (%).
       - Redução no turnover (%).
       - Índice de satisfação dos colaboradores (%).
       - Aumento nas competências-chave (%).
     - Criar dashboards para monitorar os resultados e propor melhorias contínuas.

6. **Fomentar a Cultura de Melhoria Contínua:**
   - Descrição: Criar um ambiente onde a evolução e o aprendizado sejam contínuos.
   - Atividades:
     - Incentivar o feedback 360° para fomentar a transparência.
     - Planejar ciclos de avaliação periódicos com ajustes de metas e práticas de gestão.
     - Garantir que a cultura organizacional esteja alinhada com os valores declarados.

Resultados Esperados do Colaborador/Aluno
- Mapeamento de dores e lacunas: Clareza sobre os principais desafios na gestão de pessoas.
- Ferramentas práticas desenvolvidas: Modelos de PDI, planos de carreira e treinamentos aplicáveis.
- Ações de engajamento implementadas: Programas que aumentem o alinhamento e a motivação.

- Monitoramento contínuo: Indicadores claros para acompanhar o impacto das práticas de gestão.
- Cultura fortalecida: Colaboradores engajados, capacitados e alinhados aos objetivos organizacionais.

Essa missão transforma o colaborador/aluno em um agente de mudança, promovendo uma gestão de pessoas que não apenas resolve problemas, mas também cria um ambiente saudável e alinhado com o sucesso organizacional.

3. Tabela: Dores vs. Benefícios da Gestão de Pessoas de Qualidade

Dores Levantadas	Benefícios da Gestão de Pessoas de Qualidade
Falta de reconhecimento pelo trabalho realizado.	Cria uma cultura de reconhecimento e valorização do colaborador.
Ambiente de trabalho pouco inspirador e colaborativo.	Promove um ambiente motivador, colaborativo e inovador.
Atividades repetitivas e sem desafios.	Proporciona oportunidades de crescimento e desafios estimulantes.
Poucas ou nenhuma oportunidade de crescimento profissional.	Desenvolve planos de carreira claros e oportunidades de desenvolvimento.
Falta de clareza nas expectativas do líder em relação ao liderado.	Alinha expectativas entre líderes e liderados, promovendo entendimento.
O líder não compreende as necessidades e aspirações do liderado.	Garante conversas regulares para ajustar expectativas e apoiar liderados.
Ausência de conversas regulares para alinhar objetivos.	Cria um canal aberto para comunicação contínua e alinhamento estratégico.
Deficiência no conhecimento técnico necessário para as tarefas.	Implementa treinamentos regulares para equipar colaboradores com o CHA.
Habilidades insuficientes para lidar com demandas do dia a dia.	Fomenta o desenvolvimento de competências práticas e relevantes.
Falta de treinamentos e suporte para desenvolvimento.	Investe em programas de treinamento e desenvolvimento contínuo.

7. Prescrição do Medicamento

Para sanar as dores e promover os benefícios identificados, a **Gestão de Pessoas de Qualidade** deverá incluir:

1. **Motivação:**
   - Ferramenta: Hierarquização de Fatores Motivacionais.
     - Identificar o que mais motiva cada colaborador e atuar diretamente nesses pontos.
   - Ferramenta: Alinhamento de Expectativas entre Líder e Liderado.
     - Garantir clareza e sintonia entre metas e suporte esperado.

2. **Capacitação:**
   - Ferramenta: Avaliação CHA (Conhecimento, Habilidade, Atitude).
     - Avaliar o grau de adequação entre o perfil do colaborador e as exigências da função.
   - Treinamento Contínuo:
     - Oferecer treinamentos alinhados às necessidades da organização e dos colaboradores.
3. **Reconhecimento e Desenvolvimento:**
   - Estabelecer programas de reconhecimento que valorizem contribuições individuais e coletivas.
   - Criar planos de carreira que ofereçam perspectivas de crescimento.
4. **Comunicação e Engajamento:**
   - Realizar reuniões regulares para feedback e alinhamento de expectativas.
   - Estimular a participação ativa dos colaboradores em decisões e melhorias.

CONCLUSÃO

A tabela demonstra que uma **gestão de pessoas de qualidade** aborda diretamente as dores levantadas, transformando-as em oportunidades de crescimento. Com ferramentas práticas e alinhadas aos desafios organizacionais, a prescrição do medicamento é clara e adequada. Esta abordagem não apenas resolve problemas imediatos, mas também fortalece o alinhamento, a efetividade e a cultura organizacional, garantindo um impacto duradouro.

🧪 10-8) FABRICAÇÃO DO MEDICAMENTO: TUTORIAIS PRÁTICOS PARA MELHORAR O DESEMPENHO

1. Contexto

A fabricação deste medicamento visa criar ferramentas e métodos que melhorem a motivação, o alinhamento de expectativas e a compatibilização de competências (CHA) com as tarefas críticas dos processos relacionados aos Fatores Críticos de Sucesso (FCS). Isso é essencial para garantir a execução eficaz e o alcance dos objetivos organizacionais.

2. Objetivo

Desenvolver três tutoriais práticos e aplicáveis que orientem os colaboradores e líderes na implementação das soluções prescritas:

1. **Fatores Motivacionais.**
2. **Alinhamento de Expectativas.**
3. **Compatibilização do CHA.**

3. Tutoriais

Tutorial 1: Fatores Motivacionais

Objetivo: Identificar os fatores que mais motivam cada colaborador e atuar diretamente neles.

Passo 1: Apresentar os Fatores Motivacionais

Liste os 10 fatores motivacionais mais comuns:

1. Reconhecimento pelo trabalho.
2. Oportunidades de crescimento.
3. Ambiente de trabalho colaborativo.
4. Desafios profissionais.
5. Remuneração adequada.
6. Segurança no emprego.
7. Flexibilidade no trabalho.
8. Liderança inspiradora.
9. Treinamento e desenvolvimento.
10. Alinhamento com os valores da organização.

Exemplo Didático: Aplicação do Tutorial sobre Fatores Motivacionais

Cenário Simulado

A empresa é uma pequena fabricante de bebedouros industriais. Recentemente, houve aumento de rotatividade e reclamações de desmotivação entre os operadores da linha de montagem. O RH foi solicitado a aplicar a ferramenta de **Hierarquização de Fatores Motivacionais** para identificar e solucionar os problemas.

Passo 1: Apresentar os Fatores Motivacionais

O RH reúne os colaboradores em pequenos grupos e apresenta os **10 Fatores Motivacionais:**

1. Reconhecimento pelo trabalho.
2. Oportunidades de crescimento.
3. Ambiente de trabalho colaborativo.
4. Desafios profissionais.
5. Remuneração adequada.
6. Segurança no emprego.
7. Flexibilidade no trabalho.
8. Liderança inspiradora.
9. Treinamento e desenvolvimento.
10. Alinhamento com os valores da organização.

Ação do RH:

- **Exemplo de Comunicação:**
    - "Queremos entender o que é mais importante para vocês no trabalho. Estes são os principais fatores que podem influenciar a motivação. Vamos pedir que vocês os hierarquizem em ordem de importância."

Passo 2: Aplicar o Questionário Motivacional

Cada colaborador recebe um formulário e preenche a hierarquização dos fatores, além de dar uma nota de 0 a 10 para o quão satisfeito se sente com cada um.

Exemplo de Formulário:

Fator Motivacional	Importância (1 a 10)	Nota de Satisfação (0 a 10)
Reconhecimento pelo trabalho	9	5
Oportunidades de crescimento	10	3
Ambiente colaborativo	8	6
Desafios profissionais	7	7
Remuneração adequada	10	8
Segurança no emprego	6	9
Flexibilidade no trabalho	5	6
Liderança inspiradora	9	4
Treinamento e desenvolvimento	8	5
Alinhamento com os valores	7	6

Passo 3: Análise dos Resultados

O RH consolida os dados dos formulários preenchidos pelos colaboradores.

Exemplo de Consolidação:

Fator Motivacional	Média de Importância	Média de Satisfação	Lacuna (Satisfação - Importância)
Reconhecimento pelo trabalho	8.5	4.5	-4.0
Oportunidades de crescimento	9.0	3.0	-6.0
Ambiente colaborativo	7.5	5.0	-2.5
Desafios profissionais	7.0	6.5	-0.5
Remuneração adequada	9.0	8.5	-0.5
Segurança no emprego	6.0	8.0	+2.0
Flexibilidade no trabalho	5.5	5.5	0.0
Liderança inspiradora	8.0	4.0	-4.0
Treinamento e desenvolvimento	8.0	4.5	-3.5
Alinhamento com os valores	7.0	5.5	-1.5

Observações do RH:

1. **Maiores lacunas:**
    - Oportunidades de crescimento (-6.0).
    - Reconhecimento pelo trabalho (-4.0).
    - Liderança inspiradora (-4.0).

2. **Pontos fortes:**
    - Segurança no emprego (+2.0).
    - Remuneração adequada (-0.5, próximo ao ideal).

Passo 4: Criar um Plano de Ação

Com base nos resultados, o RH desenvolve um plano para abordar os fatores críticos.

Plano de Ação:

1. **Oportunidades de Crescimento:**

- Desenvolver planos de carreira claros.
- Promover cursos de capacitação para funções avançadas.

2. Reconhecimento pelo Trabalho:
- Criar um programa mensal de "Colaborador do Mês".
- Implementar reuniões semanais para destacar boas práticas.

3. Liderança Inspiradora:
- Realizar treinamentos de liderança para supervisores.
- Promover reuniões regulares entre líderes e equipes para diálogo aberto.

Resultados Esperados

1. Maior engajamento dos colaboradores.
2. Redução das lacunas motivacionais.
3. Fortalecimento do alinhamento entre colaboradores e objetivos organizacionais.

CONCLUSÃO

Este exemplo mostra como aplicar o tutorial de **Fatores Motivacionais** em um cenário prático. Seguir os passos ajuda o RH e os líderes a identificar os fatores críticos para a motivação e implementar soluções eficazes, promovendo alinhamento, efetividade e uma cultura organizacional mais forte.

Tutorial 2: Alinhamento de Expectativas

Exemplo Didático: Alinhamento de Expectativas

Cenário Simulado

Uma empresa de pequeno porte fabrica bebedouros industriais. Um dos operadores da linha de montagem, João, está sob a supervisão de Ana. O RH percebeu uma desconexão entre as prioridades percebidas por Ana e a alocação de tempo e esforço de João, o que impacta o desempenho nos Fatores Críticos de Sucesso (FCS).

O RH mediará um processo para identificar, ajustar e monitorar o alinhamento entre líder e liderado.

MOMENTO 1: LEVANTAMENTO INDEPENDENTE

1. Questão ao Líder (Ana)

"Quais são os 5 pontos principais onde o João deveria dedicar mais atenção no dia a dia? Favor hierarquizar pelo tempo e importância."

Resposta do Líder (Ana):

Atividade	Hierarquia (1 a 5)
Inspeção de qualidade	1
Organização do espaço	2
Controle de peças críticas	3
Feedback sobre problemas	4
Acompanhamento de prazos	5

2. Questão ao Liderado (João)

"Quais são os 5 pontos principais onde você dedica mais atenção no dia a dia? Favor hierarquizar pelo tempo gasto."

Resposta do Liderado (João):

Atividade	Hierarquia (1 a 5)
Controle de peças críticas	1
Inspeção de qualidade	2
Ajuste de máquinas	3
Organização do espaço	4
Solução de problemas gerais	5

MOMENTO 2: CRUZAMENTO DAS RESPOSTAS

O RH compara as respostas para verificar o alinhamento:

Atividade	Líder: Hierarquia	Liderado: Hierarquia	Coincide?
Inspeção de qualidade	1	2	Sim
Organização do espaço	2	4	Sim
Controle de peças críticas	3	1	Sim
Feedback sobre problemas	4	-	Não
Acompanhamento de prazos	5	-	Não
Ajuste de máquinas	-	3	Não
Solução de problemas gerais	-	5	Não

MOMENTO 3: AVALIAÇÃO DO GRAU DE ALINHAMENTO

Critérios para Avaliação:
1. **Coincidência de Atividades (Peso: 50%)**

- Atividades iguais entre líder e liderado: 3/5 = 60%.

2. **Hierarquia Similar (Peso: 50%)**
    - Coincidência nas posições hierárquicas:
        - Ex.: "Inspeção de Qualidade" é a 1ª para Ana e a 2ª para João.
        - 2/5 posições coincidem = 40%.

Grau de Alinhamento	
Grau de Alinhamento	Fórmula -
Grau de Alinhamento	(Coincidência de Atividades x 0,5) + (Hierarquia Similar x 0,5)
Grau de Alinhamento	(60% x 0,5) + (40% x 0,5) = 50%
Resultado	O alinhamento inicial entre Ana e João é 50% (Amarelo - Requer Atenção)

MOMENTO 4: REUNIÃO DE CONSENSO

O RH organiza uma reunião entre Ana e João para:

1. **Apresentar os resultados.**
2. **Discutir as justificativas do líder para as 5 atividades mais importantes:**
    - Inspeção de qualidade (1º): Impacta diretamente nos FCS relacionados à satisfação do cliente e controle de custos.
    - Organização do espaço (2º): Melhora a eficiência operacional e reduz riscos de acidentes.
    - Controle de peças críticas (3º): Evita atrasos causados por falta de insumos.
    - Feedback sobre problemas (4º): Ajuda na identificação de gargalos.
    - Acompanhamento de prazos (5º): Garante que metas sejam cumpridas.
3. **Redefinir a hierarquia com base nos FCS.**

Hierarquia Final(acordada)

Atividade	Nova Hierarquia
Inspeção de qualidade	1
Controle de peças críticas	2
Organização do espaço	3
Feedback sobre problemas	4
Acompanhamento de prazos	5

MOMENTO 5: AVALIAÇÃO E JUSTIFICAÇÃO

Após definir a hierarquia, Ana avalia o desempenho atual de João em cada atividade e justifica as notas:

Atividade	Nota Atual (0 a 10)	Justificativa
Inspeção de qualidade	7	Realiza bem, mas precisa melhorar a precisão.
Controle de peças críticas	6	Muitas vezes esquece de registrar.
Organização do espaço	8	Mantém organizado, mas precisa mais rapidez.
Feedback sobre problemas	5	Falta comunicar problemas recorrentes.
Acompanhamento de prazos	6	Pode melhorar o monitoramento dos pedidos.

Plano de Ação: João deve focar em melhorar suas notas com base nos pontos levantados.

MONITORAMENTO

- Periodicidade: Reunião mensal para reavaliar alinhamento e notas.
- Meta: Aumentar o grau de alinhamento para 80% (Verde) em 3 meses.

Impactos no Alinhamento, Efetividade e Cultura

1. Alinhamento:
  - Melhor comunicação entre líder e liderado, com clareza nas expectativas.

2. Efetividade:
  - Priorização das atividades críticas melhora o desempenho operacional.

3. Cultura:
  - Fortalece a confiança e o espírito de colaboração no ambiente de trabalho.

Este exemplo prático orienta como aplicar o tutorial de alinhamento de expectativas, com um processo claro e resultados mensuráveis.

Tutorial 3: Compatibilização do CHA

1. Introdução ao CHA

O CHA é uma metodologia prática para identificar e alinhar Conhecimentos (C), Habilidades (H) e Atitudes (A) necessárias para a execução eficaz de uma tarefa.

1.1 O que é o "C" - Conhecimento?

Definição:

O Conhecimento refere-se à informação teórica e técnica que um indivíduo precisa ter para executar uma tarefa com eficácia. É o "saber" relacionado à atividade.

Exemplos no Dia a Dia:

- Setor Primário (Agricultura): Um agricultor precisa conhecer os ciclos das culturas, tipos de solo e pragas que podem afetar a produção.
- Setor Secundário (Indústria): Um operador de máquinas deve conhecer o funcionamento dos equipamentos e normas de segurança.
- Setor Terciário (Serviços): Um atendente de restaurante precisa conhecer o cardápio, as preferências dos clientes e boas práticas de higiene.

Analogia:

O conhecimento é como o manual de um carro: sem ele, é difícil saber como operar ou cuidar do veículo adequadamente.

1.2 O que é o "H" - Habilidade?

Definição:

A Habilidade é a capacidade prática de aplicar os conhecimentos adquiridos para realizar uma tarefa. É o "saber fazer".

Exemplos no Dia a Dia:

- Setor Primário: Um agricultor que utiliza máquinas agrícolas precisa saber manuseá-las com precisão.
- Setor Secundário: Um técnico em manutenção precisa usar ferramentas de forma eficaz para reparar equipamentos.
- Setor Terciário: Um vendedor precisa ter habilidade de comunicação para negociar com clientes.

Analogia:

A habilidade é como a prática de dirigir: mesmo que você conheça as regras de trânsito, é necessário saber aplicar essas regras ao volante.

1.3 O que é o "A" - Atitude?

Definição:

A Atitude é o comportamento, a postura e a disposição do indivíduo para realizar uma tarefa. É o "querer fazer".

Exemplos no Dia a Dia:

- Setor Primário: Um agricultor disposto a aprender novas técnicas para melhorar a produção.
- Setor Secundário: Um operador que segue regras de segurança com disciplina.
- Setor Terciário: Um atendente que mantém um sorriso e empatia, mesmo sob pressão.

Analogia:

A atitude é como a motivação para dirigir: mesmo sabendo como e tendo prática, você precisa querer dirigir para sair de casa.

2. Levantando o CHA para uma Atividade

2.1 Perguntas para Levantar o Conhecimento

- Quais informações teóricas ou técnicas são indispensáveis para esta tarefa?
- Que normas ou regulamentações estão envolvidas?
- O que o colaborador precisa saber para evitar erros ou retrabalho?

2.2 Perguntas para Levantar a Habilidade

- Que ferramentas ou tecnologias o colaborador precisa saber usar?
- Quais são os passos práticos que ele deve executar?
- Existem padrões ou benchmarks para a execução ideal?

2.3 Perguntas para Levantar a Atitude

- Qual é a postura ou comportamento esperado durante a execução da tarefa?
- O colaborador precisa demonstrar proatividade ou resiliência?
- Como a motivação pode impactar a qualidade do trabalho?

3. Avaliando o CHA do Executante

Passo a Passo para Avaliar o CHA do Colaborador

1. **Autoavaliação:**
   - Aplicar um questionário onde o colaborador avalie seu próprio CHA.
2. **Avaliação pelo Líder:**
   - O líder analisa o desempenho do colaborador e responde às mesmas perguntas.
3. **Observação Direta:**
   - Observar o colaborador executando a tarefa para identificar lacunas práticas.
4. **Reuniões de Feedback:**
   - Discutir com o colaborador as avaliações feitas.
5. **Cruzando o CHA da Tarefa e o CHA do Executante**
   1. **Elaborar uma Matriz CHA:**
   - Comparar o CHA necessário para a tarefa com o CHA atual do colaborador.

Exemplo de Matriz CHA:

Aspecto	CHA Necessário	CHA do Colaborador	Lacuna
Conhecimento	9	7	-2
Habilidade	8	6	-2
Atitude	10	9	-1

6. **Definir o Grau da Lacuna:**
   - Lacunas grandes (>3): Requer treinamento intensivo.
   - Lacunas médias (1-3): Ajustes pontuais e acompanhamento.
   - Sem lacunas (0): Manter e reforçar.
7. **Elaborando um Plano de Adequação**

Plano de Ação:

   1. **Treinamento:**
   - Conhecimento: Cursos teóricos e workshops.
   - Habilidade: Treinamento prático e simulações.
   - Atitude: Programas motivacionais e sessões de coaching.
   2. **Acompanhamento:**

- Reuniões mensais para revisar progresso.
- Ajustar o plano conforme o desempenho.

3. Feedback Contínuo:
- Fornecer orientações claras e encorajamento.

4. Exemplo Prático

Cenário: Ajuste do CHA para a tarefa "Inspeção de Qualidade" em uma fábrica de bebedouros.

- **CHA Necessário:**
  - Conhecimento: Normas de qualidade e checklist de inspeção (Nota 9).
  - Habilidade: Uso de ferramentas de medição (Nota 8).
  - Atitude: Atenção aos detalhes e disciplina (Nota 10).
- **CHA do Colaborador:**
  - Conhecimento: Nota 7.
  - Habilidade: Nota 6.
  - Atitude: Nota 9.
- **Plano de Ação:**
  1. Realizar um workshop sobre normas de qualidade.
  2. Oferecer treinamento prático com ferramentas de medição.
  3. Promover feedback contínuo e reforçar a importância da atenção aos detalhes.

Com este tutorial, o RH e os líderes poderão aplicar o CHA de forma didática e prática, promovendo alinhamento, desenvolvimento e maior eficiência nos processos organizacionais

CONCLUSÃO

Estes tutoriais práticos garantirão que colaboradores estejam **motivados, alinhados e capacitados**, promovendo melhorias significativas no desempenho organizacional. A aplicação estruturada desses métodos reforçará o alinhamento, a efetividade e a cultura organizacional.

10-9) APLICAÇÃO E ACOMPANHAMENTO: FASE DE IMPLEMENTAÇÃO DOS MEDICAMENTOS

1. Contexto
Após a fabricação do medicamento (soluções para melhorar motivação, alinhamento e compatibilidade do CHA), a aplicação é a fase em que as soluções são implementadas e monitoradas no ambiente real. Essa etapa visa garantir que os resultados desejados sejam atingidos e que ajustes sejam feitos conforme necessário.

2. Objetivo
- Garantir que as soluções implementadas promovam alinhamento, engajamento e alta performance.
- Monitorar os impactos nos resultados organizacionais e ajustar estratégias continuamente.

3. Passo a Passo para Aplicação e Acompanhamento

Passo 1: Planejar a Implementação

1. **Definir Prioridades:**
    - Identificar os processos ou equipes que terão prioridade na aplicação das soluções.
    - Exemplo: Focar inicialmente nas tarefas críticas ligadas aos FCS.

2. **Criar um Cronograma:**
    - Estabelecer prazos para cada etapa da aplicação.
    - Exemplo: Aplicar o alinhamento de expectativas no primeiro mês, seguido pela implementação de programas de capacitação.

3. **Alinhar Equipes:**
    - Reunir líderes e colaboradores para explicar o objetivo das ações e os benefícios esperados.

Passo 2: Implementar as Soluções

1. **Motivação:**
    - Aplicar o questionário de fatores motivacionais.
    - Estabelecer programas de reconhecimento e valorização.

2. **Alinhamento de Expectativas:**

- Conduzir reuniões de alinhamento entre líderes e liderados.
- Documentar acordos e prioridades definidos.

3. Compatibilização do CHA:
- Avaliar os colaboradores em relação ao CHA necessário para tarefas críticas.
- Desenvolver planos de treinamento e capacitação.

Passo 3: Monitorar os Resultados

1. Estabelecer Indicadores:
- Motivação: Taxa de rotatividade, engajamento em pesquisas internas.
- Alinhamento: Percentual de tarefas críticas executadas conforme o planejado.
- CHA: Redução de erros operacionais e aumento da eficiência.

2. Realizar Acompanhamentos Regulares:
- Reuniões quinzenais para revisar progresso.
- Utilizar dashboards para monitorar indicadores.

Passo 4: Coletar Feedback

1. Feedback dos Colaboradores:
- Aplicar questionários simples para avaliar percepções e identificar dificuldades.

2. Feedback dos Líderes:
- Reunir-se com os líderes para identificar desafios na aplicação

Passo 5: Ajustar as Soluções

1. Analisar os Dados:
- Identificar se os indicadores estão atingindo as metas estabelecidas.

2. Implementar Ajustes:
- Caso os resultados estejam abaixo do esperado, adaptar as estratégias.
- Exemplo: Se o treinamento não está sendo eficaz, mudar o formato para mais prático.

Passo 6: Consolidar os Resultados

1. **Gerar um Relatório Final:**
   - Resumir os resultados obtidos, os desafios enfrentados e as melhorias alcançadas.
2. **Compartilhar as Lições Aprendidas:**
   - Apresentar os aprendizados a todas as equipes para promover melhorias contínuas.

4. FCS - Fatores Críticos de Sucesso
   1. **Monitoramento Contínuo:**
      - Garantir que os indicadores sejam revisados regularmente.
   2. **Flexibilidade:**
      - Estar disposto a ajustar as estratégias conforme o feedback recebido.
   3. **Engajamento:**
      - Manter a comunicação aberta com todos os envolvidos.

5. Produto Final
   Relatório Final de Resultados:
   - Indicadores quantitativos e qualitativos.
   - Desafios e ajustes realizados.
   - Impactos no alinhamento, efetividade e cultura.

   Impactos Esperados
   1. **Alinhamento:**
      - Maior clareza sobre objetivos e papéis.
      - Redução de conflitos internos.
   2. **Efetividade:**
      - Melhoria no desempenho operacional.
      - Redução de erros e retrabalho.
   3. **Cultura:**
      - Ambiente de trabalho mais motivador e colaborativo.
      - Fortalecimento dos valores organizacionais.
      - Este passo a passo garante que a aplicação do medicamento seja estruturada, eficiente e direcionada para resultados concretos.

10-10) SAÍDAS DA TRILHA E PLANO DE AÇÃO

1. Saídas Esperadas da Trilha "Pessoas"

O objetivo principal desta trilha é garantir que os colaboradores estejam motivados, alinhados e capacitados para executar as atividades críticas da organização com excelência. As saídas esperadas são:

1. **Motivação Elevada:**
   - Identificação e atuação nos fatores motivacionais prioritários de cada colaborador.
   - Redução de indicadores de desmotivação, como absenteísmo e rotatividade.

2. **Alinhamento de Expectativas:**
   - Criação de documentos de alinhamento entre líderes e liderados.
   - Redução de conflitos e retrabalho causados por falta de clareza nas responsabilidades.

3. **Compatibilidade CHA:**
   - Levantamento completo do CHA das tarefas críticas e dos colaboradores.

   Planos de capacitação implementados e monitorados.

4. **Resultados Mensuráveis:**
   - Indicadores de desempenho individual e coletivo.
   - Melhoria no engajamento e na execução das atividades críticas ligadas aos FCS.

Plano de Ação para 10 Dias

Dia	Ação	Responsável	Objetivo	Recursos Necessários
1	Reunir líderes para apresentar a trilha e as ferramentas disponíveis.	RH e Alta Liderança	Engajar lideranças e alinhar expectativas.	Sala de reunião, slides e materiais informativos.
2	Aplicar o questionário de fatores motivacionais.	RH	Identificar as principais lacunas motivacionais.	Formulários, suporte técnico.
3	Consolidar os resultados dos fatores motivacionais e planejar ações imediatas.	RH	Desenvolver um plano para aumentar motivação.	Software de análise, equipe de RH.
4	Realizar reuniões individuais de alinhamento de expectativas entre líderes e liderados.	Líderes de Equipe	Ajustar objetivos e responsabilidades.	Guias de alinhamento, formulários de registro.
5	Mapear as tarefas críticas relacionadas aos FCS e definir o CHA necessário para cada uma.	Supervisores e RH	Identificar lacunas de competências.	Checklists, ferramentas de mapeamento.
6	Avaliar o CHA dos colaboradores em relação às tarefas críticas mapeadas.	Líderes e RH	Identificar discrepâncias e criar planos.	Ferramentas de avaliação CHA, questionários.
7	Desenvolver planos de capacitação personalizados com base no levantamento CHA.	RH e Supervisores	Criar programas de treinamento direcionados.	Recursos de treinamento, mentores.
8	Implementar treinamentos e ações de desenvolvimento para reduzir lacunas de CHA.	RH e Equipe de Treinamento	Capacitar os colaboradores.	Plataformas EAD, materiais didáticos.
9	Monitorar a aplicação das ações planejadas e coletar feedback inicial.	RH e Líderes de Equipe	Garantir que as ações estejam sendo aplicadas.	Formulários de feedback, reuniões.
10	Consolidar os resultados iniciais e apresentar os próximos passos.	RH e Alta Liderança	Garantir continuidade e melhorias.	Relatório de resultados, reunião de alinhamento.

2. Indicadores de Sucesso

1. Motivação:

- Redução no índice de absenteísmo e rotatividade.
- Aumento no índice de engajamento em pesquisas internas.

2. Alinhamento:

- Percentual de tarefas críticas executadas conforme o planejado.
- Número de reuniões de alinhamento realizadas.

3. Capacitação:

- Percentual de lacunas de CHA fechadas após treinamentos.
- Aumento na produtividade e redução de erros operacionais.

CONCLUSÃO

O plano de ação proposto promove uma abordagem prática e estruturada para alcançar as saídas esperadas da trilha "Pessoas". Cada etapa foi pensada para garantir motivação, alinhamento e capacitação, pilares essenciais para melhorar o desempenho e fortalecer a cultura organizacional.

📖 10-11) RESUMO DA TRILHA: AS PESSOAS SÃO A BASE DO SUCESSO ORGANIZACIONAL

1. Importância da Trilha

A trilha "Pessoas" destaca o papel essencial dos colaboradores como o coração da organização. Motivação, alinhamento e capacitação são os pilares que sustentam o desempenho e impulsionam a execução das estratégias organizacionais.

2. Pilares Fundamentais

1. **Motivação:**
   - Garantir que os colaboradores estejam engajados e satisfeitos em suas funções.
   - Identificar e atuar nos fatores que mais impactam a motivação individual.

2. **Alinhamento:**
   - Reduzir conflitos e promover clareza nas expectativas entre líderes e liderados.
   - Assegurar que todos estejam direcionados para os Fatores Críticos de Sucesso (FCS).

3. **Capacitação (CHA):**
   - Equipar os colaboradores com o conhecimento, habilidades e atitudes necessários para executar as tarefas críticas.
   - Fechar lacunas entre as competências dos colaboradores e as exigências das atividades.

3. Benefícios Alcançados

1. **Engajamento Elevado:**

- Colaboradores motivados sentem-se mais conectados com a organização, reduzindo a rotatividade e o absenteísmo.

2. Eficiência Operacional:
- A compatibilização do CHA garante que tarefas sejam executadas com maior precisão e produtividade.

3. Cultura Fortalecida:
- Um ambiente colaborativo e com expectativas claras promove confiança e respeito mútuo.

4. Resultados Organizacionais:
- Melhor desempenho nas tarefas críticas relacionadas aos FCS.
- Incremento na eficácia geral dos processos e na qualidade dos produtos e serviços.

4. Conexão com os FCS

A trilha "Pessoas" alinha os colaboradores às metas estratégicas, garante o suporte necessário para que as tarefas críticas sejam realizadas com excelência e reforça a cultura organizacional.

5. Frase-Chave

"As pessoas não são apenas recursos; elas são o diferencial competitivo. Quando motivadas, alinhadas e capacitadas, tornam-se o motor que move a organização rumo ao sucesso."

Este resumo sintetiza a essência da trilha "Pessoas" e sua relevância para a saúde organizacional, inspirando líderes e colaboradores a reconhecerem seu papel como protagonistas no crescimento sustentável da empresa.

🎓 10-12) TESTE DE CONHECIMENTO: MOTIVAÇÃO E DESENVOLVIMENTO DE EQUIPES

1. Qual é o principal benefício de identificar os fatores motivacionais de cada colaborador?
   - (A) Melhorar a alocação de tarefas e aumentar a produtividade.
   - (B) Reduzir conflitos internos e melhorar o ambiente de trabalho.
   - (C) Aumentar o engajamento e a satisfação no trabalho.
   - (D) Facilitar a identificação de lacunas de competências.

Resposta correta: (C)

Justificativa: Identificar os fatores motivacionais ajuda a promover engajamento e satisfação, essenciais para um ambiente de trabalho produtivo e harmonioso.

2. **Por que o alinhamento de expectativas entre líder e liderado é importante?**
   - (A) Evita retrabalho e promove clareza nas responsabilidades.
   - (B) Aumenta o controle do líder sobre a equipe.
   - (C) Reduz o tempo gasto em reuniões de alinhamento.
   - (D) Torna a comunicação entre os níveis organizacionais desnecessária.

Resposta correta: (A)

Justificativa: Alinhar expectativas reduz retrabalho e garante que tanto o líder quanto o liderado compreendam claramente suas responsabilidades e objetivos.

3. **Como o CHA (Conhecimento, Habilidade e Atitude) ajuda no desenvolvimento de equipes?**
   - (A) Facilita a criação de planos de capacitação personalizados.
   - (B) Reduz o tempo necessário para o treinamento inicial.
   - (C) Permite identificar rapidamente líderes potenciais.
   - (D) Evita que colaboradores sejam promovidos sem preparo.

Resposta correta: (A)

Justificativa: Avaliar o CHA permite identificar lacunas específicas em cada colaborador e criar planos personalizados para fechar essas lacunas, melhorando o desempenho.

4. **Qual dessas ações é mais eficaz para melhorar a motivação dos colaboradores?**
   - (A) Aumentar a carga de trabalho para desafiar os colaboradores.
   - (B) Criar um programa de reconhecimento por resultados alcançados.
   - (C) Oferecer feedback apenas quando houver problemas.
   - (D) Evitar mudanças na estrutura de trabalho, mesmo que necessárias.

Resposta correta: (B)

Justificativa: Reconhecer os resultados alcançados é uma estratégia comprovada para aumentar a motivação e o engajamento dos colaboradores.

5. Qual é o principal impacto de equipes bem capacitadas nos resultados organizacionais?
    - (A) Redução de custos operacionais e aumento da produtividade.
    - (B) Diminuição da rotatividade e do absenteísmo.
    - (C) Melhoria na comunicação interna e na colaboração.
    - (D) Eliminação da necessidade de supervisão.

Resposta correta: (A)

Justificativa: Colaboradores bem capacitados realizam tarefas com maior eficiência, reduzindo custos operacionais e aumentando a produtividade da organização.

Critérios de Avaliação

- 5 acertos: Verde - Compreensão excelente do tema.
- 3-4 acertos: Amarelo - Boa compreensão, mas com lacunas a ajustar.
- 0-2 acertos: Vermelho - Necessidade de revisão e reforço dos conceitos.

Este teste avalia a compreensão sobre motivação, alinhamento de expectativas e desenvolvimento de equipes, garantindo que os líderes e colaboradores internalizem a importância desses conceitos para o sucesso organizacional.

10-13) MAPA MENTAL: TRILHA PESSOAS

```
Resultado:                              ┌── Fatores Motivacionais
Pessoas com ── GESTÃO ── Motivação ─────┤
Alto            DAS                     └── Alinhamento de Expectativas
Desempenho      PESSOAS
                         ── Capacitação ─┬── CHA da tarefa
                                         └── CHA de quem executa a tarefa
```

Aqui está o **Mapa Mental da Trilha Pessoas**, representando os principais conceitos e elementos relacionados à motivação, alinhamento de expectativas e compatibilização do CHA. Este mapa pode ser utilizado como uma ferramenta didática para facilitar a compreensão e a aplicação prática no ambiente organizacional.

📍10-14) REFLETINDO SOBRE AS INCONSCIÊNCIAS NA AUSÊNCIA DE UMA GESTÃO EFICAZ DE PESSOAS

1. O que acontece quando não há uma gestão eficaz de pessoas?

A ausência de uma gestão estruturada e consciente sobre os aspectos relacionados às pessoas cria lacunas que afetam diretamente o desempenho organizacional. Essas lacunas podem ser percebidas de forma subconsciente, influenciando negativamente o alinhamento, a efetividade e a cultura organizacional.

2. Inconsciências Observadas

2.1 Falta de Motivação:

- **Comportamento Inconsciente:**

Colaboradores desmotivados podem começar a adotar comportamentos automáticos, como a procrastinação e a realização de tarefas apenas pelo senso de obrigação, sem qualquer engajamento ou entusiasmo.

- **Impacto:**

Queda no desempenho, aumento do absenteísmo e alta rotatividade. Esses sinais podem ser tratados superficialmente, sem atacar a raiz do problema: a desmotivação crônica.

- **Exemplo:**

Um operador que perdeu o entusiasmo pelo trabalho tende a cometer erros básicos, acreditando que suas ações não têm impacto significativo.

2.2 Desalinhamento de Expectativas:

- **Comportamento Inconsciente:**

Líderes e liderados muitas vezes operam em "piloto automático", assumindo que estão na mesma página sobre prioridades e responsabilidades, quando, na verdade, há um desalinhamento.

- **Impacto:**

Tarefas críticas são negligenciadas, conflitos surgem e decisões equivocadas são tomadas. A organização perde eficiência e direção.

- **Exemplo:**

Um líder acredita que um colaborador deve priorizar a qualidade, enquanto o colaborador foca na rapidez, gerando insatisfação em ambas as partes.

2.3 Capacitação Insuficiente (CHA):

- **Comportamento Inconsciente:**

Tanto o colaborador quanto a liderança muitas vezes aceitam como "normal" que a equipe não esteja plenamente capacitada para executar tarefas críticas.

- **Impacto:**

Retrabalho, erros recorrentes e baixa produtividade tornam-se constantes, minando o progresso organizacional.

- **Exemplo:**

Um colaborador que não possui o conhecimento técnico necessário para operar um equipamento moderno, mas continua improvisando, gera riscos de segurança e prejuízos.

2.4 Falta de Reconhecimento e Valorização:

- **Comportamento Inconsciente:**

A liderança não percebe o impacto de um ambiente onde o esforço não é reconhecido. Isso leva à criação de uma cultura de indiferença.

- **Impacto:**

Os colaboradores sentem-se invisíveis, levando à estagnação ou ao abandono emocional do trabalho.

- **Exemplo:**

Um funcionário que consistentemente alcança bons resultados começa a reduzir sua performance devido à falta de feedback ou reconhecimento.

2.5 Ausência de Liderança Inspiradora:

- **Comportamento Inconsciente:**

Líderes que operam no "automático" deixam de inspirar suas equipes, tornando-se gerentes de tarefas em vez de líderes que mobilizam.

- **Impacto:**

Times tornam-se reativos, sem iniciativa ou inovação.

- **Exemplo:**

Um líder que apenas delega tarefas sem explicar como essas atividades contribuem para os objetivos maiores da organização.

3. Impactos no Alinhamento, Efetividade e Cultura

3.1 Alinhamento:

- **Sem gestão eficaz de pessoas:**

Decisões são tomadas sem considerar as reais capacidades e motivações das equipes.

- **Impacto:**

Perda de foco nos FCS, comprometendo o desempenho organizacional.

3.2 Efetividade:

- **Sem gestão eficaz de pessoas:**

Processos são executados de maneira inconsistente, com alto índice de erros e retrabalho.

- **Impacto:**

Redução da produtividade e aumento dos custos operacionais.

3.3 Cultura:

- **Sem gestão eficaz de pessoas:**

Um ambiente tóxico ou indiferente se desenvolve, prejudicando o engajamento e a retenção.

- **Impacto:**

A organização perde sua identidade e sua capacidade de atrair e reter talentos.

4. Superando as Inconsciências

Para superar essas inconsistências, é essencial:

4.1. Promover a Consciência Organizacional:

Capacitar líderes e colaboradores para identificar e abordar problemas de motivação, alinhamento e capacitação.

4.2. Implementar Ferramentas de Gestão de Pessoas:

Aplicar metodologias como a análise de CHA, alinhamento de expectativas e programas de motivação.

4.3. Monitorar e Ajustar:

Criar indicadores claros para acompanhar o impacto das iniciativas e ajustar conforme necessário.

5. Reflexão Final

Uma gestão de pessoas eficaz é essencial para transformar um grupo de colaboradores em uma equipe alinhada, motivada e altamente capacitada. Ao reconhecer e superar as inconsistências na ausência dessa gestão, a organização cria um ambiente saudável e produtivo, onde cada indivíduo contribui para o sucesso coletivo.

CAPÍTULO 11

OS ÚLTIMOS 20 DIAS

Programação para os Últimos 20 Dias da Jornada de 100 Dias

Após 80 dias intensos de aprendizado e aplicação prática, os últimos 20 dias da Jornada de 100 Dias representam uma etapa crucial para consolidar os conhecimentos, fortalecer a cultura de melhoria contínua e preparar a organização para o futuro. O objetivo é **garantir que os resultados alcançados se tornem sustentáveis e que a jornada continue a impulsionar o crescimento da organização a longo prazo.**

Painel de Bordo e Monitoramento (10 dias)

A primeira etapa, com duração de 10 dias, será dedicada à revisão dos conceitos e à criação de um **Painel de Bordo**.

- **Revisão Integrada (5 dias):** Os participantes revisitarão os principais conteúdo dos três blocos da jornada, com foco na integração dos aprendizados.
- **Bloco 1 (Introdução):** Reforçar a importância da neurociência na mudança de hábitos organizacionais e a importância de introduções eficazes para o aprendizado.
- **Bloco 2 (Preparação):** Revisar os diagnósticos iniciais, a preparação dos líderes e o alinhamento estratégico, com foco nos três pilares da Saúde e Resiliência (Alinhamento, Efetividade e Cultura) e nos 4 indicadores da Saúde e Resiliência Organizacional (Caixa, Remuneração do Capital Empregado, Crescimento e Fidelização dos clientes). Bem como revisar os treinamentos dos 5 pontos chave para a liderança efetiva: Visão Sistêmica, Comunicação, Reuniões, Presença e Liderança Situacional.
- **Bloco 3 (7 Trilhas):** Consolidar os aprendizados de cada trilha, revisando as dores, as prescrições, a fabricação dos medicamentos, aplicação e acompanhamento dos resultados. Alcançados.

- **Atividades:**

Sessões de revisão em grupo com debates e brainstorming.

Apresentação de cases de sucesso da própria organização.

Jogos e dinâmicas para fixar os conceitos.

Criação do Painel de Bordo (5 dias): Desenvolvimento de um painel de bordo digital, com indicadores-chave de desempenho (KPIs) para monitorar a evolução da organização.

Visão: Monitorar o alinhamento entre os objetivos estratégicos e as ações operacionais, a clareza da visão e a adesão aos valores.

FCS: Acompanhar o desempenho das tarefas críticas relacionadas aos fatores críticos de sucesso de cada trilha.

Pilares: Avaliar a evolução do Alinhamento, da Efetividade e da Cultura, utilizando indicadores específicos para cada pilar.

Saúde e Resiliência: Monitorar os 4 indicadores (Caixa, Remuneração do Capital Empregado, Crescimento e Fidelização dos clientes), com metas e gráficos de acompanhamento.

As 7 trilhas: Monitorar o desempenho de cada uma das 7 trilhas: Identidade, 5S, Caixa, Precificação, Estratégia, Processos e Pessoas. Definir os Guardiões e os rituais para acompanhamento e controle.

- **Atividades:**

Definição colaborativa dos KPIs mais relevantes para cada área.

Treinamento para utilização do painel de bordo e interpretação dos dados.

Simulações de cenários e tomada de decisão com base no painel.

Conscientização e Próximos Passos (10 dias)

Os 10 dias finais serão dedicados à conscientização dos líderes sobre as inconsciências e à definição dos próximos passos da jornada.

Conscientização dos Líderes (5 dias): Sensibilizar os líderes dos 3 níveis (Estratégico, Tático e Operacional) sobre as inconsciências que podem prejudicar o desempenho da organização em cada uma das 7 trilhas.

Trilha da Identidade: Abordar a importância de uma identidade clara e bem definida para evitar a falta de direção e o desperdício de recursos.

Trilha do 5S: Conscientizar sobre a importância da organização e da padronização para evitar o caos, os erros e a baixa produtividade.

Trilha do Caixa: Alertar para os perigos da falta de controle financeiro, que pode levar ao endividamento e à instabilidade.

Trilha da Precificação: Demonstrar a importância de uma precificação estratégica para evitar prejuízos e garantir a competitividade.

Trilha da Estratégia: Reforçar a necessidade de um planejamento estratégico consistente para evitar decisões reativas e a falta de foco.

Trilha dos Processos: Conscientizar sobre a importância de processos eficientes para evitar gargalos, retrabalhos e desperdícios.

Trilha das Pessoas: Ressaltar o papel fundamental das pessoas para o sucesso da organização e a necessidade de investir em motivação, desenvolvimento e retenção de talentos.

- **Atividades:**

Workshops com dinâmicas e simulações que exponham as inconsciências.
Palestras com especialistas em cada trilha.
Compartilhamento de experiências e aprendizados entre os líderes.

Próximos Passos e Engajamento Contínuo (5 dias): Definir ações para garantir a continuidade da jornada após os 100 dias, com foco na cultura de melhoria contínua e no acompanhamento dos resultados.

Rituais de Gestão: Estabelecer rituais diários, semanais e mensais para acompanhar o painel de bordo, analisar os indicadores, celebrar as conquistas e definir planos de ação para as áreas que precisam de atenção.

Comunicação e Feedback: Manter canais de comunicação abertos para receber feedback dos colaboradores, promover o diálogo e garantir o alinhamento entre as equipes.

Desenvolvimento Contínuo: Incentivar a busca por novos conhecimentos e o desenvolvimento de habilidades, por meio de cursos, workshops, mentorias e programas de treinamento.

Liderança Transformadora: Capacitar os líderes para atuarem como agentes de mudança, inspirando suas equipes, promovendo a colaboração e cultivando uma cultura de alto desempenho.

- **Atividades:**

Definição colaborativa dos rituais de gestão mais adequados para a organização.

Criação de um plano de comunicação interna para manter os colaboradores engajados.

Elaboração de um programa de desenvolvimento de liderança.

Planejamento de eventos e ações para celebrar os resultados da jornada.

Ao final dos 20 dias, a organização terá um painel de bordo completo, líderes mais conscientes e preparados para enfrentar os desafios do futuro, e uma cultura de melhoria contínua que impulsionará o crescimento sustentável. A Jornada de 100 Dias não termina aqui, mas se transforma em um processo contínuo de aprendizado e evolução.

Indicar Guardiões para cada trilha e o Diretor Executivo apresentando a visão geral é excelente para manter a Jornada de 100 Dias no foco de todos e garantir que as ações continuem alinhadas com os objetivos da empresa.

- **Atividades mensais:**

Guardiões das Trilhas:

Apresentam o desempenho de cada trilha utilizando o Painel de Bordo, com foco nos indicadores e metas definidos.

Exemplo: O guardião da trilha de "Caixa" apresenta a evolução do Fluxo de Caixa Livre, comparando com a meta de aumento de 10% e analisando as causas de eventuais desvios.

Devem destacar os desafios, as ações implementadas e os resultados alcançados durante o mês.

Estimulam a participação da equipe, abrindo espaço para sugestões de melhorias.

- **Diretor executivo:**

Apresenta a evolução da visão da empresa, mostrando como os indicadores-chave de performance estão caminhando para alcançar o objetivo estratégico.

Analisa o andamento dos FCS definidos na fase de planejamento estratégico, demonstrando a interdependência entre as trilhas.

Apresenta os resultados dos 3 Pilares (Alinhamento, Efetividade e Cultura), com base nas pesquisas de clima e alinhamento.

Demonstra a evolução dos 4 indicadores de saúde e resiliência, correlacionando-os com as ações implementadas em cada trilha.

Enaltece as conquistas da equipe e reforça o compromisso com a cultura de melhoria contínua.

- **Observações:**

É fundamental que as apresentações sejam visuais e interativas, utilizando os dashboards do Painel de Bordo para facilitar a compreensão das informações.

As reuniões devem ser um espaço de diálogo aberto, onde os participantes se sintam à vontade para compartilhar suas ideias e perspectivas.

O foco deve estar sempre na análise dos resultados e na definição de ações para garantir a continuidade da jornada, promovendo uma cultura de aprendizado e aprimoramento constante.

Seguindo essa estrutura, as apresentações mensais serão momentos importantes de aprendizado, integração e engajamento, consolidando a Jornada de 100 Dias como um processo de transformação cultural e de construção de uma organização mais saudável e resiliente.

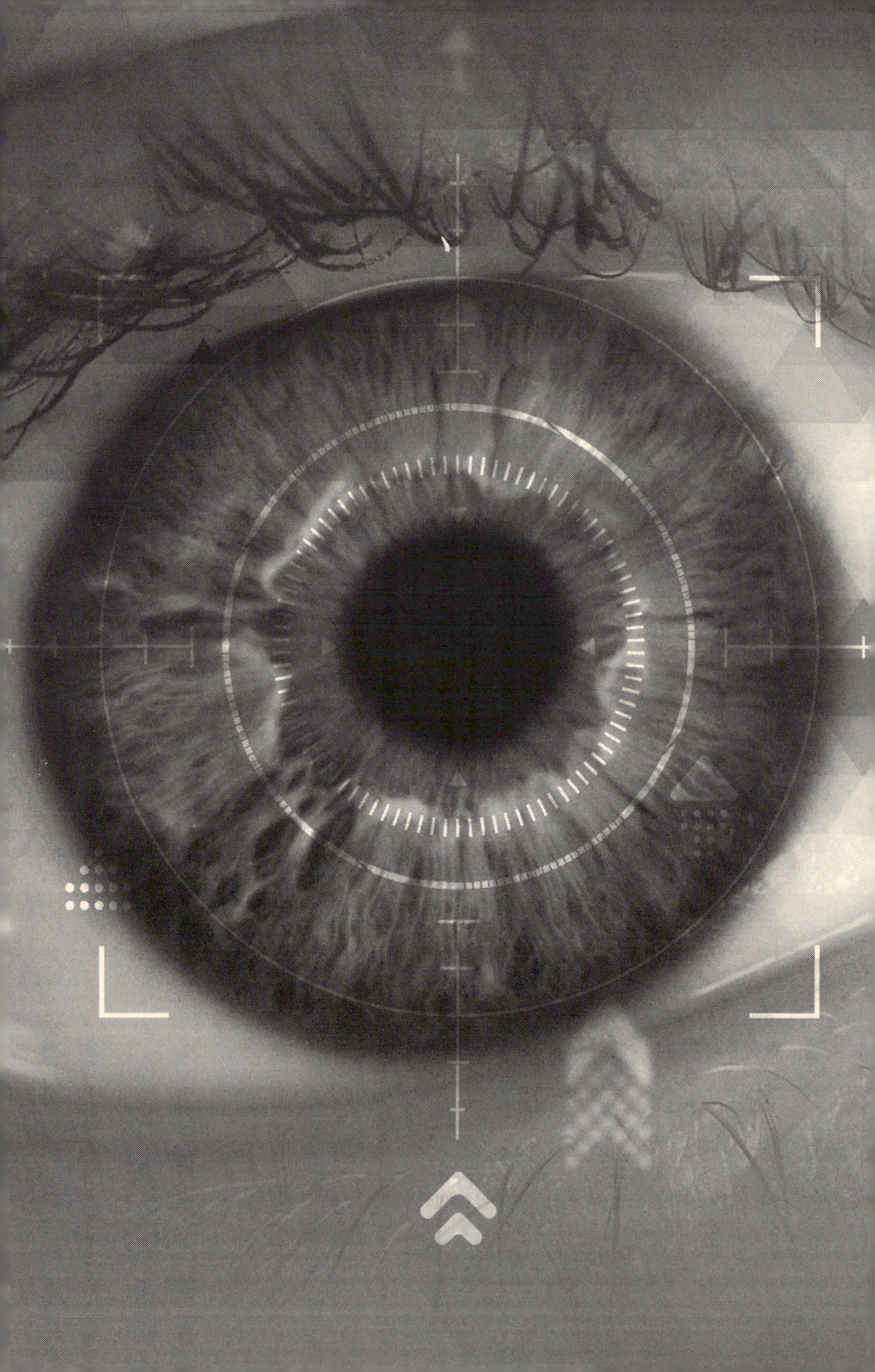

EPÍLOGO

REFLETINDO SOBRE A JORNADA DE 100 DIAS

Reflexão sobre a Jornada e o Impacto das Transformações Alcançadas

A Jornada de 100 Dias é mais do que uma série de passos estruturados; é uma experiência transformadora. Ao longo desse período, a organização foi desafiada a olhar profundamente para si mesma, identificando e enfrentando dores, reavaliando processos, redescobrindo sua identidade e potencializando seus talentos.

Os resultados transcenderam métricas e indicadores.

- **Alinhamento:** As equipes agora caminham juntas, com clareza de propósito e compreensão do impacto de suas ações.
- **Efetividade:** Os processos se tornaram mais enxutos, com menos desperdícios e mais foco nos resultados essenciais.
- **Cultura Organizacional:** Foi criado um ambiente colaborativo, onde valores como inovação, comprometimento e excelência são vividos diariamente.

Mais importante, a organização aprendeu que o verdadeiro poder está em sua capacidade de **adaptar-se continuamente**, mantendo saúde e resiliência frente às mudanças e desafios.

Continuidade da Cultura de Melhoria e Resiliência

A Jornada de 100 Dias não é um destino final, mas um ponto de partida. Ela plantou sementes para uma cultura de melhoria contínua e resiliência, que deve ser nutrida constantemente.

A continuidade dessa cultura requer:

1. **Liderança Inspiradora:** Líderes que reforcem o aprendizado da jornada e mobilizem suas equipes para novos desafios.

2. **Ferramentas e Métodos Consolidados:** A aplicação regular das práticas aprendidas, como revisões estratégicas, mapeamento de processos e alinhamento de expectativas.
3. **Evolução Constante:** Incorporar a mentalidade de aprendizado contínuo, onde cada dificuldade é uma oportunidade de crescimento.

Inspiração para Futuras Jornadas

A Jornada de 100 Dias mostrou que as transformações organizacionais não precisam ser sobrecarregadas por complexidade. Com foco, disciplina e as ferramentas certas, é possível alcançar grandes mudanças em pequenos passos.

O sucesso dessa jornada deve inspirar líderes e equipes a:

- Olhar para novos desafios como oportunidades de crescimento.
- Adaptar a metodologia para outros contextos e necessidades.
- Promover um legado de aprendizado e inovação, onde cada geração de colaboradores contribua para o fortalecimento da organização.

Encerrando com Propósito

Ao final desta jornada, é essencial reconhecer que o verdadeiro diferencial de qualquer organização não está apenas em seus produtos, serviços ou processos, mas nas pessoas que dão vida à sua missão. Com elas, a cultura de resiliência não apenas sobreviverá, mas prosperará.

Este livro é uma celebração da capacidade humana de transformar ideias em ações, desafios em oportunidades e organizações em comunidades resilientes e saudáveis. Que esta jornada inspire muitas outras e que cada passo seja um reflexo do compromisso com a excelência e a evolução contínua.

"O futuro pertence àqueles que escolhem construir, inovar e melhorar, um dia de cada vez."

ANEXOS

- **Anexo 1:** Complexidade & Complicação
- **Anexo 2:** Dores Organizacionais
- **Anexo 3:** Conceitos-Chave
- **Anexo 4:** Regras Mínimas de Governança Organizacional
- **Anexo 5:** O Papel do Guardião-Guia dos Guardiões das Sete Trilhas

BIBLIOGRAFIA

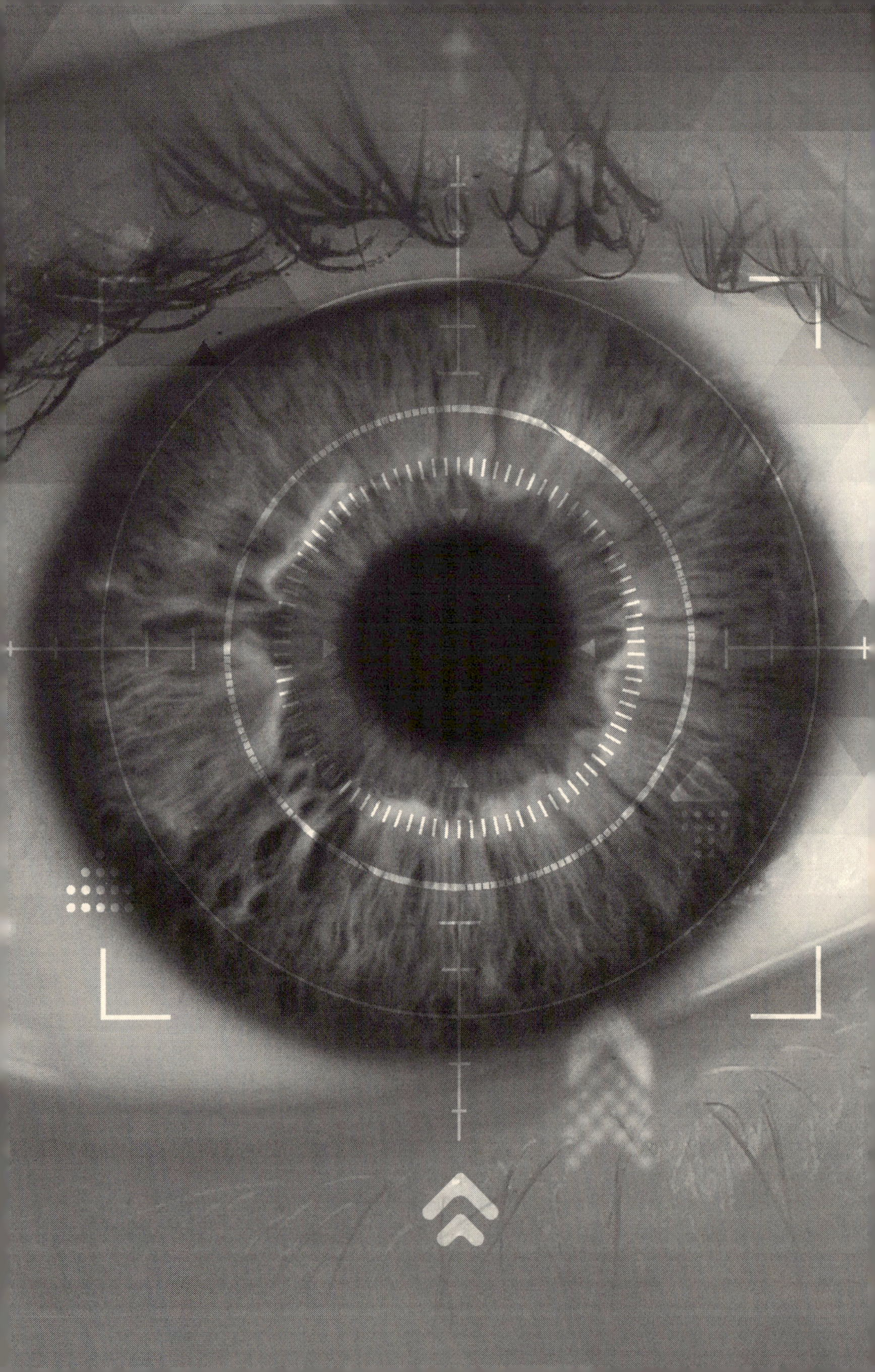

ANEXO 1

COMPLEXIDADE & COMPLICAÇÃO

Índice:

1. O que é Complexidade? O que é Complicação?
2. Como Evitar Transformar Complexidade em Complicação?
3. O que é um Sistema?
4. Como Compreender a Complexidade de um Sistema?
5. Como o Método do SuperFoco Ajuda na Compreensão de um Sistema?
6. Como a Jornada de 100 Dias pode Combater a Complicação nas Organizações?

O QUE É COMPLEXIDADE? O QUE É COMPLICAÇÃO?

A diferença entre complexidade e complicação é sutil, mas muito importante para entender como lidar com sistemas, projetos ou problemas. Vamos explorar cada um desses conceitos com exemplos e analogias, além de discutir como evitar que a complexidade se torne complicação.

COMPLEXIDADE

Complexidade é um conceito que descreve o grau de dificuldade em entender, prever ou resolver algo devido à quantidade de componentes inter-relacionados. Vamos explorar alguns exemplos e analogias para esclarecer melhor esse conceito:

Exemplo 1: Sistema Solar

O Sistema Solar é complexo porque envolve muitos planetas, luas, asteroides e cometas, todos interagindo gravitacionalmente. Prever o movimento de todos esses corpos celestes ao mesmo tempo é uma tarefa que exige conhecimento e ferramentas avançadas.

Exemplo 2: Economia Global

A economia global é um sistema complexo porque envolve inúmeras empresas, governos, consumidores e reguladores, todos tomando decisões que afetam uns aos outros de maneiras imprevisíveis.

Analogia 1: Tricô

Imagine uma peça de tricô intricada com padrões complexos. Cada ponto é como um componente de um sistema. Se você puxa um fio, pode alterar toda a estrutura, de forma semelhante à como mudanças em um componente de um sistema complexo podem impactar o todo.

Analogia 2: Orquestra Sinfônica

Uma orquestra sinfônica é complexa porque envolve muitos músicos tocando diferentes instrumentos. A harmonia final depende da coordenação perfeita entre todos eles. Se um músico tocar fora de sincronia, pode arruinar a performance inteira.

Analogia 3: Jogo de Xadrez

O xadrez é um jogo complexo porque, a cada movimento, o número de possíveis jogadas futuras aumenta exponencialmente. Mesmo jogadores experientes precisam pensar vários passos à frente e considerar múltiplas possibilidades simultaneamente.

Em Resumo

A complexidade está presente em muitos aspectos da vida e da ciência, e pode ser compreendida por meio de exemplos e analogias que ilustram como elementos interdependentes formam um todo difícil de prever ou controlar.

Benefícios da Complexidade

1. Resiliência e Adaptabilidade: Sistemas complexos tendem a ser mais resilientes. Eles podem se adaptar a mudanças e continuar funcionando mesmo quando partes individuais falham. Por exemplo, o corpo humano é um sistema complexo que pode compensar lesões e doenças.
2. Inovação e Diversidade: A complexidade muitas vezes leva à inovação. Em um ambiente complexo, há mais espaço para soluções criativas e abordagens diversas. Pense em ecossistemas naturais ou em economias, onde a diversidade promove o surgimento de novas ideias e tecnologias.

3. Riqueza de Informação: Sistemas complexos geram e processam grandes quantidades de informação, o que pode ser útil para tomar decisões informadas. Por exemplo, a internet é um sistema complexo que oferece acesso a uma vasta quantidade de informações.

Malefícios da Complexidade

1. Dificuldade de Gestão: Quanto mais complexo um sistema, mais difícil é gerenciá-lo. Pode ser desafiador identificar e resolver problemas em sistemas com muitas partes interdependentes, como grandes corporações ou sistemas de TI.
2. Risco de Falha Catastrófica: Em sistemas complexos, a falha de um componente pode ter efeitos em cascata, levando a falhas maiores. Pense em uma rede elétrica, onde a falha em uma subestação pode causar apagões em grande escala.
3. Custo e Tempo: A complexidade geralmente vem com um custo mais alto, tanto financeiro quanto em termos de tempo e esforço necessários para manutenção e operação. Grandes projetos de engenharia ou softwares complexos frequentemente exigem recursos significativos para serem desenvolvidos e mantidos.

Analogias

- Jardim Botânico vs. Jardim Simples: Um jardim botânico, com várias espécies de plantas (complexidade), oferece mais diversidade e resiliência, mas é mais difícil de manter em comparação com um jardim simples com poucas espécies.
- Redes de Transporte: Sistemas de transporte públicos em grandes cidades são complexos e oferecem muitas opções de deslocamento, mas são mais difíceis de gerir e mais suscetíveis a interrupções do que sistemas de transporte em cidades pequenas.

Em Resumo

A complexidade pode ser tanto uma benção quanto um desafio, dependendo de como é gerida e aplicada.

COMPLICAÇÃO

Complicação refere-se a uma situação ou problema que se torna difícil de resolver devido a elementos adicionais que surgem e dificultam o processo. É quando algo simples se transforma em um desafio maior do que o esperado.

Exemplos

1. Saúde: Uma complicação médica ocorre quando, durante o tratamento de uma condição, surgem problemas adicionais, como uma infecção após uma cirurgia.
2. Projetos: Em um projeto de construção, uma complicação pode ocorrer quando se descobre que o solo é instável, atrasando o cronograma e aumentando os custos.
3. Viagens: Imagine uma viagem planejada que se complica devido ao cancelamento de voos, problemas com reservas de hotel ou perda de bagagem.

Analogias

- Nós em um Fio: Pense em um fio que fica todo enrolado em nós. O fio em si é simples, mas os nós são as complicações que tornam difícil desembaraçar.
- Receita de Cozinha: Preparar uma receita pode ser simples, mas se você esquecer um ingrediente no forno e ele queimar, isso se torna uma complicação que pode afetar toda a refeição.
- Trânsito: Dirigir em uma rua tranquila é simples, mas se houver um acidente, isso se torna uma complicação, causando congestionamento e atrasos.

Em Resumo

Enquanto a complexidade é inerente a um sistema devido à interdependência de seus componentes, a complicação surge quando algo inicialmente simples se torna difícil devido a imprevistos ou problemas adicionais.

Malefícios da Complicação

1. **Perda de Tempo:** Quando algo se complica, muitas vezes requer mais tempo para ser resolvido do que o esperado, o que pode atrasar projetos e compromissos.
2. **Aumento de Custos:** Complicações geralmente acarretam custos adicionais, seja em termos de dinheiro, esforço ou recursos. Por exemplo, uma complicação médica pode exigir tratamentos extras e, consequentemente, maiores gastos financeiros.
3. **Estresse e Frustração:** Lidar com complicações pode ser estressante e frustrante, afetando a saúde mental e o bem-estar. Um problema simples que se torna complicado pode gerar ansiedade e desconforto.
4. **Redução da Eficiência:** Complicações podem diminuir a eficiência de processos e sistemas. Por exemplo, uma complicação na cadeia de suprimentos pode afetar a produção e a entrega de produtos.
5. **Risco de Erros:** Quando uma situação se complica, há maior chance de cometer erros. Esses erros podem ter consequências negativas, como comprometer a qualidade de um projeto ou até mesmo causar acidentes.

Analogias

- Carro com Problemas Mecânicos: Um carro que apresenta uma série de problemas mecânicos é uma complicação. Cada novo problema aumenta o custo e o tempo necessário para consertá-lo, além de causar frustração ao motorista.
- Plano de Viagem: Imagine um plano de viagem que se complica devido a cancelamentos de voos, problemas com reservas de hotel e perda de bagagem. Cada uma dessas complicações adiciona estresse e custos adicionais à viagem.

Em Resumo

Complicações podem transformar tarefas simples em desafios consideráveis, aumentando o tempo, os custos e o estresse, além de reduzir a eficiência e aumentar o risco de erros. É importante estar preparado para lidar com complicações de maneira eficaz, a fim de minimizar seus impactos.

COMO EVITAR TRANSFORMAR COMPLEXIDADE EM COMPLICAÇÃO?

Evitar transformar complexidade em complicação envolve a adoção de práticas e estratégias que ajudam a lidar com a complexidade de maneira eficiente e a prevenir problemas adicionais. Aqui estão algumas dicas:

1. Planejamento Adequado
- Defina Objetivos Claros: Ter objetivos claros e bem definidos pode ajudar a manter o foco e evita que a complexidade se torne esmagadora.
- Desenvolva um Plano Detalhado: Crie um plano detalhado que aborde todas as partes do projeto ou problema. Isso ajuda a prever possíveis complicações e a encontrar soluções antecipadamente.

2. Divisão em Partes Menores
- Decomponha Tarefas: Divida tarefas complexas em partes menores e mais gerenciáveis. Isso facilita a resolução de problemas e a manutenção do controle de cada etapa.
- Priorize: Identifique as tarefas mais críticas e trate-as primeiro. Isso ajuda a evitar que complicações menores se tornem obstáculos maiores.

3. Comunicação Eficaz
- Mantenha uma Comunicação Clara: Assegure-se de que todas as partes envolvidas entendam seus papéis e responsabilidades. A comunicação clara evita mal-entendidos que podem levar a complicações.
- Feedback Contínuo: Estabeleça um sistema de feedback contínuo para identificar e resolver problemas rapidamente.

4. Flexibilidade e Adaptabilidade
- Seja Flexível: Esteja aberto a mudanças e ajustes conforme necessário. A rigidez pode transformar uma situação complexa em uma complicação.
- Planeje Alternativas: Tenha planos de contingência para lidar com imprevistos que possam surgir.

5. Utilização de Ferramentas e Tecnologias

- Automatização: Utilize ferramentas e tecnologias para automatizar tarefas repetitivas e reduzir a carga de trabalho manual.
- Software de Gestão de Projetos: Ferramentas de gestão de projetos podem ajudar a organizar e acompanhar o progresso, reduzindo a chance de complicações.

6. Educação e Treinamento

- Capacitação da Equipe: Invista em treinamento e capacitação da equipe para lidar com a complexidade de forma eficaz.
- Aprendizado Contínuo: Incentive a aprendizagem contínua e a atualização sobre as melhores práticas e novas tecnologias.

7. Monitoramento e Avaliação Contínuos

- Monitoramento Constante: Acompanhe regularmente o progresso e identifique problemas antes que se tornem complicações.
- Avaliação Pós-Projeto: Após a conclusão de um projeto, avalie o que funcionou bem e o que pode ser melhorado para futuras iniciativas.

Analogias

- Chef de Cozinha: Um chef que prepara um prato complexo segue uma receita clara, divide o processo em etapas, comunica-se bem com sua equipe e está pronto para ajustar a receita conforme necessário. Dessa forma, evita que a complexidade se transforme em complicação.
- Arquitetura: Um arquiteto que planeja um edifício complexo cria projetos detalhados, usa ferramentas tecnológicas, comunica-se efetivamente com engenheiros e trabalhadores da construção e está preparado para fazer ajustes conforme necessário, evitando complicações.

Implementando essas práticas, é possível gerenciar a complexidade de maneira eficiente e minimizar o risco de complicações.

O QUE É UM SISTEMA?

Um sistema é um conjunto de elementos interconectados que interagem entre si para alcançar um objetivo comum. Esses elementos podem ser pessoas, processos, componentes físicos, informações, entre outros. O que define um sistema é a interdependência e a colaboração desses elementos para formar um todo funcional.

Exemplos de Sistemas

1. Sistema Solar: Consiste no Sol e todos os corpos celestes que orbitam ao seu redor, incluindo planetas, luas, asteroides e cometas. Todos esses elementos interagem gravitacionalmente.
2. Sistema Digestivo: No corpo humano, envolve vários órgãos como o estômago, intestinos, fígado e pâncreas, todos trabalhando juntos para digerir alimentos, absorver nutrientes e eliminar resíduos.
3. Sistema de Transporte Público: Inclui ônibus, trens, metrôs, paradas de transporte, rotas e horários. Todos esses componentes trabalham em conjunto para transportar pessoas de um lugar para outro.

Analogias

- Relógio de Engrenagens: Pense em um relógio mecânico. Ele é composto por várias engrenagens e peças que trabalham juntas para mostrar a hora correta. Se uma engrenagem falhar, todo o sistema do relógio pode parar de funcionar corretamente.
- Corpo Humano: O corpo humano pode ser visto como um sistema, onde diferentes órgãos e células desempenham funções específicas, mas todas trabalham juntas para manter o corpo vivo e funcionando.
- Orquestra: Uma orquestra é um sistema musical onde diferentes instrumentos e músicos trabalham juntos para criar uma peça musical harmoniosa. Cada músico e instrumento tem um papel específico, mas todos são necessários para o resultado final.

O que Distingue um Sistema do que Não é um Sistema?

A principal distinção é a interconexão e a interdependência dos componentes. Em um sistema, os elementos estão ligados de tal forma que a alteração ou falha de um componente afeta o todo. Em algo que não é um sistema, os componentes podem existir independentemente sem impactar o funcionamento dos outros.

Exemplos

Sistema

- Sistema de Educação: Envolve escolas, professores, alunos, currículos, políticas educacionais, entre outros. Todos esses elementos trabalham juntos para proporcionar educação.
- Sistema Financeiro: Inclui bancos, mercados de ações, reguladores, investidores, entre outros. Cada elemento desempenha um papel na estabilidade e funcionamento das finanças.

Não-Sistema

- Coleção de Livros: Uma estante com vários livros. Cada livro é independente e a presença ou ausência de um livro não afeta os outros.
- Grupo de Pessoas na Rua: Um grupo aleatório de pessoas caminhando na rua. Elas não estão interconectadas ou interdependentes para formar um todo funcional.

Em Resumo

Um sistema é definido pela interconexão e interdependência de seus componentes para alcançar um objetivo comum. Sem essa interação, os componentes não formariam um sistema, mas sim uma simples coleção de partes independentes.

COMO COMPREENDER A COMPLEXIDADE DE UM SISTEMA?

Compreender a complexidade de um sistema envolve várias etapas e técnicas que ajudam a analisar e entender como os diferentes componentes interagem e influenciam o comportamento geral do sistema. Aqui estão algumas abordagens para essa compreensão:

1. Mapeamento de Componentes e Interações

Descrição: Identifique todos os componentes do sistema e as interações entre eles. Isso pode ser feito através de diagramas, fluxogramas ou mapas mentais.

Exemplo: Em um sistema de transporte público, mapear os ônibus, trens, paradas e rotas, bem como as interações entre eles, como horários e conexões.

2. Análise de Causa e Efeito

Descrição: Utilize ferramentas como diagramas de Ishikawa (ou espinha de peixe) para identificar causas e efeitos dentro do sistema. Isso ajuda a entender como diferentes elementos influenciam uns aos outros.

Exemplo: Analisar um problema de queda de qualidade em uma linha de produção identificando causas potenciais, como falhas de máquinas ou falta de treinamento.

3. Simulação e Modelagem

Descrição: Utilize software de modelagem e simulação para criar representações do sistema e testar diferentes cenários. Isso ajuda a visualizar como o sistema responde a mudanças ou perturbações.

Exemplo: Modelar um sistema de tráfego urbano para testar como diferentes políticas de trânsito afetam o fluxo de veículos.

4. Análise de Redes

Descrição: Utilize a teoria das redes para analisar a estrutura do sistema. Identifique nós (componentes) e arestas (interações) e estude como a rede se comporta como um todo.

Exemplo: Analisar uma rede de comunicação em uma empresa para identificar pontos críticos e melhorar a eficiência da comunicação.

5. Pensamento Sistêmico

Descrição: Adote uma abordagem de pensamento sistêmico, que envolve considerar o sistema como um todo e entender as interdependências e feedback loops que podem ocorrer.

Exemplo: Aplicar pensamento sistêmico em projetos de sustentabilidade, considerando os impactos ambientais, econômicos e sociais de uma intervenção.

6. Avaliação de Dinâmica do Sistema

Descrição: Utilize a dinâmica de sistemas para modelar e estudar os comportamentos dinâmicos do sistema ao longo do tempo, considerando feedback loops e delays.

Exemplo: Modelar o crescimento populacional de uma cidade e prever o impacto sobre os recursos naturais e infraestruturas.

7. Coleta e Análise de Dados

Descrição: Coletar e analisar dados do sistema para identificar padrões, tendências e anomalias. Utilizar técnicas de análise estatística e de big data pode ser útil.

Exemplo: Monitorar dados de sensores em uma fábrica para identificar padrões de uso de energia e otimizar o consumo.

Analogias

- Orquestra Sinfônica: Compreender a complexidade de uma orquestra envolve conhecer cada instrumento, como eles interagem e como a coordenação entre todos resulta em uma performance harmoniosa.
- Jardim Botânico: Compreender a complexidade de um jardim botânico envolve entender a diversidade de plantas, suas interações com o solo, água e clima, e como todas essas variáveis contribuem para um ecossistema saudável.

O que Distingue um Sistema do que Não é um Sistema

- Sistema: Interconexão e interdependência dos componentes. A mudança em um componente afeta o todo.
- Não-Sistema: Componentes independentes que não interagem ou se influenciam mutuamente.

Exemplos

Sistema

- Sistema Imunológico: Inclui várias células e processos que trabalham juntos para defender o corpo contra doenças.
- Sistema Educacional: Inclui escolas, professores, alunos, currículos e políticas, todos trabalhando juntos para proporcionar educação.

Não-Sistema

- Conjunto de Canetas: Uma coleção de canetas que não interagem entre si.

- Pessoas em um Parque: Um grupo aleatório de pessoas que não estão interconectadas ou interdependentes.

Em Resumo

Com essas abordagens, é possível entender melhor a complexidade de um sistema e como seus diferentes componentes interagem para formar um todo funcional.

COMO O MÉTODO DO SUPERFOCO AJUDA NA COMPREENSÃO DE UM SISTEMA?

O método do SuperFoco, por meio da criação de um mapa da relação cliente-fornecedor para cada uma das seis funções básicas, ajuda a simplificar a complexidade do sistema, tornando claro o que cada parte espera e necessita. Isso promove uma melhor comunicação e um processo decisório mais eficiente.

1. **Como Funciona o Mapa da Relação Cliente-Fornecedor?**
   1. **Identificação das Funções Básicas:** Suprimentos, Operações, Vendas/Marketing, Administrativo/RH, Financeiro e Controladoria.
   2. **Mapeamento das Relações:** Definir quem é o "cliente" e quem é o "fornecedor" em cada interação entre as funções.
   3. **Definição de Expectativas:** Especificar o que cada função precisa entregar, quando e como. Isso inclui prazos, qualidade esperada e formato de entrega.
   4. **Comunicação:** Estabelecer canais de comunicação claros para que todos saibam como e quando informar os outros sobre atualizações ou problemas.
   5. **Monitoramento e Feedback:** Implementar um sistema de feedback contínuo para monitorar o desempenho e fazer ajustes conforme necessário.

Benefícios

- **Clareza e Transparência:** Todos sabem exatamente o que é esperado deles e o que podem esperar dos outros.
- **Eficiência:** Reduz o tempo gasto com mal-entendidos e retrabalho, melhorando a eficiência geral.

- Melhora na Decisão: Com informações claras e atualizadas, as decisões podem ser tomadas de forma mais informada e rápida.
- Redução de Complicações: Ao antecipar as necessidades e expectativas, complicações podem ser evitadas antes que se tornem problemas maiores.

Exemplo Prático

- Suprimentos para Operações: O departamento de Suprimentos sabe que precisa entregar materiais específicos para o departamento de Operações até uma data definida e em quantidades acordadas. Se houver qualquer alteração, isso é comunicado imediatamente.
- Operações para Vendas/Marketing: O departamento de Operações informa o departamento de Vendas/Marketing sobre a disponibilidade de produtos acabados, assim eles podem planejar suas campanhas e vendas com base em informações precisas.

Analogia

Pense Nisso Como uma Orquestra Sinfônica: cada músico (função) tem sua partitura (expectativas e necessidades) e sabe exatamente quando e como tocar seu instrumento (entregar seu produto ou serviço). O maestro (liderança) coordena tudo, garantindo que cada parte esteja em harmonia, resultando em uma performance coesa e bem-sucedida.

Implementar um mapa da relação cliente-fornecedor é uma excelente maneira de gerenciar a complexidade e evitar complicações, promovendo uma operação mais suave e eficiente.

2. Como Evitar Transformar Complexidade em Complicação?

Evitar transformar complexidade em complicação envolve adotar práticas e estratégias que ajudam a lidar com a complexidade de maneira eficiente, prevenindo problemas adicionais. Aqui estão algumas dicas:

1. Planejamento Adequado

- Defina Objetivos Claros: Ter objetivos claros e bem definidos pode ajudar a manter o foco e evitar que a complexidade se torne esmagadora.

- Desenvolva um Plano Detalhado: Crie um plano detalhado que aborde todas as partes do projeto ou problema. Isso ajuda a prever possíveis complicações e a encontrar soluções antecipadamente.

2. Divisão em Partes Menores

- Decomponha Tarefas: Divida tarefas complexas em partes menores e mais gerenciáveis. Isso facilita a resolução de problemas e a manutenção do controle sobre cada etapa.

  Priorize: Identifique as tarefas mais críticas e trate-as primeiro. Isso ajuda a evitar que complicações menores se tornem obstáculos maiores.

3. Comunicação Eficaz

- Mantenha uma Comunicação Clara: Assegure-se de que todas as partes envolvidas entendam seus papéis e responsabilidades. A comunicação clara evita mal-entendidos que podem levar a complicações.
- Feedback Contínuo: Estabeleça um sistema de feedback contínuo para identificar e resolver problemas rapidamente.

1. Flexibilidade e Adaptabilidade

- Seja Flexível: Esteja aberto a mudanças e ajustes conforme necessário. A rigidez pode transformar uma situação complexa em complicação.
- Planeje Alternativas: Tenha planos de contingência para lidar com imprevistos que possam surgir.

2. Utilização de Ferramentas e Tecnologias

- Automatização: Utilize ferramentas e tecnologias para automatizar tarefas repetitivas e reduzir a carga de trabalho manual.
- Software de Gestão de Projetos: Ferramentas de gestão de projetos podem ajudar a organizar e acompanhar o progresso, reduzindo a chance de complicações.

3. Educação e Treinamento

- Capacitação da Equipe: Invista em treinamento e capacitação da equipe para lidar com a complexidade de forma eficaz.
- Aprendizado Contínuo: Incentive a aprendizagem contínua e a atualização sobre as melhores práticas e novas tecnologias.

4. Monitoramento e Avaliação Contínuos
- Monitoramento Constante: Acompanhe regularmente o progresso e identifique problemas antes que se tornem complicações.
- Avaliação Pós-Projeto: Após a conclusão de um projeto, avalie o que funcionou bem e o que pode ser melhorado para futuras iniciativas.

Analogias
- Chef de Cozinha: Um chef que prepara um prato complexo segue uma receita clara, divide o processo em etapas, comunica-se bem com sua equipe e está pronto para ajustar a receita conforme necessário. Dessa forma, evita que a complexidade se transforme em complicação.
- Arquitetura: Um arquiteto que planeja um edifício complexo cria projetos detalhados, usa ferramentas tecnológicas, comunica-se efetivamente com engenheiros e trabalhadores da construção e está preparado para fazer ajustes conforme necessário para evitar complicações.

Implementando essas práticas, é possível gerenciar a complexidade de maneira eficiente e minimizar o risco de complicações.

4. Como a Jornada de 100 Dias pode Combater a Complicação nas Organizações?

A Jornada de 100 Dias do SuperFoco é projetada especificamente para combater as complicações nas organizações, promovendo a clareza, eficiência e resiliência. Vamos explorar como cada bloco do programa contribui para isso:

Bloco 1: Introdução
- Orientação Inicial: Proporciona uma visão clara do que será abordado ao longo da jornada, preparando os participantes para o que está por vir.
- Definição de Objetivos: Ajuda a alinhar expectativas e definir metas claras, evitando mal-entendidos e confusão desde o início.

Bloco 2: Preparação

- Planejamento e Organização: Ensina métodos de planejamento eficazes, garantindo que cada etapa seja bem estruturada e que recursos sejam alocados corretamente.
- Ferramentas e Técnicas: Introduz ferramentas e técnicas que serão usadas durante a jornada, preparando os participantes para aplicá--las de maneira eficaz.

Bloco 3: As 7 Trilhas

1. Identidade
- Clareza de Propósito: Define a missão, visão e valores da organização, criando um norte claro para todas as atividades.
- Alinhamento: Alinha toda a equipe em torno de objetivos comuns, evitando conflitos e duplicidade de esforços.

2. 5S
- Organização e Limpeza: Implementa práticas de organização e limpeza que eliminam desperdícios e reduzem a desordem, tornando o ambiente de trabalho mais eficiente.
- Padronização: Estabelece padrões que facilitam a execução das tarefas, reduzindo variações e erros.

3. Caixa
- Gestão Financeira: Ensina práticas de gestão de caixa que melhoram a saúde financeira da organização, evitando surpresas e complicações financeiras.
- Fluxo de Caixa: Ajuda a monitorar e controlar o fluxo de caixa, garantindo que a empresa tenha recursos suficientes para suas operações.

4. Precificação
- Estratégias de Preço: Desenvolve estratégias de precificação que equilibram custo, valor e lucro, evitando problemas de margem e competitividade.

- Análise de Mercado: Fornece ferramentas para analisar o mercado e ajustar preços de maneira adequada, evitando decisões mal-informadas.

5. **Estratégia**
    - Planejamento Estratégico: Ajuda a formular e implementar estratégias de longo prazo, mantendo o foco e a direção da organização.
    - Adaptabilidade: Ensina como ajustar as estratégias de acordo com mudanças no ambiente externo, evitando que complicações inesperadas prejudiquem o progresso.

6. **Processo**
    - Mapeamento de Processos: Identifica e documenta processos críticos, eliminando gargalos e simplificando operações.
    - Melhoria Contínua: Introduz a cultura de melhoria contínua, promovendo ajustes e refinamentos que aumentam a eficiência.

7. **Pessoas**
    - Desenvolvimento de Talentos: Foca no desenvolvimento das habilidades dos funcionários, garantindo que a equipe esteja capacitada para lidar com desafios.
    - Engajamento: Promove o engajamento e a satisfação dos funcionários, criando um ambiente de trabalho positivo e produtivo.

Em Resumo

A Jornada de 100 Dias do SuperFoco aborda diretamente as principais áreas que podem causar complicações nas organizações. Ao proporcionar clareza, eficiência e resiliência, o programa ajuda a transformar a complexidade em uma operação suave e bem coordenada. Isso não só melhora o dia a dia, mas também prepara a organização para crescer e se adaptar em um ambiente dinâmico.

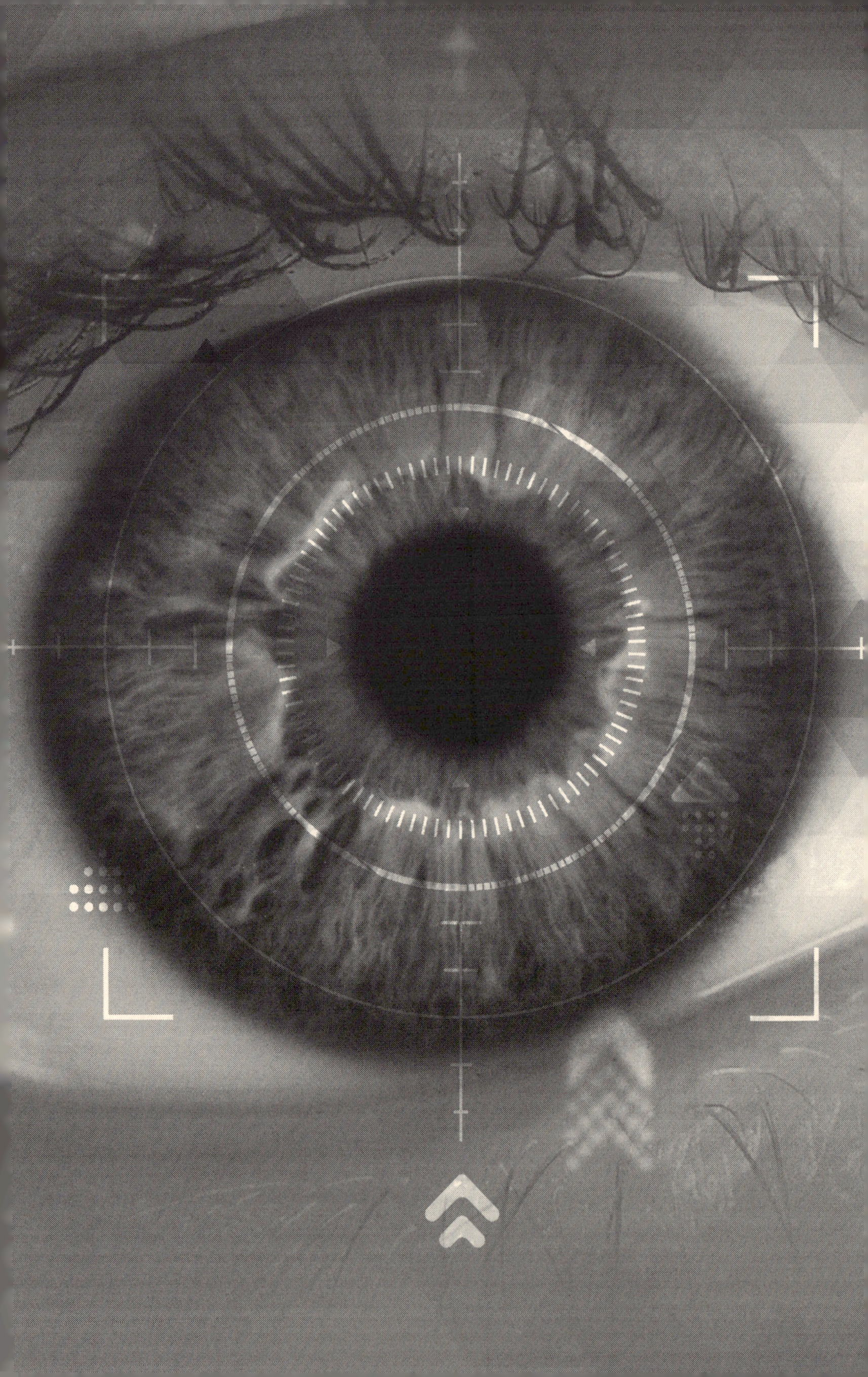

ANEXO 2:

DOR ORGANIZACIONAL

Índice:

1. O que é Dor Organizacional?
2. Como a Dor é Sentida nas Organizações?
3. Como a Ausência do Conhecimento Aplicado Causa Dor nas Organizações?
4. Como a Jornada de 100 Dias Combate a Dor nas Organizações?

1. O que é Dor Organizacional?
- Dor organizacional é um **sentimento que diminui a capacidade de agir dos indivíduos dentro do ambiente de trabalho**.
- Surge do **desequilíbrio na gestão das polaridades** inerentes à vida profissional (ex: competição vs. colaboração, mudança vs. estabilidade).
- Manifesta-se como **angústia, ansiedade, depressão, desconfiança, isolamento, medo, tristeza**, entre outras emoções.
- Impacta a **produtividade, o clima organizacional e a saúde mental dos colaboradores**.

2. Como a Dor é Sentida nas Organizações?
- A dor é sentida de **forma diferente** em cada nível hierárquico:
  - **Operacional:** Sobrecarga, falta de autonomia, desvalorização e falta de perspectiva.
  - **Tático (Gerencial):** Dificuldade em liderar, pressão por resultados, conflitos e frustração com processos.
  - **Estratégico:** Dificuldade em definir visão e objetivos, tomar decisões, lidar com incertezas e alinhar cultura e estratégia.

- As dores são influenciadas por **responsabilidades, expectativas, poder decisório, acesso à informação e contexto pessoal** de cada colaborador.

3. **Como a Ausência do Conhecimento Aplicado Causa Dor nas Organizações?**
    - A falta de conhecimento aplicado em trilhas essenciais, como **Identidade, 5S, Caixa, Precificação, Estratégia, Processos e Pessoas**, gera desequilíbrios e dificuldades.
    - **Cada trilha impacta as dores de forma específica**:
        - Identidade: Desconexão, insegurança, dúvida e irrelevância em relação à missão, visão e valores da empresa.
        - 5S: Desorganização, desmotivação, ansiedade e riscos de acidentes devido à falta de padronização e organização.
        - Caixa: Insegurança, medo e incerteza em relação à saúde financeira da empresa.
        - Precificação: Frustração, desconfiança e perda de clientes devido a políticas inadequadas.
        - Estratégia: Desorientação, insegurança e dificuldade em alcançar objetivos.
        - Processos: Desmotivação, frustração, perda de tempo e baixa produtividade.
        - Pessoas: Desengajamento, baixa produtividade, alta rotatividade e dificuldade em reter talentos.

4. **Como a Jornada de 100 Dias Combate a Dor nas Organizações?**
    - A Jornada de 100 Dias é uma oportunidade para **identificar e corrigir** a falta de conhecimento aplicado nas trilhas, **prevenindo e mitigando as dores**. Ela permite **estabelecer as bases para um ambiente de trabalho equilibrado**:
        - Implementar uma cultura de equilíbrio entre as polaridades.
        - Estabelecer comunicação transparente e eficaz.
        - Definir expectativas claras em relação a papéis, responsabilidades e metas.

- Investir em programas de desenvolvimento de liderança com foco na gestão de polaridades e promoção do equilíbrio.

Observações:

- É crucial **diferenciar as causas das dores** (falta de conhecimento aplicado) **das dores sentidas** (angústia, ansiedade, etc.).
- A Jornada de 100 Dias deve ser **adaptada à realidade de cada organização**, considerando seus desafios e necessidades específicas.
- O **combate às dores organizacionais é um processo contínuo**, que exige atenção e investimento constante em conhecimento, comunicação e desenvolvimento humano.

A Jornada de 100 Dias assegura que todos na organização estejam alinhados em termos de objetivos, valores e práticas. Isso reduz conflitos, promove coesão e cria um senso de unidade.

Efetividade

Ao abordar diretamente as dores organizacionais, a jornada melhora a eficiência e a produtividade. Processos mais claros, gestão financeira sólida e estratégias de precificação bem definidas garantem que a organização funcione de maneira eficaz.

Cultura Organizacional

A jornada promove uma cultura de transparência, inovação, responsabilidade e melhoria contínua. Envolvendo todos os níveis da organização no processo de transformação, cria-se um ambiente onde todos se sentem valorizados e motivados a contribuir para o sucesso coletivo.

Em Resumo

A Jornada de 100 Dias do SuperFoco é uma ferramenta poderosa para combater as dores organizacionais, promovendo melhorias significativas no alinhamento, na efetividade e na cultura da organização.

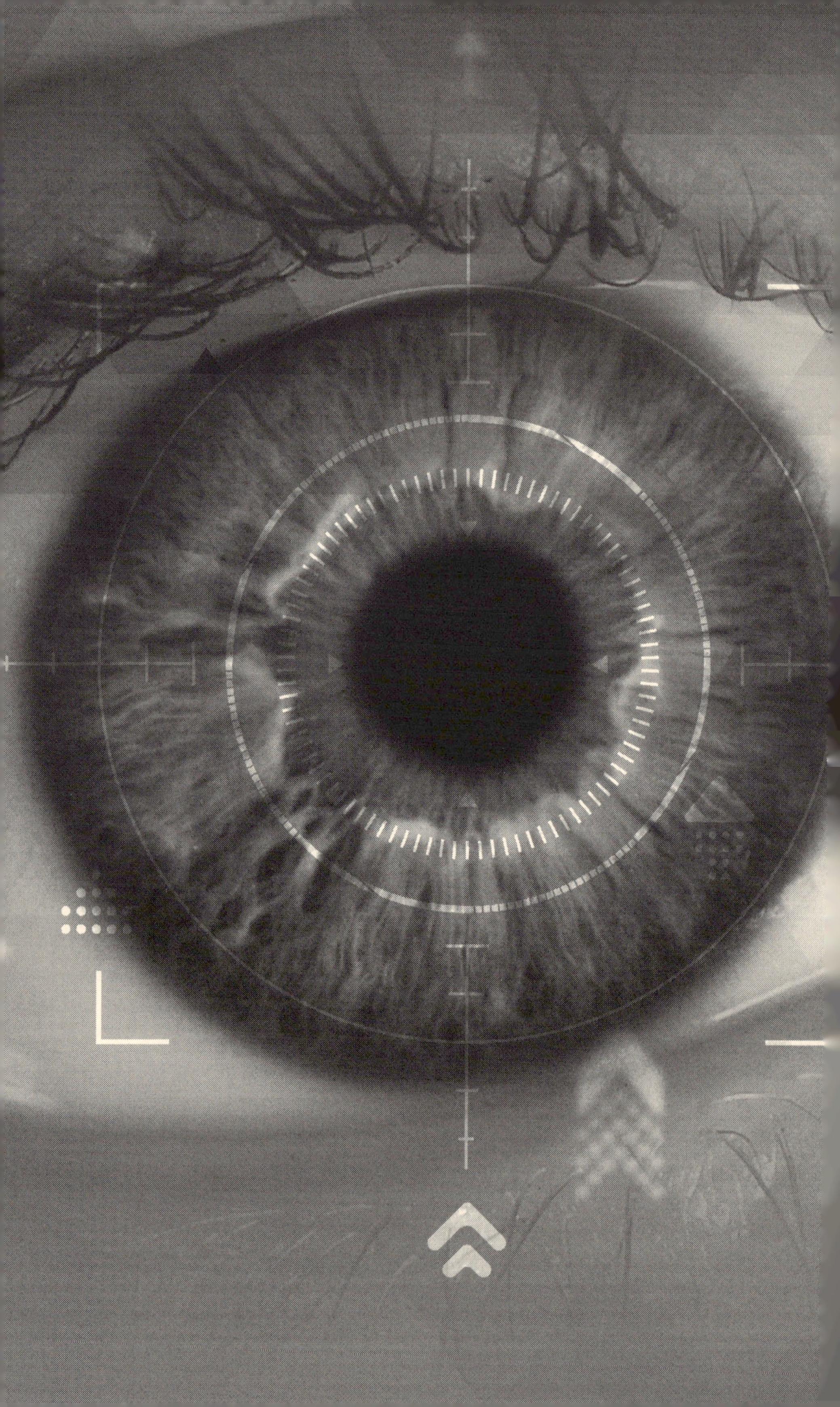

ANEXO 3

CONCEITOS-CHAVE

Índice:

1. - Cérebro e Mente
2. - Estratégia, Tática e Plano de Ação
3. - Eficiência, Eficácia e Efetividade
4. - Empresa e Organização
5. - Entendimento e Compreensão
6. - Saídas e Resultados
7. - Sentimento e Emoção

Compreender esses conceitos-chave é essencial para lidar com a complexidade do nosso dia a dia, melhorar nossa comunicação, organização e bem-estar emocional. Eles nos ajudam a ver as coisas de forma mais clara e a tomar decisões mais informadas e eficazes.

CÉREBRO E MENTE

Conceitos

- **Cérebro:** Órgão físico composto por neurônios e outras células, responsável por processar informações e controlar funções corporais.
- **Mente:** Conjunto de processos cognitivos e emocionais que inclui pensamento, consciência, memória e percepção.

Exemplos e Analogias

- **Exemplo:** O cérebro é como o hardware de um computador, enquanto a mente é o software que roda nele.
- **Analogia:** Imagine uma orquestra. O cérebro seria os músicos e instrumentos (a parte física), enquanto a mente seria a sinfonia tocada (a experiência).

Importância no Dia a Dia

Compreender a diferença entre cérebro e mente ajuda a entender como nossas emoções e pensamentos influenciam nossas ações e nossa saúde mental.

ESTRATÉGIA, TÁTICA E PLANO DE AÇÃO

Conceitos

- **Estratégia:** Plano de longo prazo para alcançar objetivos gerais.
- **Tática:** Métodos e ações específicas utilizadas para implementar a estratégia.
- **Plano de Ação:** Lista detalhada das tarefas a serem realizadas para executar táticas específicas.

Exemplos e Analogias

- **Exemplo:** Em uma guerra, a estratégia é ganhar, as táticas são as batalhas travadas e o plano de ação são as manobras militares específicas.
- **Analogia:** Imagine um jogo de xadrez. A estratégia é o plano geral para vencer, as táticas são as jogadas específicas e o plano de ação é cada movimento das peças no tabuleiro.

Importância no Dia a Dia

Entender esses conceitos ajuda a organizar melhor nossos projetos e esforços, garantindo que estamos trabalhando de forma coordenada e eficiente para alcançar nossos objetivos.

EFICIÊNCIA, EFICÁCIA E EFETIVIDADE

Conceitos

- **Eficiência:** Fazer algo da melhor maneira possível, com o mínimo de desperdício de recursos. "Fazer certinho a coisa."
- **Eficácia:** Capacidade de alcançar os objetivos desejados. "Fazer certinho a coisa certa."

- **Efetividade**: Combinação de eficiência e eficácia, ou seja, alcançar os objetivos de maneira eficiente e continuada. "Fazer certinho a coisa certa de forma continuada."

Exemplos e Analogias

- **Exemplo:**
    - Eficiência: Um trabalhador pode ser eficiente ao fabricar 100 produtos por hora.
    - Eficácia: Atender a demanda do cliente, produzindo exatamente o que é necessário.
    - Efetividade: Fazer isso com a menor quantidade de recursos possíveis, mantendo a produção consistente e de qualidade ao longo do tempo.

Analogia:

- Jardineiro:
    - Eficiência: Podar as plantas rapidamente.
    - Eficácia: Garantir que as plantas cresçam saudáveis e fortes.
    - Efetividade: Fazer ambos de forma sustentável, garantindo que o jardim permaneça saudável e bonito ao longo do tempo.
- Cozinheiro:
    - Eficiência: Preparar as refeições rapidamente, minimizando o uso de ingredientes.
    - Eficácia: Garantir que as refeições sejam saborosas e nutritivas.
    - Efetividade: Fazer refeições que sejam constantemente deliciosas e bem equilibradas, mantendo a satisfação dos clientes.

Importância no Dia a Dia

- Melhoria da Produtividade: Compreender a diferença entre eficiência, eficácia e efetividade ajuda a melhorar a produtividade. Focando em fazer as coisas corretamente (eficiência), no que realmente importa (eficácia) e de forma sustentável (efetividade), é possível alcançar resultados melhores com menos esforço.

- **Otimização de Recursos:** Ao aplicar esses conceitos, usamos os recursos de maneira mais inteligente, reduzindo desperdícios e maximizando os benefícios.
- **Tomada de Decisões:** A clareza sobre esses conceitos facilita a tomada de decisões, garantindo que as ações escolhidas sejam não apenas as mais rápidas, mas também as mais acertadas e sustentáveis.
- **Satisfação e Qualidade:** Focar na eficácia e na efetividade assegura que os produtos ou serviços oferecidos atendam às expectativas dos clientes de forma consistente, aumentando a satisfação e a lealdade.

EMPRESA E ORGANIZAÇÃO

Conceitos

- **Empresa:** Entidade legal criada para realizar negócios e gerar lucro.
- **Organização:** Estrutura e sistema que permitem que uma entidade (empresa, ONG, governo, etc.) funcione de maneira coordenada.

Exemplos e Analogias

- **Exemplo:** Uma empresa pode ser uma fábrica de automóveis, enquanto a organização inclui todos os processos, pessoas e sistemas que a fazem funcionar.
- **Analogia:** Uma empresa é como uma bicicleta (o veículo), enquanto a organização é como as engrenagens e o sistema de pedais que a fazem andar.

Importância no Dia a Dia

Entender esses conceitos ajuda a visualizar como as diferentes partes de uma entidade trabalham juntas para alcançar seus objetivos e como melhorar sua operação.

ENTENDIMENTO E COMPREENSÃO

Conceitos

- **Entendimento:** Capacidade de perceber e interpretar informações.
- **Compreensão:** Capacidade de entender profundamente o significado e as implicações de informações ou situações.

Exemplos e Analogias

- **Exemplo**: Você pode entender o que uma palavra significa (entendimento) e saber como usá-la corretamente em uma frase (compreensão).
- **Analogia**: Ler a receita de um prato é entendimento; cozinhar o prato perfeitamente é compreensão.

Importância no Dia a Dia

Ter uma compreensão profunda nos permite tomar decisões mais informadas e resolver problemas de maneira mais eficaz.

SAÍDAS E RESULTADOS

Conceitos

- **Saídas:** São os produtos, serviços ou entregáveis gerados por um processo ou atividade. Elas são o que é produzido diretamente pelas ações realizadas.
- **Resultados:** São os efeitos, impactos ou consequências das saídas. Eles refletem o valor ou a mudança gerada pelas saídas no contexto mais amplo.

Exemplos e Analogias

- **Exemplo 1:**
  - Saída: Uma empresa de software desenvolve um novo aplicativo.
  - Resultado: Os usuários encontram uma maneira mais eficiente de gerenciar suas tarefas diárias, aumentando a produtividade e a satisfação.
- **Exemplo 2:**
  - Saída: Uma escola implementa um novo currículo de matemática.
  - Resultado: Os alunos melhoram suas habilidades matemáticas e obtêm melhores notas nos exames nacionais.
- **Analogia:**
  - Saída: Imagine um chef de cozinha que prepara uma refeição deliciosa (saída).

- Resultado: Os clientes do restaurante ficam satisfeitos e retornam frequentemente, aumentando a popularidade e o lucro do restaurante.

Importância no Dia a Dia

- Medição do Desempenho: Compreender a diferença entre saídas e resultados ajuda a medir o desempenho de projetos e atividades de forma mais precisa. Focar apenas nas saídas pode não refletir o verdadeiro impacto do trabalho realizado.
- Tomada de Decisões: Avaliar os resultados permite que gestores e líderes tomem decisões informadas sobre o que está funcionando e onde são necessários ajustes.
- Planejamento e Melhoria Contínua: Conhecer os resultados das saídas permite um planejamento mais eficaz e a implementação de melhorias contínuas para aumentar o impacto positivo.
- Satisfação dos Stakeholders: Resultados positivos geralmente indicam que as necessidades e expectativas dos stakeholders foram atendidas, promovendo a confiança e o suporte contínuo.

Em Resumo:

Enquanto as saídas são os produtos tangíveis ou entregáveis de um processo, os resultados representam o impacto real e o valor criado por essas saídas. Compreender essa diferença é crucial para avaliar o sucesso e a eficácia de projetos e atividades.

SENTIMENTO E EMOÇÃO

Conceitos

- **Sentimento**: Experiência subjetiva e consciente de uma emoção.
- **Emoção**: Resposta psicofisiológica a um estímulo, que pode ser observada fisicamente.

Exemplos e Analogias

- **Exemplo**: Sentir-se triste é um sentimento, enquanto a tristeza (que pode incluir choro, diminuição de energia, etc.) é uma emoção.

- **Analogia:** A emoção é como uma chama (a resposta inicial), e o sentimento é como o calor que ela gera (a experiência interna).

Importância no Dia a Dia

Compreender a diferença entre sentimentos e emoções nos ajuda a lidar melhor com nossas respostas emocionais e a melhorar nossa saúde emocional.

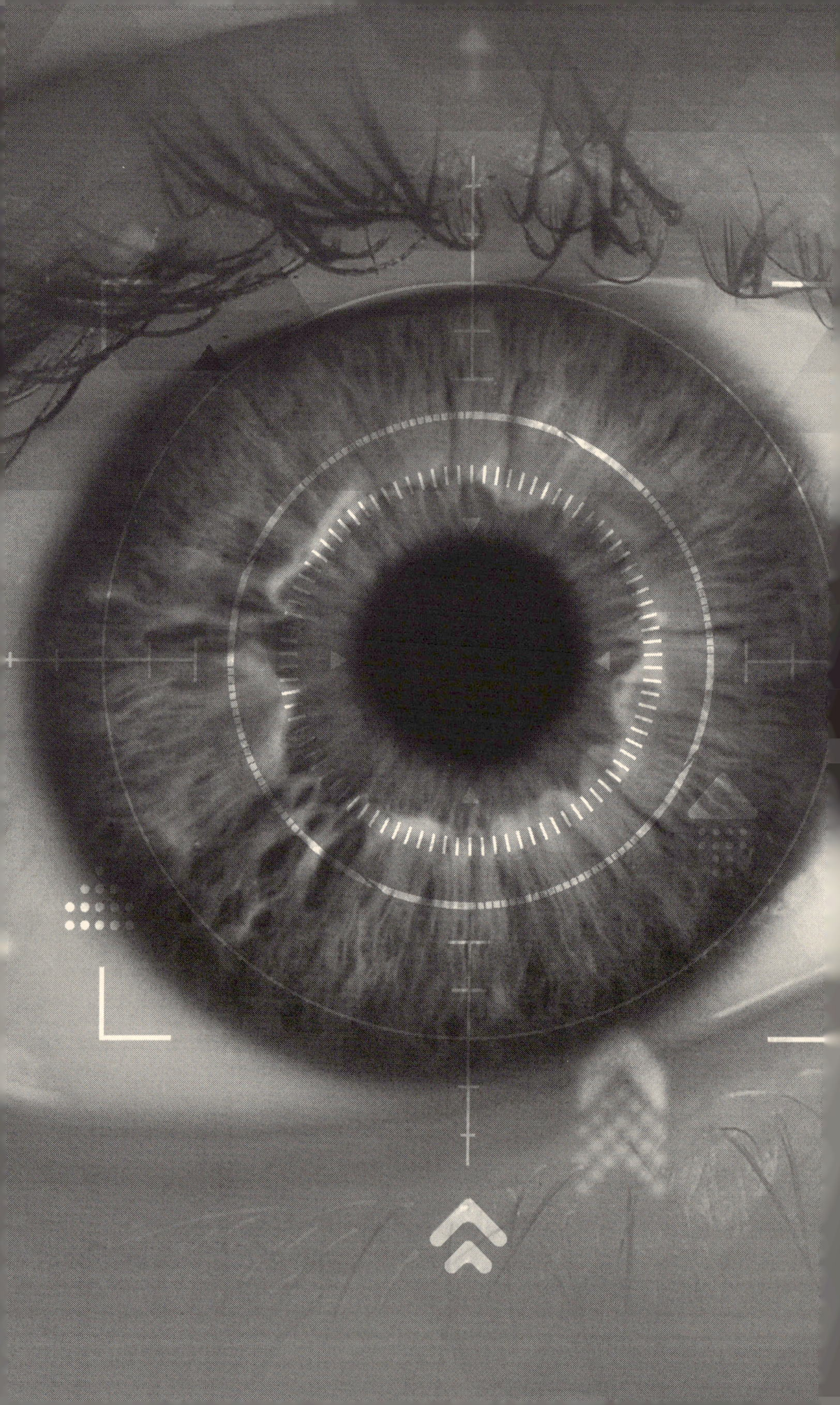

Anexo 4

Conceitos Básicos de Finanças para Gestão do Caixa.

Vamos conversar de forma simples sobre alguns pontos essenciais para gestão do caixa. Esses conceitos vão ajudar no dia a dia da empresa, garantindo que sempre haja dinheiro para pagar as contas e realizar investimentos.

1. **O que é o Fluxo de Caixa?**
   - Fluxo de Caixa é o controle de todas as entradas e saídas de dinheiro em um determinado período.
   - Ele mostra quando o dinheiro entra (vendas, recebimentos de clientes, empréstimos) e quando o dinheiro sai (pagamentos de fornecedores, salários, contas etc.).

Exemplos de Fluxo de Caixa

   - **Entrada:** Cliente paga à vista por um produto.
   - **Saída:** Pagamento de aluguel no dia 5 de cada mês.

2. **Por que o Fluxo de Caixa é Muito Importante?**
   - **Organização:** Ajuda a ver claramente se, em determinado dia, semana ou mês, você terá dinheiro suficiente para pagar suas contas.
   - **Prevenção de problemas:** Evite a falta de caixa por falta de planejamento.
   - **Decisões melhores:** Com o fluxo de caixa bem controlado, é possível identificar o melhor momento para fazer compras, dar descontos ou investir em melhorias.

3. **Componentes do Fluxo de Caixa**
   1. **Entradas:** Tudo o que entra de dinheiro (recebimentos de vendas à vista ou a prazo, empréstimos, investimentos de sócios, etc.).
   2. **Saídas:** Tudo o que sai de dinheiro (pagamentos de contas fixas e variáveis, salário, impostos, fornecedores, etc.).

3. **Saldo Inicial:** O valor que você já tinha em caixa no começo do período.
4. **Saldo Final:** O valor que sobra ou fica faltando no final do período, depois de todas as entradas e saídas.

4. Como "Montar" um Fluxo de Caixa?
1. **Escolha um período:** Pode ser diário, semanal ou mensal, dependendo do tamanho e da movimentação do seu negócio.
2. **Liste todas as entradas:** Quais vendas serão pagas no período? Há algum empréstimo previsto? Depósitos de clientes?
3. **Liste todas as saídas:** Quais contas você deve pagar? Funcionários, fornecedores, aluguel, impostos, entre outros.
4. **Organize em ordem cronológica:** Anote as datas de recebimento e pagamento.
5. **Calcule o saldo diário, semanal ou mensal:** Some as entradas, subtraia as saídas.
6. **Acompanhe de perto:** Atualize sempre que tiver uma nova informação de pagamento ou recebimento.

5. Como Elaborar uma Planilha Simples
6. Aba Entradas:
- Data prevista de recebimento
- Descrição (Exemplo: Venda de produto X)
- Valor

7. Aba Saídas:
- Data prevista de pagamento
- Descrição (Exemplo: Conta de energia)
- Valor

8. Consolidação (ou Resumo):
- Reúna as informações de entradas e saídas por dia, semana ou mês
- Calcule o saldo final para cada período.

Você pode usar planilhas online (como Google Sheets ou Excel) ou até aplicativos de gestão financeira para facilitar o dia a dia.

6. O que é Capital de Giro?

- Capital de Giro é o dinheiro necessário para manter a empresa funcionando no dia a dia.
- É utilizado para cobrir despesas operacionais (materiais, contas de luz, água, salários, etc.) antes mesmo de receber pelas vendas.
- Quanto maior o tempo entre a produção/compra de mercadorias e o recebimento do cliente, maior deve ser o capital de giro para cobrir essas despesas.

7. O que é Lucro e o que é Caixa?

- Lucro é a diferença entre receitas (valor total das vendas) e custos/despesas (o que foi gasto para vender/administrar).
- Caixa é o dinheiro disponível naquele momento na conta ou em espécie.

EM QUE SE DIFEREM?

- Você pode ter lucro (no papel), mas não ter caixa (dinheiro disponível) no momento, pois suas vendas podem ter sido feitas a prazo ou você ainda não recebeu de seus clientes.
- Por outro lado, pode haver dinheiro no caixa (por exemplo, você pegou um empréstimo), mas a empresa pode não estar tendo lucro (as despesas são maiores que as receitas).

POR QUE É IMPORTANTE SABER A DIFERENÇA?

- **Tomada de decisões**: Entender que nem sempre lucro imediato significa **dinheiro imediato** em conta.
- **Planejamento de pagamentos**: Saber quando você vai realmente ter dinheiro disponível ajuda a evitar ficar no vermelho.
- **Saúde financeira**: Uma empresa pode até apresentar lucro na demonstração financeira, mas se não tiver caixa, pode não conseguir pagar as contas no curto prazo e enfrentar sérios problemas financeiros.

Em Resumo

1. **Fluxo de Caixa:** Controle de todo o dinheiro que entra e sai do seu negócio.
2. **Importância:** Ajuda a manter as contas em dia, evitar surpresas financeiras e tomar decisões financeiras mais assertivas.
3. **Componentes:** Entradas, saídas, saldo inicial e saldo final.
4. **Como montar:** Anote detalhadamente as datas, valores e atualize o fluxo sempre que houver mudanças
5. **Capital de Giro:** Dinheiro necessário para manter o funcionamento diário da empresa.
6. **Lucro x Caixa:** Lucro é a diferença entre receitas e gastos; caixa é o dinheiro "na mão". Eles podem ser bastante diferentes na prática.

Com esses conceitos em mente, sua gestão de caixa ficará mais organizada, segura e capaz de dar suporte às melhores decisões para o seu negócio!

Exemplo de Planilha de Fluxo de Caixa

Você pode criar 3 abas em uma planilha (Excel, Google Sheets ou outro software) para organizar melhor:

Aba 1: Entradas

Data Prevista	Data Real Recebida	Descrição	Valor (R$)	Forma de Pagamento	Observações
01/02/2025	01/02/2025	Venda de Produto A	500	Cartão de Crédito	Cliente XYZ
02/02/2025	(a preencher)	Venda de Serviço B	800	Boleto	Prazo: 30 dias
05/02/2025	05/02/2025	Empréstimo Bancário	2.000,00	Depósito em Conta	Capital de Giro

- **Data Prevista: Dia em que você espera receber o pagamento.**
- **Data Real de Recebimento:** Dia em que o dinheiro efetivamente entrou no caixa.
- **Descrição:** O que gerou a entrada (venda do produto X, pagamento de cliente Y, etc.).
- **Valor: Quantia recebida.**
- **Forma de Pagamento: Cartão, dinheiro, cheque, depósito, etc.**

- **Observações: Co**mentários adicionais que ajudem a lembrar detalhes (quem pagou, por que pagou, etc.).

Aba 2: Saídas

Data Prevista	Data Real de Pagamento	Descrição	Valor (R$)	Forma de Pagamento	Observações
03/02/2025	03/02/2025	Aluguel	1.000,00	Boleto / Transferência	Salão Comercial
05/02/2025	05/02/2025	Pagamento Fornecedor X	300	Depósito em Conta	Matéria-prima de Fevereiro
07/02/2025	(a preencher)	Conta de Energia	200	Boleto	Vencimento dia 07

- **Data Prevista**: Dia em que você espera realizar o pagamento.
- **Data Real de Pagamento**: Dia em que o dinheiro efetivamente saiu do caixa.
- **Descrição**: Tipo de despesa (aluguel, fornecedor, energia, impostos, etc.).
- **Valor**: Quantia paga.
- **Forma de Pagamento**: Transferência, boleto, cheque, etc.
- **Observações**: Comentários adicionais (referência do mês, parcela, notas fiscais, etc.).

Aba 3: Resumo ou Consolidado

Esta aba reúne entradas e saídas de forma simplificada (geralmente por dia, semana ou mês) e serve para visualizar o Saldo Final em cada período.

Data / Período	Saldo Inicial (R$)	Entradas (R$)	Saídas (R$)	Saldo Final (R$)
01/02/2025	0	500	0	500
02/02/2025	500	800	0	1.300,00
03/02/2025	1.300,00	0	1.000,00	300
05/02/2025	300	2.000,00	300	2.000,00
07/02/2025	2.000,00	0	200	1.800,00

- **Saldo Inicial**: Valor que você tinha no começo do dia ou período.
- **Entradas**: Somatório de todas as entradas previstas/recebidas nesse dia ou intervalo.
- **Saídas**: Somatório de todas as despesas pagas nesse dia ou intervalo.

- **Saldo Final:** (Saldo Inicial + Entradas) - Saídas.

Observações Importantes:

1. O Saldo Final de um dia ou período passa a ser o Saldo Inicial do dia ou período seguinte.
2. Atualize as datas de recebimentos e pagamentos assim que elas ocorrerem de fato.
3. Adicionar comentários pode ajudar a identificar atrasos ou antecipações de pagamentos e recebimentos.

Como Usar na Prática

4. Todos os dias ou semanas, abra a planilha e registre o que entrou (recebimentos) e o que saiu (pagamentos).
5. Confira se há discrepâncias: entradas ou saídas que deveriam ter acontecido, mas não aconteceram.
6. Verifique o Saldo Final para garantir que terá caixa suficiente para cobrir futuras despesas.
7. Analise o fluxo para identificar períodos em que há sobra ou falta de dinheiro e planeje de acordo (negociar prazos, buscar mais vendas, etc.).

Essa planilha simples é suficiente para acompanhar o Fluxo de Caixa e tomar decisões financeiras mais seguras. É claro que você pode adaptar colunas, cores, fórmulas e detalhes de acordo com a realidade do seu negócio.

Anexo 5

Conceitos Básicos de Finanças para Precificação

Vamos conversar de forma simples e direta sobre alguns conceitos básicos de finanças que vão ajudar muito na hora de precificar os produtos ou serviços.

1. Gastos, Custos e Despesas

- **Gastos:** Todo sacrifício financeiro que a empresa faz ao comprar algo ou contratar um serviço.
  - Exemplos: Comprar matéria-prima, pagar aluguel, pagar energia, contratar um novo funcionário.
- **Custos:** São os gastos relacionados diretamente à produção ou à prestação de serviço.
  - Exemplos: Matéria-prima de um restaurante (ingredientes da pizza), salário de quem produz o produto na fábrica.
- **Despesas:** São gastos que não estão diretamente ligados à produção, mas sim à parte administrativa ou comercial.
  - Exemplos: Contas de telefone do escritório, salário do pessoal do administrativo, marketing, honorários de contador.

Diferença Principal:

- Custos = Ligados diretamente ao que é produzido/vendido.
- Despesas = Ligados à manutenção e administração do negócio, mas não ao que é produzido.

2. Fixos e Variáveis

Gastos Fixos e Variáveis

- **Gastos Fixos:** Aqueles que não mudam de valor, independentemente de se produzir muito ou pouco.

- Exemplo: Aluguel do ponto comercial (pago todo mês, mesmo que as vendas sejam baixas ou altas).
- Gastos Variáveis: Aqueles que variam conforme a produção ou vendas.
  - Exemplo: Matéria-prima (quanto mais pizzas você faz, mais massa, molho, queijo etc. você precisa comprar).

Custos Fixos e Variáveis

- Custos Fixos: Não se alteram conforme a quantidade produzida.
  - Exemplo: Salário fixo da equipe de produção (se o pagamento não depender da quantidade produzida).
- Custos Variáveis: Aumentam ou diminuem de acordo com o volume produzido ou vendido.
  - Exemplo: Embalagens, ingredientes ou horas extras do pessoal da produção (quanto mais você fabrica, mais esse custo aumenta).

Despesas Fixas e Variáveis

- Despesas Fixas: Não mudam facilmente com a venda ou produção.
  - Exemplo: Aluguel do escritório, salário do pessoal de administração (que não recebe comissão).
- Despesas Variáveis: Mudam conforme a venda ou produção.
  - Exemplo: Comissão de vendedores (quanto mais se vende, maior o valor pago de comissão).

3. Margem de Contribuição

O que é?

É o dinheiro que sobra das vendas depois de pagar todos os custos e despesas variáveis.

- **Por que é Importante?**
  - Mostra quanto cada produto ou serviço "contribui" para pagar os gastos fixos e, posteriormente, gerar lucro.
  - Ajuda a entender se o preço que você está cobrando cobre os custos variáveis e ainda contribui para cobrir os outros gastos.

- **Como se Aplica no Dia a Dia?**
  - Serve para avaliar se vale a pena produzir ou vender determinado produto.
  - Você consegue identificar rapidamente se a margem de contribuição é suficiente para ajudar a pagar o restante das contas e ainda gerar lucro.

4. **Equação Básica de Precificação**
   Custos + Despesas + Lucro = Preço de Venda
   - **Interpretação Simples:**
     - Antes de definir o preço de venda, é preciso garantir que todos os custos (ligados à produção), as despesas (administrativas, comerciais) sejam pagos e que ainda sobre um valor (lucro).

5. **Ponto de Equilíbrio**

O que é?

É a quantidade de vendas (em unidades ou em valor) necessária para que a empresa não tenha lucro e nem prejuízo (ou seja, para "zerar" o caixa).

- **Por que é Importante?**
  - Mostra o mínimo que você precisa vender para cobrir todos os custos e despesas.
  - Ajuda a planejar metas de vendas de forma realista.
- **Como Utilizá-lo no Dia a Dia?**
  - Ao definir metas de vendas mensais, verifique se elas cobrem o ponto de equilíbrio.
  - Serve como alerta: se você estiver vendendo abaixo do ponto de equilíbrio por muito tempo, pode estar operando com prejuízo.

Em Resumo:

1. Gastos, Custos e Despesas: Todos são valores que saem do caixa, mas custos estão diretamente relacionados à produção, enquanto despesas são mais gerais (administrativas, comerciais).
2. Fixos e Variáveis: Custos fixos não mudam com a produção, enquanto custos variáveis aumentam ou diminuem conforme as vendas/produção.
3. Margem de Contribuição: É o que sobra das vendas depois de pagar os custos variáveis. É crucial para cobrir os custos fixos e gerar lucro.
4. Preço de Venda: O preço deve cobrir todos os custos, despesas e ainda garantir lucro.
5. Ponto de Equilíbrio: O volume mínimo de vendas necessário para que o lucro seja zero (cobrir todos os custos sem prejuízo).

Com esses conceitos, fica muito mais fácil entender precificação e garantir a saúde financeira do negócio.

Anexo 6:

REGRAS MÍNIMAS DE GOVERNANÇA ORGANIZACIONAL

Introdução

Este documento estabelece as regras mínimas de governança aplicáveis a organizações de qualquer setor ou porte. Ele é fundamentado em três pilares essenciais: responsabilidade, autoridade e unidade de comando. Esses princípios garantem a estruturação de uma organização como um sistema integrado, alinhado à sua identidade, estratégia, processos e gestão de pessoas.

PRINCÍPIOS FUNDAMENTAIS DA GOVERNANÇA

1. Responsabilidade
- Definição: A responsabilidade é a obrigação de um indivíduo ou grupo de alcançar objetivos e prestar contas sobre os resultados.
- Princípios:
    - A responsabilidade não pode ser delegada. O líder de cada função ou área é o responsável final pelos resultados.
    - Todo responsável deve conhecer o que, por que, como e quando realizar as atividades na sua área.

2. Autoridade
- Definição: A autoridade é o direito concedido a um indivíduo para tomar decisões e executar ações em nome da organização.
- Princípios:
    - A autoridade pode ser delegada para permitir que gestores e colaboradores realizem tarefas de forma autônoma.
    - A delegação de autoridade deve ser clara e bem documentada, com limites e expectativas definidos.

3. **Unidade de Comando**
   - Definição: Cada colaborador deve responder a apenas um superior imediato.
   - Princípios:
     - Evitar conflitos de comando e assegurar clareza no fluxo de decisões e informações.
     - Reforçar a hierarquia para promover eficiência e evitar sobrecarga de comunicação.

ESTRUTURA ORGANIZACIONAL E RESPONSABILIDADES

Subsistemas Fins

Os sistemas fins representam a razão de ser da organização e estão diretamente ligados à entrega de valor ao cliente.

1. Suprimentos
Responsabilidades do Responsável pelo Subsistema:

- Garantir o fornecimento contínuo de insumos e materiais necessários à operação.
- Negociar contratos e estabelecer relações sólidas com fornecedores, buscando qualidade, prazo e custo-benefício.
- Monitorar estoques e evitar interrupções na cadeia de suprimentos.
- Avaliar e gerenciar riscos na aquisição de materiais e componentes.

2. Operações
Responsabilidades do Responsável pelo Subsistema:

- Planejar, coordenar e supervisionar os processos de produção ou entrega de serviços.
- Garantir que os produtos ou serviços sejam entregues com qualidade, dentro do prazo e do orçamento.
- Identificar e resolver gargalos na linha de produção.
- Estabelecer indicadores de desempenho (KPIs) para monitorar a eficiência operacional.
- Promover a melhoria contínua nos processos produtivos.

3. Vendas
Responsabilidades do Responsável pelo Subsistema:

- Desenvolver e implementar estratégias de vendas alinhadas aos objetivos organizacionais.
- Monitorar o desempenho da equipe de vendas e assegurar o alcance das metas.
- Analisar o mercado, identificar oportunidades e propor ações para aumentar a participação da organização.
- Garantir um relacionamento sólido com clientes, promovendo a satisfação e a fidelização.
- Gerenciar o pipeline de vendas, priorizando leads de alto impacto.

Subsistemas Meios

Os sistemas meios oferecem suporte estratégico e operacional para que os sistemas fins funcionem de forma eficiente.

1. Recursos Humanos
Responsabilidades do Responsável pelo Subsistema:

- Atrair, desenvolver e reter talentos, alinhando a equipe aos valores e objetivos organizacionais.
- Implementar programas de capacitação e desenvolvimento profissional.
- Promover políticas de diversidade, inclusão e bem-estar no ambiente de trabalho.
- Monitorar o desempenho dos colaboradores e fornecer feedback contínuo.
- Garantir o cumprimento das leis trabalhistas e das políticas internas.

2. Financeiro
Responsabilidades do Responsável pelo Subsistema:

- Planejar, monitorar e controlar o orçamento da organização.
- Analisar a saúde financeira da empresa e propor ações para otimizar os recursos.
- Gerenciar fluxo de caixa, investimentos e contas a pagar/receber.

- Desenvolver relatórios financeiros que apoiem a tomada de decisão estratégica.
- Garantir a conformidade com regulações financeiras e fiscais.

3. 3. Controladoria
Responsabilidades do Responsável pelo Subsistema:

- Monitorar e avaliar os processos internos para assegurar conformidade e eficiência.
- Elaborar relatórios de desempenho para a alta liderança.
- Implementar e supervisionar controles internos para evitar fraudes e erros.
- Garantir a integridade dos dados e informações organizacionais.
- Realizar auditorias internas periódicas para identificar e corrigir desvios.

GOVERNANÇA NA PRÁTICA
Delegação e Supervisão

- Todo responsável por um subsistema deve:
  - Delegar autoridade de forma clara e estratégica para seus liderados.
  - Supervisionar regularmente as atividades delegadas, utilizando indicadores e relatórios como suporte.
  - Reportar-se ao líder da organização com atualizações sobre o desempenho e os desafios de sua área.

Colaboração entre Subsistemas

- Os subsistemas devem operar de forma integrada, com fluxos de comunicação regulares para alinhar estratégias e evitar duplicações de esforços.
- Reuniões de alinhamento devem ser realizadas periodicamente entre líderes dos sistemas fins e meios.

CONCLUSÃO

As responsabilidades definidas para os subsistemas fins e meios são essenciais para garantir uma governança sólida e eficaz. A organização, quando estruturada com base nesses princípios, opera com clareza, eficiência e foco nos resultados, promovendo alinhamento e alto desempenho em todos os níveis.

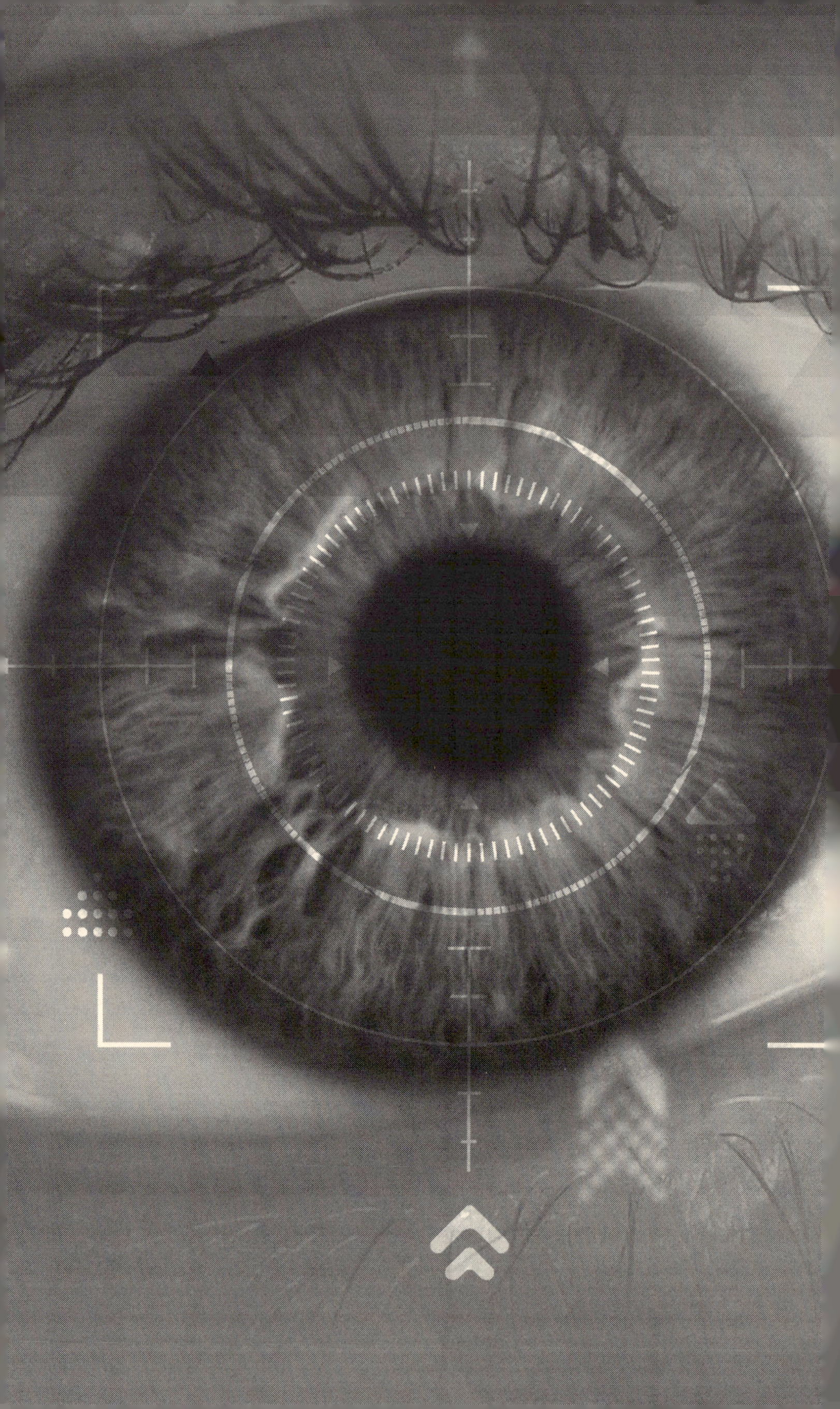

ANEXO 7

O PAPEL DO GUARDIÃO – GUIA DOS GUARDIÕES DAS SETE TRILHAS

1. Objetivo Geral

Os guardiões têm o papel de supervisionar, implementar e otimizar o desempenho das trilhas, garantindo que contribuam para os pilares da organização: Alinhamento, Efetividade e Cultura. Esses pilares suportam os quatro indicadores de Saúde e Resiliência Organizacional:

1. Capacidade de geração de caixa.
2. Capacidade de remunerar o capital empregado.
3. Crescimento saudável.
4. Fidelização de clientes.

2. As Sete Trilhas e Suas Métricas

Cada trilha foca em aspectos essenciais para o sucesso organizacional, com responsabilidades específicas e métricas mensuráveis:

1. Identidade

- **Responsabilidade:**
  - Definir e alinhar missão, visão, valores e comportamentos organizacionais.
  - Garantir que a Identidade seja compreendida e aplicada em todas as áreas funcionais.
- **Métricas:**
  - % de colaboradores alinhados aos valores organizacionais: (Nº de colaboradores alinhados / Total de colaboradores) x 100.
  - Resultados de avaliações culturais: Por meio de questionários que avaliem compreensão e aplicação da Identidade.

- **Conexão:**

Impacta diretamente o alinhamento e a cultura organizacional, fortalecendo a coesão entre as áreas.

2. 5S
- **Responsabilidade:**
    - Garantir organização e eficiência no ambiente de trabalho, promovendo melhoria contínua.
- **Métricas:**
    - Índice de Conformidade com Padrões de Organização: (Áreas auditadas em conformidade / Total de áreas auditadas) x 100.
    - Redução de Desperdícios: Comparativo entre períodos.
- **Conexão:**

Suporta o funcionamento eficiente das áreas e o alinhamento com a trilha de Processos.

3. Caixa
- **Responsabilidade:**
    - Supervisionar a saúde financeira e garantir a liquidez necessária para o funcionamento da organização.
- **Métricas:**
    - Fluxo de Caixa Livre: Receitas Operacionais - Despesas Operacionais - Investimentos.
    - Relação Receitas/Despesas: Avaliação de equilíbrio financeiro.
- **Conexão:**

Impacta os recursos disponíveis para execução dos FCS e otimização de processos.

4. Precificação
- **Responsabilidade:**
    - Monitorar margens financeiras e garantir a percepção de valor pelos clientes.

- **Métricas:**
  - % de produtos com margem acima do limite estratégico: (Produtos com margem ≥ meta / Total de produtos) x 100.
  - Índice de Percepção de Valor pelo Cliente: Avaliação por pesquisas ou feedback direto.
- **Conexão:**

Garante a sustentabilidade financeira e competitividade dos produtos/serviços.

5. Estratégia

- **Responsabilidade:**
  - Definir e monitorar os Fatores Críticos de Sucesso (FCS), garantindo o foco nos objetivos prioritários.
- **Métricas:**
  - % de metas estratégicas atingidas: (Metas atingidas / Total de metas) x 100.
  - Progresso em relação aos FCS: Comparativo contínuo dos indicadores definidos.
- **Conexão:**

Base para as trilhas 6 e 7, definindo os FCS que direcionam os processos e equipes.

6. Processos

- **Responsabilidade:**
  - Mapear, monitorar e otimizar os processos associados aos FCS, garantindo qualidade, prazo e custo.
- **Métricas:**
  - Tempo Médio de Execução por Processo: (Soma dos tempos de execução / Nº de processos).
  - Índice de Conformidade dos Processos: (Processos em conformidade / Total de processos) x 100.
- **Conexão:**

Processos bem estruturados garantem a execução eficaz dos FCS, contribuindo para a qualidade operacional.

7. **Pessoas**
- **Responsabilidade:**
    - Capacitar e engajar equipes de alto desempenho para tripular os processos críticos associados aos FCS.
- **Métricas:**
    - NPS Interno: [(Nº de Promotores - Nº de Detratores) / Total de Respondentes] x 100.
    - % de Metas Individuais Atingidas: (Metas atingidas / Total de metas individuais) x 100.
- **Conexão:**

Pessoas motivadas e capacitadas são o motor para a execução eficiente dos processos e FCS.

3. **Capacitação dos Guardiões (CHA)**

Os guardiões devem possuir:

- **Conhecimento:**
    - Domínio da trilha sob sua responsabilidade e impacto organizacional.
- **Habilidade:**
    - Comunicação eficaz, análise de dados, resolução de problemas e liderança.
- **Atitude:**
    - Proatividade, colaboração, visão estratégica e comprometimento.

4. **Ferramentas e Suporte**
- **Tecnologia:**
    - Kanban digital para monitoramento de tarefas críticas.
    - Dashboards em tempo real com KPIs consolidados.
    - Sistemas de feedback contínuo para ajustes rápidos.
- **Templates e Relatórios:**
    - Modelos padronizados de comunicação entre líderes, CEO e equipes.

5. Rituais e Governança

- **Diários/Semanais:**
  - Revisão rápida das tarefas críticas e andamento das trilhas.
- **Mensais:**
  - Reuniões com o CEO para análise de KPIs e alinhamento estratégico.
- **Trimestrais:**
  - Workshops entre guardiões para compartilhamento de melhores práticas.
- **Anuais:**
  - Reconhecimento e celebração de conquistas em um evento corporativo.

6. Avaliação de Desempenho dos Guardiões

- **Critérios:**
  - Impacto nas métricas de cada trilha.
  - Engajamento das equipes (NPS interno e avaliações).
  - Inovação e melhorias implementadas nos processos e indicadores.
- **Método:**
  - Relatórios trimestrais.
  - Feedback contínuo das equipes.
  - Autoavaliação com base em critérios pré-definidos.

7. Cultura de Reconhecimento

- **Guardiões devem atuar como líderes inspiradores, promovendo:**
  - Engajamento: Cultivar um ambiente de colaboração e alinhamento.
  - Responsabilidade: Encorajar a prática constante dos valores organizacionais.
  - Reconhecimento: Celebrar resultados e comportamentos que reforçam a Identidade.

MODELO DE AVALIAÇÃO COM SINAIS: VERDE, AMARELO E VERMELHO

1. Definição das Faixas de Desempenho

- Verde: Atingiu ou superou a meta definida. (Ex.: ≥ 80%)
- Amarelo: Desempenho próximo, mas abaixo da meta. (Ex.: entre 60% e 79%)
- Vermelho: Desempenho significativamente abaixo da meta. (Ex.: < 60%)

Trilha	Função do Guardião	Fórmula de Desempenho	Conexão	Critérios de Avaliação
1. Identidade	Comunicação ou RH	% de Alinhamento Organizacional = (Nº de colaboradores alinhados aos valores / Total) x 100	Conecta-se à Cultura Organizacional, impactando todas as trilhas.	Verde ≥ 80%, Amarelo: 60-79%, Vermelha < 60%
2. 5S	Operações ou Gestão da Qualidade	Índice de Conformidade 5S = (Áreas auditadas em conformidade / Total auditadas) x 100	Relaciona-se à melhoria do ambiente de trabalho, impactando diretamente os processos das trilhas 6 e 7.	Verde ≥ 90%, Amarelo: 70-89%, Vermelha < 70%
3. Caixa	Financeiro	Fluxo de Caixa Livre = Receitas Operacionais - Despesas Operacionais - Investimentos	Impacta diretamente os recursos disponíveis para as FCs e os processos das trilhas 6 e 7.	Verde: Positivo, Amarelo: Neutro, Vermelha: Negativo
4. Precificação	Comercial ou Controladoria	Margem de Contribuição (%) = [(Receita - Custos Variáveis) / Receita] x 100	Influencia os FCs e processos ao garantir produtos e serviços competitivos e lucrativos.	Verde ≥ 70%, Amarelo: 50-69%, Vermelho < 50%
5. Estratégia	CEO ou Diretor Estratégico	Taxa de Atingimento de FCS = (Nº de FCS atingidos / Total de FCS) x 100	Conecta-se diretamente às trilhas 6 e 7. Define os FCS que guiam processos e priorizações.	Verde ≥ 80%, Amarelo: 60-79%, Vermelho < 60%
6. Processos	Gerente de Processos	Eficiência dos Processos = (Tempo atual do processo / Tempo estimado ideal) x 100	Os processos suportam os FCS definidos na trilha 5 e devem garantir qualidade, prazo e custo.	Verde ≥ 90%, Amarelo: 70-89%, Vermelha < 70%
7. Pessoas	RH	NPS Interno = [(Nº de Promotores - Nº de Detratores) / Total de Respondentes] x 100	Conecta-se à motivação e capacitação necessárias para tripular os processos relacionados aos FCS.	Verde ≥ 70, Amarelo: 50-69, Vermelha < 50

Conexões entre Trilhas 5, 6 e 7

1. **FCS como o Centro da Estratégia:**
   - A trilha 5 define os FCS (Fatores Críticos de Sucesso), que determinam os objetivos prioritários para a organização.
   - Cada FCS possui indicadores de desempenho claros, que orientam o monitoramento.

2. **Processos para Garantir Qualidade, Prazo e Custo:**
   - Na trilha 6, os processos relacionados a cada FCS devem ser desenhados e acompanhados, garantindo:
   - Qualidade: Padrões bem definidos e controlados.
   - Prazo: Cumprimento das metas no tempo adequado.
   - Custo: Otimização de recursos.

3. **Pessoas de Alto Desempenho como Motor:**
   - A trilha 7 conecta os colaboradores aos processos. Para tripular processos críticos, as pessoas devem ser:
   - Motivadas: Engajadas com os objetivos organizacionais.
   - Capacitadas: Habilitadas para executar as tarefas críticas (TC) com eficiência.

QUADROS EM LOCAIS ESTRATÉGICOS

- **Visualização Simples:**
   - Cada trilha terá seu indicador exposto em um formato gráfico (barras ou semáforo) com os três sinais (verde, amarelo e vermelho).
- **Informações Adicionais:**
   - Explicação breve sobre o indicador.
   - Destaque das metas específicas e resultados alcançados.
   - Ações em andamento para melhorar indicadores em amarelo ou vermelho.

Bibliografia

INTRODUÇÃO

AMTHOR, Frank. *Neurociência para leigos*. Rio de Janeiro: Alta Books, 2017.

BRANDÃO, Marcus Lira. *As bases biológicas do comportamento: introdução à neurociência*. São Paulo: EPU, 2004.

CARTER, Rita; ALDRIDGE, Susan; PAGE, Martyn; PARKER, Steve. *The human brain book*. Nova Iorque: DK Publishing, 2009.

DEHAENE, Stanislas. *É assim que aprendemos: porque o cérebro funciona melhor do que qualquer máquina (ainda)*. São Paulo: Editora Contexto, 2022.

FONSECA, Mário A. Porto. *SuperFoco-Promovendo a Efetividade das Pessoas e das Organizações*. Editora Quixote, 2019.

KOLB, Bryan; WHISHAW, Ian Q. *Neurociência do comportamento*. São Paulo: Manole, 2002.

MARSTON, William Moulton. *As emoções das pessoas normais*. [S.l.]: Success for You, 2016.

MCKENZIE, Stephen. *Mindfulness at Work: how to avoid stress, achieve more, and enjoy life!*. [S.l.]: Exisle Publishing, [2013?].

SHETH, Jagdish N. *Os maus hábitos das boas empresas e como fugir deles*. São Paulo: M. Books do Brasil Editora, 2008.

WOOD, Wendy. *Bons hábitos, maus hábitos*. [S.l.]: FisicalBook, 2021.

ZORZI, Jaime Luiz; PANTANO, Telma. *Neurociência aplicada à aprendizagem*. São Paulo: Pulso Editorial, 2009.

CAPÍTULO 2 - FASE DE PREPARAÇÃO

FONSECA, Mário A. Porto. *SuperFoco-Promovendo a Efetividade das Pessoas e das Organizações*. Editora Quixote, 2019.

KREITNER, Robert; KINICKI, Angelo. *Organizational behavior*. 9. ed. New York: McGraw-Hill/Irwin, 2009.

LALOUX, Frederic. *Reinventando as organizações*. São Paulo: Editora Voo, 2017. ISBN 978-8567886121.

ROBBINS, Stephen P.; JUDGE, Timothy A. *Comportamento organizacional*. 12. ed. São Paulo: Pearson Prentice Hall, 2005.

SCHEIN, Edgar H. *Organizational culture and leadership*. 4. ed. San Francisco: Jossey-Bass, 2010.

VISÃO SISTÊMICA

CHECKLAND, Peter. *Systems thinking, systems practice: includes a 30-year retrospective*. Chichester: Wiley, 1999.

KHADEM, Riaz; KHADEM, Linda J. *Total alignment: integrating vision, strategy, and execution for organizational success*. 1st ed. Atlanta: Infotrac, 2007.

O'CONNOR, Joseph; McDERMOTT, Ian. *The art of systems thinking: essential skills for creativity and problem solving*. London: Thorsons, 1997.

SENGE, Peter M. *A quinta disciplina*. São Paulo: Editora Best Seller, 1990.

SHERWOOD, Dennis. *Seeing the forest for the trees: a manager's guide to applying systems thinking*. London: Nicholas Brealey, 2002.

STROH, David Peter. *Systems thinking for social change: a practical guide to solving complex problems, avoiding unintended consequences, and achieving lasting results*. White River Junction: Chelsea Green Publishing, 2015.

SWEENEY, Linda Booth. *When a butterfly sneezes: a guide for helping kids explore interconnections in our world through favorite stories*. Waltham: Pegasus Communications, 2001.

WEINBERG, Gerald M. *An introduction to general systems thinking*. Silver Anniversary Edition. New York: Dorset House, 2001.

COMUNICAÇÃO

ARAÚJO, Rafael. *Tudo comunica*. Belo Horizonte: Árvore de Comunicação, 2021.

BERLO, David Kenneth; FONTES, Jorge Arnaldo. *O processo da comunicação: introdução à teoria e à prática*. 9. ed. São Paulo: Martins Fontes, 1999.

BOHM, David. *Diálogo: comunicação e redes de convivência*. 3. ed. São Paulo: Palas Athena, 1996.

CARAVANTES, Geraldo; CARAVANTES, Cláudia. *Comunicação e comportamento organizacional*. Porto Alegre: ICDEP, 2009.

MACKAY, Ian. *Como ouvir pessoas*. São Paulo: Nobel, 1999.

MARCHIORI, Marlene. *Comunicação e organização: reflexão, processos e práticas*. São Caetano do Sul: Difusão Editora, 2010.

NASSAR, Paulo (Org.). *Comunicação interna: a força das empresas*. 3. ed. São Paulo: ABERJE Editorial, 2003.

REUNIÕES

BHARGAVA, Rohit. *The non-obvious guide to virtual meetings and remote work*. USA: Ideapress Publishing, 2020.

CARVALHO, Júnia. *Brumer e a testa fria de Jacó*. Belo Horizonte: Coletivo, 2023.

COTTON, David. *Reuniões bem-sucedidas*. São Paulo: Saraiva, 2014.

DOYLE, Michael; STRAUS, David. *Reuniões podem funcionar*. São Paulo: Summus, 1978.

FORSYTH, Patrick. *Como fazer reuniões produtivas*. São Paulo: NBL Editora, 2001.

HARVARD BUSINESS REVIEW. *Running meetings*. Boston: Harvard Business Review Press, 2014.

HARVARD BUSINESS REVIEW. *Running meetings: expert solutions to everyday challenges*. Boston: Harvard Business Review Press, 2006.

HARMON, Paul; ROSEN, Michael; GUTTMAN, Michael. *Developing e-business systems & architectures: a manager's guide*. San Francisco: Morgan Kaufmann, 2001.

MILLER, Robert F. *Aprenda a organizar suas reuniões: em uma semana*. São Paulo: Planeta do Brasil, 2005.

PRESENÇA

BAZERMAN, Max H. *The power of noticing: what the best leaders see*. New York: Simon & Schuster, 2014.

HEDGES, Kristi. *The power of presence: unlock your potential to influence and engage others*. New York: AMACOM, 2011.

HEWLETT, Sylvia Ann. *Executive presence: the missing link between merit and success*. New York: Harper Business, 2014.

SENGE, Peter M.; SCHARMER, C. Otto; JAWORSKI, Joseph; FLOWERS, Betty Sue. *Presença: propósito humano e o campo do futuro*. São Paulo: Cultrix, 2007.

LIDERANÇA SITUACIONAL

BIECH, Elaine. *Manual de liderança da ASTD: a melhor fonte de informação sobre a arte de liderar*. Rio de Janeiro: Elsevier, 2011.

BLANCHARD, Ken. *Liderança de alto nível: como criar e liderar organizações de alto desempenho*. Rio de Janeiro: Elsevier, 2010.

COLLINS, Jim. *Empresas feitas para vencer: porque apenas algumas empresas brilham*. 10. ed. Rio de Janeiro: Elsevier, 2006.

COVEY, Stephen M. R.; MERRILL, Rebecca R. *O poder da confiança: o elemento que faz toda a diferença*. Rio de Janeiro: Elsevier, 2008.

KANTER, Rosabeth Moss. *Empresas fora de série: gestão da mudança para criar valor, inovação e crescimento*. Rio de Janeiro: Elsevier, 2010.

KANTER, Rosabeth Moss. *Quando os gigantes aprendem a dançar: dominando os desafios de estratégias, gestão e carreiras nos anos 90*. Rio de Janeiro: Campus, 1997.

TICHY, Noel M. *O motor da liderança: como as empresas vencedoras formam líderes em cada nível da organização*. São Paulo: Educator, 1999.

AS SETE TRILHAS

TRILHA: IDENTIDADE

CHARAN, Ram. *O que o presidente da sua empresa quer que você saiba: como a sua empresa funciona na prática*. São Paulo: Negócio, 2001.

KENDALL, Gerald I. *Visão viável: transformando o faturamento em lucro líquido*. Porto Alegre: Bookman, 2007.

O'DONNELL, Ken. *Valores humanos no trabalho*. São Paulo: Gente, 1997.

QUIGLEY, Joseph V. *Como os líderes desenvolvem, compartilham e mantêm*. São Paulo: Makron Books, 1994.

STARHAWK. *The empowerment manual: a guide for collaborative groups*. Gabriola Island: New Society Publishers, 2011.

TRILHA: 5S

CICCI, Olívia. *Arrumando a casa*. Sete Lagoas: Editora da Autora, 2022.

COSTA, Maria Lívia da Silva; ROSA, Vera Lúcia do Nascimento. *5S no canteiro: primeiros passos da qualidade no canteiro de obras*. São Paulo: Tula Melo, 1999.

ISHIWATA, Junichi. *IE for the shop floor: productivity through process analysis*. Cambridge: Productivity Press, 1991.

OLOFSSON, Oskar. *Succeeding with 5S*. Poland: WCM Consulting AB, 2015.

RIBEIRO, Haroldo. *Guia de implantação do 5S: como formar a cultura do 5S na sua empresa*. São Caetano do Sul: PDCA Editora, 2009.

SUGIYAMA, Tomo. *The improvement book: creating the problem-free workplace*. Cambridge: Productivity Press, 1989.

TRILHA: CAIXA

ASSAF NETO, Alexandre. *Administração do capital de giro*. 3. ed. São Paulo: Atlas, 2002.

CHECKLEY, Keith. *O caixa ainda é rei*. Rio de Janeiro: Record, 2004.

CHING, Hong Yuh. *Gestão de caixa e capital de giro*. Curitiba: Juruá, 2010.

McGUINNESS, Bill. *Cash Rules*. Washington, DC: The Kiplinger Washington Editors Inc, 2000.

SILVA, Edson Cordeiro da Silva. *Como administrar o fluxo de caixa das empresas: guia de sobrevivência empresarial*. 10. ed. São Paulo: Atlas, 2018.

TRILHA: PRECIFICAÇÃO

ANDERSON, Chris. *Free: grátis: o futuro dos preços*. Tradução de Cristina Yamagami. Rio de Janeiro: Elsevier, 2009.

ASSEF, Roberto. *Guia prático de formação de preços*. Rio de Janeiro: Campus, 1997.

LEÃO, Nildo Silva. *Formação de preços de serviços e produtos*. São Paulo: Nobel, 2008.

MARN, Michael V.; ROEGNER, Eric V.; ZAWADA, Craig C. *The price advantage*. Hoboken: John Wiley & Sons, 2004.

MICHALOWICZ, Mike. *Lucro primeiro: transforme seu negócio de uma máquina de gastar dinheiro em uma máquina de fazer dinheiro*. Rio de Janeiro: Alta Books, 2019.

RAJU, Jagmohan; ZHANG, John. *O preço inteligente*. Rio de Janeiro: Elsevier, 2010.

SARDINHA, José Carlos. *Formação de preço: a arte do negócio*. São Paulo: Makron Books, 1995.

SIMON, Hermann; BILSTEIN, Frank; LUBY, Frank. *Gerenciar para o lucro, não para a participação de mercado: um guia para obter lucros maiores*. Porto Alegre: Bookman, 2007.

TRILHA: ESTRATÉGIA

CHARAN, Ram; O'TOOLE, James; MEYER, Michael J.; LAWRENCE, Edward. *Afinal, o que realmente funciona?*. São Paulo: Negócio, 2005.

DIXIT, Avinash K.; NALEBUFF, Barry J. *The art of strategy: a game theorist's guide to success in business and life*. New York: W.W. Norton & Company, 2010.

GRATTON, Lynda. *Living strategy: putting people at the heart of corporate purpose*. London: Financial Times Management, 2000.

HARVARD BUSINESS REVIEW. *HBR's 10 must reads on strategy (including featured article "What is strategy?" by Michael E. Porter)*. Boston: Harvard Business Review Press, 2011.

MAGRETTA, Joan. *Understanding Michael Porter: the essential guide to competition and strategy*. Boston: Harvard Business Review Press, 2011.

PORTER, Michael E. *Competitive advantage: creating and sustaining superior performance*. New York: Free Press, 1998.

PORTER, Michael E. *Estratégia Competitiva*. 3. ed. Rio de Janeiro: Editora Campus Ltda, 1986.

PORTER, Michael E. *On Competition*. Boston, MA: Harvard Business School Publishing, 1998.

TRILHA: PROCESSOS

BARBARÁ, Saulo (Org.). *Gestão por processos: fundamentos, técnicas e modelos de implementação*. Rio de Janeiro: Qualitymark, 2006.

BRACHE, Alan P. *How organizations work: taking a holistic approach to enterprise health*. Hoboken: John Wiley & Sons, 2002.

BURLTON, Roger. *Business process management: profiting from process*. Indianapolis: Sams Publishing, 2001.

CAMPOS, Vicente Falconi. *Gerenciamento da rotina do trabalho do dia a dia*. 8. ed. Belo Horizonte: INDG Tecnologia e Serviços, 2004.

CASSARRO, Antônio Carlos. *Sistemas de informações para tomada de decisões*. 3. ed. São Paulo: Pioneira, 1999.

JESTON, John; NELIS, Johan. *Management by process: a roadmap to sustainable business process management*. Oxford: Butterworth-Heinemann, 2008.

KERZNER, Harold. *Project management best practices: achieving global excellence*. 2. ed. Hoboken: John Wiley & Sons, 2010.

LIKER, Jeffrey K. *The Toyota Way*. New York: CWL Publishing Enterprises, 2004.

MAHAL, Artie. *How work gets done: business process management, basics and beyond*. New Jersey: Technics Publications, 2010.

PAGE, Susan. *The power of business process improvement: 10 simple steps to increase effectiveness, efficiency, and adaptability*. New York: American Management Association, 2010.

TRILHA: PESSOAS

CHAPMAN, Elwood N. *Atitude: o mais valioso de todos os seus bens*. São Paulo: Qualitymark, 1998.

GILBERT, Thomas F. *Human Competence*. Washington, DC: Tribute, 1996.

HARVARD BUSINESS REVIEW. *HBR's 10 must reads on managing people*. Boston: Harvard Business Review Press, 2011.

HARVARD BUSINESS REVIEW. *HBR's 10 must reads on managing yourself: with bonus article "How will you measure your life?" by Clayton M. Christensen*. Boston: Harvard Business Review Press, 2011.

HARVARD BUSINESS REVIEW. *Resiliência*. Rio de Janeiro: Editora Sextante, 2019.

KELLER, Jeff. *Attitude is Everything*. USA: Incorporated, 2012.

LEWIS, Michael; HAVILAND-JONES, Jeannette M.; BARRETT, Lisa Feldman (Eds.). *Handbook of emotions*. 3rd ed. New York: The Guilford Press, 2010.

LOCKE, Edwin A. *Study methods & motivation: a practical guide to effective study*. Irvine, CA: Ayn Rand Bookstore, 2008.

MARQUARDT, Michael J. *O poder da aprendizagem pela ação: como solucionar problemas e desenvolver líderes em tempo real*. São Paulo: SENAC São Paulo, 2009.

MOSKOWITZ, Gordon B.; GRANT, Heidi (Orgs.). *The psychology of goals*. New York: Guilford Press, 2009.

PINK, Daniel H. *Motivação 3.0: os novos fatores motivacionais que levam à alta performance*. Tradução de Bruno Alexander. Rio de Janeiro: Elsevier, 2011.

RUANO, Alessandra Martinewski. *Gestão por competências: uma perspectiva para a consolidação da área de recursos humanos como função estratégica*. Rio de Janeiro: Qualitymark, 2007.

WHITAKER, Cecília. *Motivação nas organizações*. São Paulo: Atlas, 2008.